国家社科基金
GUOJIA SHEKE JIJIN HOUQI ZIZHU XIANGMU
后期资助项目

空间溢出视角下网络零售的居民消费效应研究

Research on Consumption Effect of Online
Retail from the Perspective of Spatial Spillover

王 亮 等 著

北京大学出版社
PEKING UNIVERSITY PRESS

图书在版编目(CIP)数据

空间溢出视角下网络零售的居民消费效应研究/王亮,孙一菡,徐洪海著.—北京:北京大学出版社,2024.4
国家社科基金后期资助项目
ISBN 978-7-301-34908-3

Ⅰ.①空… Ⅱ.①王… ②孙… ③徐… Ⅲ.①网上销售—零售—影响—居民消费—研究—中国 Ⅳ.①F713.36 ②F126.1

中国国家版本馆 CIP 数据核字(2024)第 055034 号

书　　　　名	空间溢出视角下网络零售的居民消费效应研究
	KONGJIAN YICHU SHIJIAOXIA WANGLUO LINGSHOU DE
	JUMIN XIAOFEI XIAOYING YANJIU
著作责任者	王　亮　孙一菡　徐洪海　著
责 任 编 辑	黄炜婷
标 准 书 号	ISBN 978-7-301-34908-3
出 版 发 行	北京大学出版社
地　　　　址	北京市海淀区成府路 205 号　100871
网　　　　址	http://www.pup.cn
微信公众号	北京大学经管书苑(pupembook)
电 子 邮 箱	编辑部 em@pup.cn　总编室 zpup@pup.cn
电　　　　话	邮购部 010-62752015　发行部 010-62750672
	编辑部 010-62752926
印　刷　者	北京圣夫亚美印刷有限公司
经　销　者	新华书店
	650 毫米×980 毫米　16 开本　15.5 印张　270 千字
	2024 年 4 月第 1 版　2024 年 4 月第 1 次印刷
定　　　　价	65.00 元

国家社科基金后期资助项目
出版说明

后期资助项目是国家社科基金设立的一类重要项目,旨在鼓励广大社科研究者潜心治学,支持基础研究多出优秀成果。它是经过严格评审,从接近完成的科研成果中遴选立项的。为扩大后期资助项目的影响,更好地推动学术发展,促进成果转化,全国哲学社会科学工作办公室按照"统一设计、统一标识、统一版式、形成系列"的总体要求,组织出版国家社科基金后期资助项目成果。

全国哲学社会科学工作办公室

序

研究背景

20世纪末以来,网络零售的快速崛起带来了中国经济的新变化,在经济结构调整和新旧动能转换中起到了重要作用,也引发了一场居民消费变革。新冠疫情暴发后,网络零售成为中国消费经济的稳定器和构建"双循环"发展格局的助推器。网络零售克服了物理时空的约束,使得消费不受时间和空间的限制,消费者可以随时在全国各地进行跨区域网购和消费。由于网络零售在各地区发展并不均衡,必然会导致消费在区域之间流动。跨区域信息匹配成本的降低使得一个地区网络零售的发展会影响周边地区的居民消费,即网络零售对居民消费产生空间溢出效应。更一般地,一个地区的某种经济活动与周边地区的同一经济活动具有相关性,消费作为经济活动中的最终环节,其外部性不仅包括地区内相关部门和上下游企业之间的活动关联,还在地区间表现出空间依赖性和空间异质性。因此,从空间溢出的视角研究网络零售的居民消费效应显得尤为重要且相当急迫。那么,中国网络零售的时空演变特征如何?网络零售、居民消费支出、城乡居民消费差距、居民消费跨区域流动、居民消费升级具有怎样的空间相关性和不同地理位置的空间关联模式?在空间溢出作用下,处于不同发展阶段的网络零售如何影响居民消费支出、城乡居民消费差距、居民消费跨区域流动和居民消费升级?网络零售居民消费效应的空间溢出是否存在有效距离边界和地理区位差异?认清这些问题,对进一步激发居民的消费潜力,促进形成国内统一大市场,实现网络零售城乡收益的公平共享,以网络零售的高质量发展助推居民消费升级具有重要意义。

本书在文献研究的基础上,提出了网络零售产生居民消费效应的一个综合分析框架,构建了网络零售影响居民消费量、居民消费支出、城乡居民消费差距、居民消费跨区域流动和居民消费升级的理论模型,探究了中国网络零售的时空分异特征,从空间溢出的视角,利用空间面板数据模型对网络零售的居民消费支出效应、城乡居民消费差距效应、居民消费跨区域流动效应和居民消费升级效应进行了探讨,研究结论为推动网络零售高质量发展以及中国扩大内需、完善及促进消费体制机制提供了技术创新的思路。

内容概述

本书包括八个部分:

第 1 章为导论。本章阐述了选题背景与研究意义,对相关概念做了界定,提出了研究目标与研究思路,介绍了研究方法与技术路线以及研究创新。

第 2 章为理论基础与文献综述。本章对相关理论和文献做了梳理与评述,为进一步的研究打下了理论基础,并针对已有研究的不足,提出了本书研究的主要问题。

第 3 章为中国网络零售的时空分异。本章探究了中国网络零售的时序演变特征和空间演变特征,考察了网络零售的空间相关性和不同地理位置的空间关联模式,为第 4—7 章的实证研究提供了事实依据。

第 4 章为网络零售、空间溢出与居民消费支出。本章基于搜寻理论的微观基础构建了网络零售与居民消费支出呈 U 形关系的理论模型,采用动态空间面板模型,从时间和空间两个维度实证分析网络零售的居民消费支出效应,并估计网络零售对居民消费支出空间溢出效应的有效距离边界、城乡差异和地理区位差异。

第 5 章为网络零售、空间溢出与城乡居民消费差距。根据第 4 章的结论,网络零售对农村居民和城镇居民消费支出的影响存在显著差异,本章构建了网络零售与城乡居民消费差距呈 U 形关系的理论模型,对中国城乡居民消费差距的演变趋势进行统计性描述,利用空间面板模型实证分析网络零售的城乡居民消费差距效应及其中介效应,并估计网络零售对城乡居民消费差距空间溢出效应的有效距离边界和地理区位差异。

第 6 章为网络零售、空间溢出与居民消费跨区域流动。本章对"核心-边缘模型"进行了拓展,构建了网络零售对居民消费跨区域流动影响的理论模型,总结了中国各地区居民消费跨区域流动的空间演变特征,采用动态空间面板模型从时间和空间两个维度实证分析了网络零售的居民消费跨区域流动效应,并估计了网络零售对居民消费跨区域流动空间溢出效应的有效距离边界和地理区位差异。

第7章为网络零售、空间溢出与居民消费升级。本章基于搜寻理论的微观基础构建了网络零售与居民消费升级呈 U 形关系的理论模型,利用 ELES 模型计算了中国居民分类商品的需求收入弹性并进行了消费结构变动分析,对中国居民消费升级的基本特征进行了刻画,采用空间面板模型实证分析了网络零售的居民消费升级效应,并估计了网络零售居民消费升级效应的城乡差异和地理区位差异。

第8章为研究结论和政策建议。本章对第3—7章的研究结论进行归纳和总结,并从以下三个方面提出推动网络零售高质量发展以及中国扩大内需、完善促进消费体制机制的政策建议和技术创新的思路:其一,优化消费环境,推动网络零售高质量发展;其二,加强统筹规划,促进网络零售发展收益的城乡公平共享;其三,扩展溢出主体和路径,提高网络零售的空间溢出效应。

研究创新

本书的创新之处主要体现在:

(1)理论模型的拓展。其一,构建网络零售与居民消费支出、城乡居民消费差距、居民消费升级呈 U 形关系的理论模型;其二,加入网络零售因素,对"核心-边缘模型"进行拓展,构建网络零售对居民消费跨区域影响的理论模型。以上是对传统理论模型的一种拓展,丰富了现有的居民消费理论。

(2)研究视角的创新。目前针对网络零售居民消费效应的实证研究比较缺乏,少量文献关注到网络零售的居民消费支出效应,但鲜有涉及其他的居民消费效应,更没有将区域间的空间效应考虑在内的相关研究。基于此,本书在空间溢出视角下,将区域间的空间效应纳入分析框架,研究网络零售的居民消费支出效应、城乡居民消费差距效应、居民消费跨区域流动效应和居民消费升级效应。这扩展了现有文献的研究视角,可以系统性地揭示网络零售产生居民消费效应的实现机制。

(3)研究方法的改进。除了反距离矩阵和经济-地理矩阵,本书还创新性地引入非对称互联网地理矩阵,在同时考虑居民消费行为的时间滞后效应、空间滞后效应和时空滞后效应的条件下,采用动态空间计量模型从时间和空间两个维度考察网络零售的居民消费效应。这克服了传统计量方法的衡量偏误,强化了模型的解释能力,使实证结果更加准确。

（4）研究结论的新意。本书提出网络零售通过降低搜寻成本对居民消费产生了价格降低效应和市场扩张效应，在网络零售的不同发展阶段，起主导作用的效应不同。本书的实证结果进一步表明，处于不同发展阶段的网络零售对居民消费支出、城乡居民消费差距、居民消费跨区域流动和居民消费升级均带来不同影响。具体来看，网络零售与居民消费支出、城乡居民消费差距、居民消费升级均呈 U 形关系，与消费净流入率呈倒 U 形关系。网络零售的居民消费效应并不仅仅局限于本地区，还具有明显的空间溢出特征，而且空间溢出效应并没有随着地理距离的加长而出现空间衰减。相较于以往的研究，本书的结论具有一定的新意。

王亮

2024 年 1 月

目　录

第1章 导 论

1.1 选题背景与研究意义

1.1.1 选题背景

自 20 世纪 90 年代引入互联网技术以来,中国信息化程度得到快速提高,特别是政府相继提出了"互联网+""智慧城市"和"数字中国"等一系列信息化发展战略,旨在通过互联网技术的普及与应用促进中国经济社会的全面发展。在此背景下,中国网络零售经历了一个不断发展、进化和丰富的生态演进过程。网络零售的快速崛起不断冲击、丰富和改变着传统零售业态,被认为是继"百货商城""连锁店"和"超级市场"之后的第四次零售业巨大变革与技术创新。首先,网络零售依托于互联网,打破了供需双方在时间和空间上的限制,能够加快交易速度、减少中间环节,使企业的生产方式和消费者的消费方式发生了重大变化。其次,网络零售加快了各种生产要素、商品在区域间的流动以及新信息、新技术在区域间的扩散,降低了区域间的运输成本和信息不对称,提高了区域间交通和信息的可达性,有利于一体化消费市场的形成。再次,网络零售不但缩短了传统的零售渠道,而且在信息技术赋能下实现了消费逆向驱动生产的变革,重构了零售业供应链。最后,网络零售使人们的支付方式从现金支付向电子支付转变,改变了人们的消费模式和生活方式,成为 21 世纪最具发展前景的零售业态。

作为经济的起点和落脚点,消费是经济增长的稳定器和压舱石,是畅通产业循环、市场循环的重要基础。在新冠疫情冲击、全球经济复苏乏力、经济下行压力加大、贸易保护主义抬头和国内经济结构性矛盾凸显等多重问题交织的背景之下,消费对经济增长的拉动作用显得尤为重要。2022 年5 月,习近平总书记在主持中央政治局会议,分析研究当前经济形势和经济工作时强调,要发挥消费对经济循环的牵引带动作用。① 2008 年金融危机以来,中国能够率先实现经济复苏,保持较强的经济增长动力,与国内需求的重大贡献密不可分。如图 1-1 所示,2007—2020 年,中国最终消费支出对经济增长(国内生产总值,GDP)的贡献率整体上呈上升趋势,其在 2009 年首次超过 50%,并在 2018 年达到峰值的 76.2%,2020 年虽受新冠疫情的影响,但最终消费支出对 GDP 的贡献率仍达 57.3%,消费成为经济增长的第一动力。同期,社会消费品零售总额的增长趋势和 GDP 的增长趋势基本一致,但有一定的滞后性。除 2020 年受突发新冠疫情影响外,其他年份社会消费品零售总额增长率均高于国内生产总值增长率,这表明中国居民消费的市场潜力巨大,仍有待进一步释放。发挥消费对经济循环的牵引带动作用,通过消费升级带动制造业转型升级是中国现阶段经济发展的重要机遇,鼓励消费和促进消费升级将成为中国经济高质量发展的关键所在。

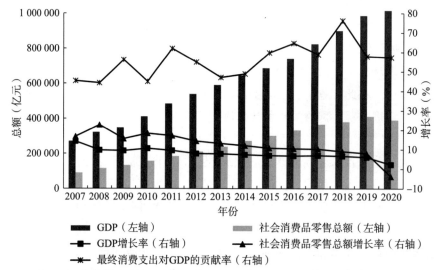

图 1-1　中国国内生产总值与社会消费品零售总额及其增长率的变化趋势

资料来源:国家统计局。

中国网络零售起步于 20 世纪末,从 1999 年 8848、易趣网等一系列电子商务平台创立至今,中国网络零售经历了二十多年的时间,呈现不断发展、进化和丰富的生态演进过程。如图 1-2 所示,随着国内居民消费能力的持续提升和网上购物习惯的逐步养成,中国网络零售市场规模呈快速上升趋势,从 2007 年的 560.60 亿元增长到 2020 年的 11.76 万亿元,增长 208.78

---

① 蒲实.发挥消费对经济循环的牵引带动作用[EB/OL].(2022-05-13)[2023-05-13].http://theory.people.com.cn/n1/2022/0513/c40531-32420733.html.

倍。2013 年,中国网络零售市场规模达 1.86 万亿元,占社会消费品零售总额的 7.8%,中国首次超越美国并跃升为全球第一大网络零售国。2020 年天猫"双十一"成交额达 4 982 亿元,再一次创下历史新高,与 2009 年首次"双十一"的 5 200 万元相比,成交额增长近 9 580 倍。这些数据客观地反映了中国网络零售快速发展的过程及其对居民消费需求的拉动作用。

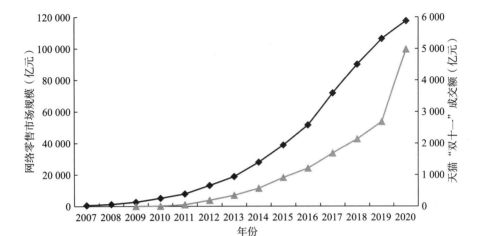

图 1-2　中国网络零售市场规模与天猫"双十一"成交额的变化趋势

资料来源:各年度的《中国网络零售市场数据监测报告》。

综上所述,网络零售的快速发展带来了中国经济的新变化,在经济结构调整和新旧动能转换中起到了重要作用,也引发了一场居民消费变革。网络零售打破了物理时间和空间的约束,使得消费不受时间和空间的限制,消费者可以随时在全国各地进行跨区域网购和消费。由于网络零售在各地区发展并不均衡,因此必然会导致消费在区域之间流动。在网络零售发展水平高的省份,若省内居民购买省外产品少于省外居民购买省内产品,则发生消费净流入;反之,在网络零售发展水平低的省份,若省内居民购买省外产品多于省外居民购买省内产品,则发生消费净流出。以网络零售发展水平较高的浙江省为例,根据浙江省商务厅公布的数据,2020 年浙江省网络零售市场规模为 2.26 万亿元,其中省内居民网络消费支出为 1.11 万亿元,由此产生 1.15 万亿元的消费净流入。① 由此可见,网络零售实现了跨越时空约束的信息匹配,将局限于特定地区的消费行为扩展到全国范围(孙浦

---

① 浙江省商务厅.浙江省 2020 年度网络零售统计数据 [EB/OL].(2021-01-14)[2023-01-14].http://www.zcom.gov.cn/art/2021/1/14/art_1416807_58928462.html.

阳等，2017）。跨区域信息匹配成本的降低使得一个地区网络零售的发展会影响周边地区的居民消费，即网络零售对居民消费产生了空间溢出效应。更一般地，一个地区的某种经济活动与周边地区的同一经济活动是相关的，正如"地理学第一定律"所称，任何事物之间都存在空间相关性，距离越近，空间相关性越强（Tobler，1970）。消费作为经济活动中的最终环节，其外部性不仅包括地区内相关部门和上下游企业之间的活动关联，还在地区间表现出空间依赖性和空间异质性（Anselin，2010）。因此，探究网络零售如何影响居民消费，有必要将区域之间存在空间效应作为分析的前提。为了深入解析这一课题，本书基于空间溢出的视角，利用空间计量模型将区域间的空间效应纳入分析框架，研究网络零售的居民消费支出效应、城乡居民消费差距效应、居民消费跨区域流动效应和居民消费升级效应。

1.1.2　研究意义

1. 理论意义

其一，网络零售的发展促进了网络消费的扩张，但同时对实体消费产生了挤出效应。正如 Goolsbee（2000）、Borenstein & Saloner（2001）、Ahmed & Wirjanto（2008）所指出的，网络零售实现了线上消费对线下消费的部分替代，且不一定是额外的消费增加。事实果真如此吗？本书基于搜寻理论，构建了网络零售影响居民消费支出的理论模型，得出了网络零售与居民消费支出呈 U 形关系的微观基础理论。

其二，网络零售对城乡居民消费差距的影响关乎电商经济发展的公平性，对缩小城乡居民消费差距、实现城乡一体化协调发展具有重要意义。本书构建了网络零售影响城乡居民消费差距的理论模型，得出了网络零售与城乡居民消费差距呈 U 形关系的基础理论。

其三，网络零售实现了跨越时空约束的信息匹配，对消费在区域之间的重新配置产生了重要影响。跨区域信息匹配成本的降低可以将地理区域外的消费拉入本区域，使得消费得以跨区域流动。本书加入了网络零售因素，对核心-边缘模型进行了拓展，构建了网络零售影响居民消费跨区域流动的理论模型，厘清了网络零售产生居民消费跨区域流动效应的理论机制。

其四，紧密连接需求端和供给端的网络零售是消费升级的重要动力，网络零售不断催生出新的消费形式，创造并满足了消费者对品质化和个性化的消费需求。本书基于搜寻理论，构建了网络零售与居民消费升级呈 U 形关系的理论模型，得出了网络零售产生居民消费升级效应的微观基础理论。上述是对传统理论模型的一种拓展,丰富了现有的居民消费理论,有利于挖掘网络零售产生居民消费效应的内在机制,具有深刻的理论意义。

2. 现实意义

网络零售打破了供需双方在时间和空间上的限制,使得消费者可以随时在全国各地进行跨区域消费。跨区域信息匹配成本的降低使得一个地区网络零售的发展会影响周边地区的居民消费,即网络零售会对居民消费产生空间溢出效应。更一般地,一个地区的某种经济特征与周边地区的同一特征是相关的,消费作为经济活动中的最终环节,其外部性不仅包括地区内相关部门和上下游企业之间的活动关联,而且表现为地区间的空间依赖性和空间异质性(Anselin,2010)。因此,从空间溢出的视角研究网络零售的居民消费效应显得尤为重要且相当急迫。那么,中国网络零售的时空演变特征如何?网络零售、居民消费支出、城乡居民消费差距、居民消费跨区域流动、居民消费升级具有怎样的空间相关性和不同地理位置的空间关联模式?在空间溢出的作用下,处于不同发展阶段的网络零售如何影响居民消费支出、城乡居民消费差距、居民消费跨区域流动和居民消费升级?网络零售居民消费效应的空间溢出是否存在有效距离边界和地理区位差异?认清这些问题,对进一步激发居民的消费潜力,促进形成国内统一大市场,实现网络零售城乡收益的公平共享,以网络零售的高质量发展助推居民消费升级具有重要意义。

3. 政策意义

在全球经济复苏乏力、贸易保护主义抬头和国内经济结构性矛盾凸显等多重问题交织的背景下,扩大内需尤其是居民消费需求成为各级政府发展经济、改善民生的重要着力点。中国已经成功实现经济增长由投资和出口拉动为主向内需拉动尤其是消费拉动为主的重大转型,消费已成为经济增长的第一动力。2013 年以来,中国已成为网络零售第一大国,网络零售的快速崛起带来了中国经济的新变化,在经济结构调整和新旧动能转换中起到了重要作用,也引发了一场居民消费变革。本书在国内外文献研究的基础上,提出了一个网络零售产生居民消费效应的综合分析框架,探究了中国网络零售的时空分异特征,从空间溢出的视角,利用空间面板数据模型对网络零售的居民消费支出效应、城乡居民消费差距效应、居民消费跨区域流动效应和居民消费升级效应进行了实证分析,研究结论为推动网络零售高质量发展以及中国扩大内需、完善促进消费的体制机制提供了技术创新的思路。

1.2 研究目标与研究思路

1.2.1 研究目标

在现有文献研究的基础上,本书试图达成以下目标:第一,探究中国网络零售的时序演变特征和空间演变特征,考察网络零售的空间相关性和不同地理位置的空间关联模式,为优化中国网络零售的空间布局,促进网络零售由高速增长向高质量增长转变提供可靠的理论与经验依据。第二,网络零售的快速崛起引发了一场居民消费变革,本书在此背景下,构建了网络零售与居民消费支出、城乡居民消费差距、居民消费升级呈 U 形关系的理论模型,拓展了"核心-边缘模型",构建了网络零售影响居民消费跨区域流动的理论模型,厘清了网络零售产生居民消费效应的内在机理和作用机制。第三,跨区域信息匹配成本的降低使得一个地区网络零售的发展会影响周边地区的居民消费,即网络零售对居民消费产生空间溢出效应。本书在空间溢出视角下,将区域之间的空间效应考虑在内,构建了空间计量模型,实证分析了网络零售的居民消费效应,得出了网络零售影响居民消费支出、城乡居民消费差距、居民消费跨区域流动和居民消费升级的实现机制。第四,根据研究结论,本书提出了推动网络零售高质量发展以及中国扩大内需、完善促进消费的体制机制的政策建议和技术创新的思路。

1.2.2 研究思路

在文献研究的基础上,本书提出了一个网络零售产生居民消费效应的综合分析框架,构建了网络零售影响居民消费量、居民消费支出、城乡居民消费差距、居民消费跨区域流动和居民消费升级的理论模型,探究了中国网络零售的时空分异特征,从空间溢出的视角,利用空间面板数据模型,对网络零售的居民消费支出效应、城乡居民消费差距效应、居民消费跨区域流动效应和居民消费升级效应进行了研究。本书的研究结论对进一步激发居民的消费潜力,促进形成国内统一大市场,实现网络零售城乡收益的公平共享,以网络零售的高质量发展助推居民消费升级具有重要意义。本书具体的研究思路为:

第 1 章为导论。本章阐述了选题背景与研究意义,对相关概念做了界定,提出了研究目标与研究思路,介绍了研究方法与技术路线以及研究创新。

第 2 章为理论基础与文献综述。本章对相关理论和文献做了梳理与评述,为进一步的研究打下理论基础,并针对已有研究的不足提出本书研究的主要问题。

第 3 章为中国网络零售的时空分异。本章探究了中国网络零售的时序演变特征和空间演变特征,考察了网络零售的空间相关性和不同地理位置的空间关联模式,为第 4—7 章的实证研究提供了事实依据。

第 4 章为网络零售、空间溢出与居民消费支出。首先,本章基于搜寻理论的微观基础,构建了网络零售与居民消费支出呈 U 形关系的理论模型。其次,在同时考虑居民消费支出的时间滞后效应、空间滞后效应和时空滞后效应的条件下,采用动态空间面板模型,从时间和空间两个维度实证分析网络零售对居民消费支出的直接效应、空间溢出效应和总效应,并估计了网络零售对居民消费支出空间溢出效应的有效距离边界。最后,利用空间杜宾模型,考察了网络零售居民消费支出效应的城乡差异和地理区位差异。

第 5 章为网络零售、空间溢出与城乡居民消费差距。根据第 4 章的结论,网络零售对农村居民和城镇居民消费支出的影响存在显著差异。首先,本章构建了网络零售与城乡居民消费差距呈 U 形关系的理论模型。其次,对中国城乡居民消费差距的演变趋势进行统计性描述,利用空间面板模型,实证分析网络零售对城乡居民消费差距的直接效应、空间溢出效应和总效应,并实证检验网络零售对城乡居民消费差距影响的作用机制。再次,估计网络零售对城乡居民消费差距空间溢出效应的有效距离边界。最后,利用空间杜宾模型,考察网络零售城乡居民消费差距效应的地理区位差异。

第 6 章为网络零售、空间溢出与居民消费跨区域流动。首先,本章在文献梳理的基础上加入网络零售因素,对"核心-边缘模型"进行拓展,构建网络零售对居民消费跨区域流动影响的理论模型。其次,总结中国各地区居民消费跨区域流动的空间演变特征,在同时考虑居民消费跨区域流动的时间滞后效应、空间滞后效应和时空滞后效应的条件下,采用动态空间面板模型,从时间和空间两个维度实证分析网络零售对居民消费跨区域流动的直接效应、空间溢出效应和总效应,并估计网络零售对居民消费跨区域流动空间溢出效应的有效距离边界。最后,利用空间杜宾模型,实证分析网络零售居民消费跨区域流动效应的地理区位差异。

第 7 章为网络零售、空间溢出与居民消费升级。首先,本章基于搜寻理论的微观基础,构建网络零售与居民消费升级呈 U 形关系的理论模型。其次,利用 ELES 模型,计算中国居民分类商品的需求收入弹性并进行消费结构变动分析,总结中国居民消费升级的基本特征。再次,采用空间面板模型,实证分析网络零售对居民消费升级的直接效应、空间溢出效应和总效应。最后,利用空间杜宾模型,实证分析网络零售居民消费升级效应的城乡差异和地理区位差异。

第8章为研究结论和政策建议。本章对第3—7章的研究结论进行归纳和总结,并从以下三个方面提出推动网络零售高质量发展以及中国扩大内需、完善促进消费体制机制的政策建议和技术创新的思路:其一,优化消费环境,推动网络零售高质量发展;其二,加强统筹规划,促进网络零售发展收益的城乡公平共享;其三,扩展溢出主体和路径,提高网络零售的空间溢出效应。

1.3　研究方法与技术路线

1.3.1　研究方法

1. 文献分析与理论模型拓展

我们对国内外相关文献进行梳理、归纳与总结,提出本书研究的主要问题。在此基础上,其一,构建网络零售与居民消费支出、城乡居民消费差距、居民消费升级呈 U 形关系的理论模型,得出网络零售居民消费支出效应、城乡居民消费差距效应和居民消费升级效应的微观基础理论。其二,加入网络零售因素,对"核心-边缘模型"进行拓展,构建网络零售影响居民消费跨区域流动的理论模型,厘清网络零售产生居民消费跨区域流动效应的理论机制。

2. 探索性空间数据分析

通过空间数据分析(Exploring Spatial Data Analysis, ESDA)得出网络零售、居民消费支出、城乡居民消费差距、居民消费跨区域流动和居民消费升级的空间演变特征;采用全局空间自相关、局部空间自相关、莫兰散点图、LISA(Local Indicators of Spatial Association)聚类分析识别网络零售、居民消费支出、城乡居民消费差距、居民消费跨区域流动、居民消费升级的空间相关性以及不同地理位置的空间关联模式。

3. 空间面板计量方法

基于反距离矩阵、经济地理矩阵和非对称互联网地理矩阵,构建空间误差模型(SEM)、解释变量空间滞后模型(SLX)、空间自相关模型(SAC)、空间自回归模型(SAR)、动态 SAR、空间杜宾模型(SDM)、动态 SDM,通过检验选择最优模型并采用广义空间两阶段最小二乘法（GS2SLS）、广义矩估计（GMM）和最大似然估计（MLE）等方法进行估计，在空间溢出视角下考察网络零售的居民消费支出效应、城乡居民消费差距效应、居民消费跨区域流动效应和居民消费升级效应。

1.3.2 技术路线

通过对上述研究目标、研究思路和研究方法的梳理，我们在空间溢出视角下，对网络零售的居民消费支出效应、城乡居民消费差距效应、居民消费跨区域流动效应和居民消费升级效应进行全面探索。遵循上述研究框架，本书的技术路线如图 1-3 所示。

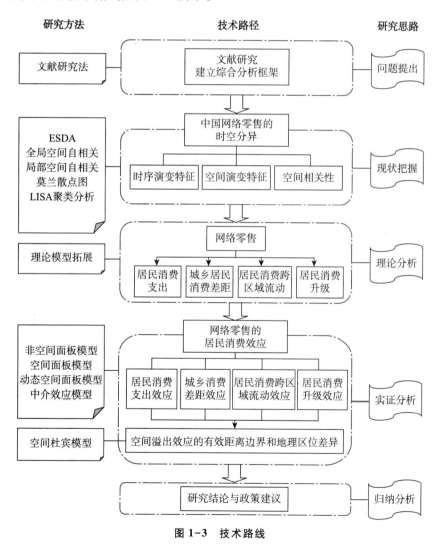

图 1-3 技术路线

1.4　研究创新

由于网络零售的发展历程较短,实证样本数较少且可得性较低,以往的研究主要集中在网络零售模式下的消费影响因素、消费心理、消费行为和消费方式等规范分析层面,针对网络零售产生居民消费效应的实证分析比较少见。本书合理构建网络零售的面板数据指标,着重对网络零售影响居民消费支出、城乡居民消费差距、居民消费跨区域流动和居民消费升级进行实证分析。具体而言,本书的研究创新主要体现在:

1. 理论模型的拓展

首先,本书在已有理论框架的基础上,构建了一个网络零售产生居民消费支出效应、城乡居民消费差距效应、居民消费跨区域流动效应和居民消费升级效应的综合分析框架。其次,本书构建了网络零售与居民消费支出、城乡居民消费差距、居民消费升级呈 U 形关系的理论模型,得出了网络零售居民消费支出效应、城乡居民消费差距效应和居民消费升级效应的微观基础理论。最后,本书加入网络零售因素,对"核心-边缘模型"进行了拓展,构建了网络零售影响居民消费跨区域流动的理论模型,厘清了网络零售产生居民消费跨区域流动效应的理论机制。上述是对传统理论模型的一种拓展,丰富了现有的居民消费理论。

2. 研究视角的创新

目前针对网络零售居民消费效应的实证研究比较匮乏,少量文献关注到网络零售的居民消费支出效应,但鲜有涉及其他的居民消费效应,更没有将区域间的空间效应考虑在内的相关研究。基于此,本书在空间溢出的视角下,利用空间计量模型,将区域间的空间效应纳入分析框架,探究网络零售产生的居民消费支出效应、城乡居民消费差距效应、居民消费跨区域流动效应和居民消费升级效应。考虑到网络零售不受物理时空限制以及地区间发展的不平衡性,本书还分别估计了网络零售对居民消费支出、城乡居民消费差距、居民消费跨区域流动、居民消费升级的空间溢出效应的有效距离边界和地理区位差异。这扩展了现有文献的研究视角,系统性地揭示了网络零售产生居民消费效应的实现机制。

3. 研究方法的改进

一方面,网络零售打破了物理时间和空间的约束,使得消费不受时间和空间的限制,消费者可以随时在全国各地进行跨区域网购和消费。跨区域信息匹配成本的降低使得一个地区网络零售的发展会影响周边地区的居民消费,即网络零售会对居民消费产生空间溢出效应。另一方面,根据"地理学第一定律",网络零售和居民消费行为均不是孤立存在的,而是在地区间呈现空间依赖性和空间异质性。基于此,本书运用探索性空间数据分析方法,得到网络零售、居民消费支出、城乡居民消费差距、居民消费跨区域流动、居民消费升级的空间演变特征、空间相关性以及不同地理位置的空间关联模式。除了反距离矩阵和经济地理矩阵,本书还创新性地引入非对称互联网地理矩阵,在同时考虑居民消费的时间滞后效应、空间滞后效应和时空滞后效应的条件下,使用动态空间计量模型,从时间和空间两个维度全面考察网络零售的居民消费效应。这克服了传统计量方法的衡量偏误,强化了模型的解释能力,使实证结果更加准确。

4. 研究结论的新意

本书提出,网络零售通过降低搜寻成本对居民消费产生价格降低效应和市场扩张效应;在网络零售的不同发展阶段,起主导作用的效应是不同的。本书的实证结果进一步表明,处于不同发展阶段的网络零售对居民消费支出、城乡居民消费差距、居民消费跨区域流动和居民消费升级均产生不同影响。具体来看,网络零售与居民消费支出、城乡居民消费差距、居民消费升级均呈 U 形关系,与消费净流入呈正向关系。网络零售的这种居民消费效应并不仅仅局限于本地区,还具有显著的空间溢出特征,而且空间溢出效应并没有随着地理距离的加长而出现空间衰减。因此,相较于以往的研究,本书的结论具有一定的新意。

第 2 章　理论基础与文献综述

20 世纪 90 年代以来,网络零售的快速崛起被认为是继"百货商城""连锁店"和"超级市场"之后的第四次零售业巨大变革和技术创新。网络零售推动了生产厂商、运营商和电子商务平台的锐意创新,形成了新的庞大供给侧,带来了中国经济的新变化。网络零售在经济结构调整和新旧动能转换中起到了重要作用,也引发了一场居民消费变革。本章主要系统梳理网络零售和居民消费的相关理论和文献,力求对现有的研究成果有一个全面、客观的认识,以期为后续章节的理论分析和实证研究奠定基础。本章的主要内容包括:其一,详细介绍了相关理论,主要涉及零售业态变迁理论、居民消费理论、消费者均衡理论、网络外部性理论和空间溢出理论。其二,集中梳理了现有文献中网络零售研究的相关成果,主要包括网络零售的发展现状与发展趋势、网络零售的效率提升效应、网络零售的贸易促进效应、网络零售的经济增长效应、网络零售的居民收入效应,以及居民消费效应。最后是小结,指出已有研究的不足之处,并提出本书研究的主要问题。

2.1　理论基础

2.1.1　零售业态变迁理论

为了满足不同消费群体或同一消费群体在不同情境下的消费需求,零售商需要采取不同的零售业态。所谓零售业态,是指零售商的具体经营形态,包括零售商的店铺位置、经营规模、商品结构、价格政策等。常见的零售业态有超级市场、百货商店、便利店、大型综合超市、仓储式超市、连锁店和网络商店等。关于零售业态变迁规律的代表性理论主要有零售之轮理论、真空地带理论、新零售之轮理论、零售手风琴理论和零售生命周期理论。

1. 零售之轮理论

早期的零售业态变迁理论将零售业态的变迁视为新旧业态不断交替、反复循环的过程。McNair(1958)提出代表性的零售之轮理论(Wheel of Retailing Theory),认为零售业态变迁存在像旋转车轮一般的周期性发展过程。首先,一些创新性的零售业态采取低价策略进入市场,从旧的零售业态市场吸走一部分顾客,确立其在市场上的优势地位。其次,新的零售业态门庭若市,使得更多零售商竞相模仿并进入市场,新的零售商之间的竞争日趋激烈并形成恶性的价格竞争,先前的低价策略逐渐丧失优势。再次,为了获得更多的差异性竞争优势,新的零售商朝着扩增商品组合、提升商店格调、扩大服务性项目等方向努力,从而导致商品价格上升。最后,零售商价格竞争力的丧失,为更新的零售业态以低价策略进入市场提供了可乘之机,从而更新的零售业态和之前的新零售业态之间又展开新一轮的抢夺市场的竞争。19世纪中叶以后,美国出现的百货商店、邮购店、连锁店、超级市场、廉价店最初大多在市场上标榜低价,之后随着成长的需要逐步扩充各种商品组合或服务项目并提高价格水准——零售之轮理论对此做出了较好的解释。但20世纪70年代,日本出现了大量并非标榜低价的便利店,美国有些郊区购物中心也以中高端收入群体为目标客户——零售之轮理论难以对这些现象做出解释。

2. 真空地带理论

针对零售之轮理论存在的不足,Nielsen(1966)提出了真空地带理论(Vacuum Theory)。该理论假设某行业有多种类型的零售商,这些零售商的差别在于提供服务的程度不一样。对于同一种商品,零售商提供的服务越多,其价格就越高。相应地,消费者对各种零售业态有不同的偏好,从而形成该行业的消费者偏好分布。比如,如图2-1所示,行业内有A、B、C三家零售商,各零售商的服务水平和与之对应的价格分布在不同的位置上。其中,零售商B刚好处于消费者偏好分布的对称中心,A是价格低且服务少的零售商,C是价格高且服务多的零售商。三家零售商之间有竞争,使得A和C有向对称中心移动的动机。A和C都想争取B的一些消费者来扩大市场份额,却不足以与B抗衡。A移动的范围是由A到A′,在此范围内消费者能感觉到A与B之间明显的差异;同理,C移动的范围是由C到C′。这种移动的结果导致A、C脱离了与移动方向相反区域的一部分边缘消费者(图2-1中的阴影部分)。如果这些区域内的消费者数量足以支撑一家采用相应经营方式的零售商,就会有新的零售商进入。总的来说,新的零售商从消费者偏好分布曲线的两端加入,并且为了抢占市场份额更倾向于涌向偏好分布的中心,两端形成真空地带,从而为新业态的进入提供了机会。真空地带理论引入消费者偏好分布曲线,能够更好地解释不同零售业态同时存在的现象。

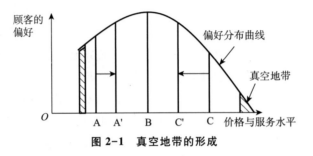

图 2-1　真空地带的形成

3. 新零售之轮理论

然而,真空地带理论也存在一些缺陷,比如,对原有业态的反应、竞争环境等因素考虑不足。基于此,Nakanisi(1996)提出了从产业角度解释零售业态演化过程的新零售之轮理论(New Wheel of Retailing Theory)。新零售之轮理论认为,商品零售价格与商品服务水平的组合,与所处时期的物流、信息技术及管理水平密切相关。达到该时期限度内必要的最低零售价格水平被称作技术边界线(见图 2-2)。基于边际递减规律,技术边界线是向右上方倾斜的曲线。技术边界线上方是价格高且服务多的组合,下方是价格低且服务少的组合。零售商越能够靠近技术边界线,越具有竞争优势。但能够到达技术边界线的零售商只是少数,大多数零售商只能在技术边界线的左侧运营,处于不利的竞争地位。

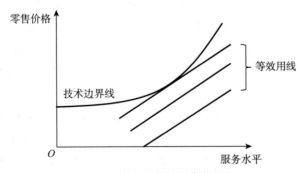

图 2-2　技术边界与消费者效用

新零售之轮理论认为,技术革新是零售业态变迁的推动力。新的零售业态在进入市场取得一定发展后出现饱和状态时,便要通过降低价格或提高服务水平来获取更大的市场份额。想要对原有的零售业态形成竞争优势,并使新的零售业态整体成长为主要业态,就必须突破原有技术边界下的物流、信息技术和管理水平限制,从而推动零售业态的变迁。当某个新的零售业态的技术革新成功时,技术边界线会向右移动,该零售业态就会获得超额利润,其他零售商也会纷纷效仿,直到超额利润消失。由此形成类似于零售之轮的循环(见图 2-3)。位于同一技术边界线上的零售业态(无论是新的零售业态还是旧的零售业态)都具有相同的费用和利润结构。因此,新零售之轮理论认为新业态的出现并不是因为存在真空地带,而是因为技术革新。

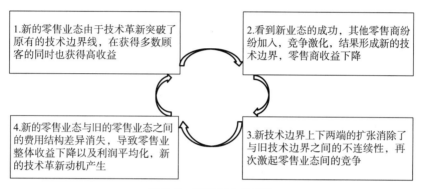

图 2-3　新零售之轮理论

4. 零售手风琴理论

零售手风琴理论(Retail Accordion Theory)是由 Brand(1963)提出,并经 Hollander(1966)加以发展并命名的零售业态变迁理论。零售手风琴理论从商品宽度(零售业态的综合化和专业化程度)的角度对零售业态变迁进行解释。假设最初是综合化程度很高的零售业态在市场中占据优势地位,但随着时间的推移,市场上开始出现专业化程度很高的零售业态,并且逐渐取代前者占据主导地位,之后新的综合化程度高的零售业态又出现并逐渐抢占优势地位,这样零售业态呈现"综合—专业—综合—专业……"的循环演变规律,从而形成类似手风琴演奏时的收缩变化规律。零售手风琴理论对美国零售业"杂货店—专业店—百货商店—便利店—购物中心……"的发展历程进行了较好的解释。

5. 零售生命周期理论

Davidson et al.(1976)基于产品生命周期理论对零售业态变迁进行了解释,提出了零售生命周期理论(Retail Life Cycle Theory)。零售生命周期理论认为,与产品生命周期类似,零售业态的产生和发展也要经历"产生—成长—成熟—衰退"四个阶段。在产生阶段,新零售业态一般注重实施低价策略,尽可能地提供能让顾客满意的商品和服务,以在市场上立足。在成长阶段,新零售业态快速发展,市场份额不断上升,展现出强大的生命力。在成熟阶段,新零售业态的增长速度放缓,市场份额趋于稳定,并可能会遭遇更新型业态的挑战。在衰退阶段,新零售业态的市场份额和利润下降,并逐渐被更新的零售业态取代。

以上零售业态变迁理论基于不同的理论基础,从不同的角度对零售业态的变迁过程进行了解释。零售之轮理论和真空地带理论主要从价格和服务的角度,重点论证了新零售业态的进入条件;新零售之轮理论强调技术革新对新零售业态变迁的推动作用;零售手风琴理论侧重从产品宽度的角度,解释不同零售业态的交替产生规律;零售生命周期理论则主要阐述单一零售业态的变迁规律。总体来看,零售业态的变迁是一个动态发展的过程,零售业态变迁理论是基于传统零售业态的演变现实,对新零售业态的产生及变迁过程的一般规律性总结。

2.1.2　居民消费理论

消费尤其是居民消费,一直是主流经济学研究重点关注的议题。从宏观层面来看,作为拉动经济增长的三驾马车之一,消费既是经济增长的动力,也是经济增长的目的。尤其是在面临出口环境恶化和投资瓶颈困境时,促进居民消费是保持经济持续稳定增长的重要途径。从微观层面来看,居民消费水平与个人、家庭的效用水平密切相关,决定了个人、家庭的幸福程度。长期以来,居民消费理论被置于宏观经济学的分析框架内,代表性的居民消费理论有绝对收入理论、相对收入理论、生命周期理论、持久收入理论、随机游走理论、流动性约束理论和预防性储蓄理论等。

1. 绝对收入理论

凯恩斯(Keynes)1936 年在《就业、利息和货币通论》(*The General Theory of Employment, Interest and Money*)中首次提出了绝对收入理论,拉开了居民消费研究的序幕。绝对收入理论认为,居民消费支出与居民实际收入之间呈现稳定的函数关系,消费会随着收入的增加而增加,但收入增量中用于消费的比重会越来越小,用于储蓄的比重会越来越大。绝对收入理论被认为是居民消费研究的重要基础理论,但它也存在一些缺陷。绝对收入理论侧重从宏观角度对居民消费行为进行解释,忽略了居民消费行为的微观机制;绝对收入理论主要用于解释短期的居民消费行为,对长期的居民消费行为的解释力较弱。比如,Kuznets(1942)对 1869—1938 年间美国宏观统计数据的分析发现,虽然 70 年间美国的国民收入大约增长了 7 倍,但是居民消费倾向保持相对稳定,维持在 0.84 和 0.89 之间,与"居民边际消费倾向随着收入的增加而下降"这一绝对收入理论预测不符,由此形成"库兹涅茨反论"。

2. 相对收入理论

Duesenberry(1949,1967)在《收入、储蓄和消费者行为理论》(*Income, Saving, and the Theory of Consumer Behavior*)中提出了居民消费的相对收入理论。相对收入理论认为,居民消费不仅取决于自身收入水平、消费习惯等因素,还会受周围人群消费水平的影响。相对收入理论将个体的心理因素引入传统的理性人假设,为研究收入与消费之间的关系开辟了一个新的起点。相对收入理论认为,居民消费具有稳定性,并进一步产生稳定经济周期的作用,从而形成"棘轮效应"。此外,相对收入理论还强调了居民消费行为的相互影响,既包括高收入群体对低收入群体的"示范效应",也包括低收入群体对高收入群体的"攀比效应"。其中,攀比效应可能会产生两种结果:一是导致消费者增加炫耀性消费或过度消费;二是使消费者产生追求更高收入和社会地位的激励,导致消费者减少炫耀性消费,增加人力资本、社会资本的投资。与绝对收入假说相比,相对收入假说更具有微观基础。

3. 生命周期理论

Modigliani et al.(1954)提出了生命周期理论,对确定性条件下微观个体的动态跨期消费行为进行了研究。该理论认为,理性的消费者会根据一生的收入来安排储蓄和消费,使其一生的消费与收入相等。根据生命周期假说,人的一生可分为年轻时期、中年时期和老年时期三个阶段。在年轻时期,消费者的收入一般较低,但预期未来的收入很可能会增加,因此往往会把全部收入用于消费,甚至通过借贷来消费,导致消费大于收入。在中年时期,消费者的收入增加,消费在收入中的比重下降,消费者一方面要偿还年轻时期的负债,另一方面要将部分收入用于储蓄。在老年时期,消费者的收入减少,消费超过收入。追求效用最大化的理性消费者会根据自己一生得到的收入来安排其一生的消费和储蓄,并希望各个时期的消费能够平稳,以便使自己一生的消费支出与收入持平。因此,消费规律大体是,儿童、少年和退休后老人的消费支出要大于储蓄,劳动年龄消费者的消费支出要小于储蓄。如果社会总人口的年龄结构没有发生太大的变化,那么边际消费倾向在长期中是稳定的,从而可以较好地解释库兹涅茨反论。但如果社会总人口结构发生较大的变化(比如人口老龄化),社会个体的收入水平、消费偏好以及家庭抚养负担也会改变,从而对整个社会的居民消费水平产生影响。

4. 持久收入理论

Friedman(1957)提出的持久收入理论认为,消费者的收入可分为持久性收入和暂时性收入。其中,持久性收入是指消费者可预期的长期性、稳定性收入;暂时性收入则是指带有偶然性、非连续性的当期收入,如奖金、遗产、馈赠等。持久收入假说认为,理性消费者的消费只取决于持久性收入,很大一部分暂时性收入会被储蓄起来而不会转化为消费。生命周期假说和持久收入假说问世的时间比较相近,思想也比较接近,都是以消费者根据长期收入进行消费和储蓄决策为基础的。因此,这两个理论后来常常被合称为生命周期-持久收入理论。

5. 随机游走理论

随着20世纪70年代"理性预期革命"的兴起,传统的确定性条件下的居民消费理论受到极大的挑战。Hall(1978)将理性预期引入生命周期-持久收入理论,推导出与传统居民消费理论截然不同的结论。随机游走假说(Random Walking Hypothesis)设定市场利率和折现率均为0,对于一个寿命为T期的个人,其一生的消费效用为:

$$U = \sum u(C_t)$$
$$t = 1, 2, \cdots, T \tag{2.1}$$

其中,$u(\cdot)$为即期效用函数,$u'(\cdot)>0$,$u''(\cdot)>0$,C_t为第t期的消费。

假设初始财富为A,各期的收入分别为$Y_1, Y_2, \cdots, Y_T$,由此可得到预算约束为:

$$\sum C_t = A + \sum Y_t$$
$$t = 1, 2, \cdots, T \tag{2.2}$$

能够实现消费者一生消费效用最大化的拉格朗日函数为:

$$L = \sum C_t + \lambda \left(A + \sum Y_t - \sum C_t \right) \tag{2.3}$$

求解的一阶条件为:

$$u(C_t) = \lambda \tag{2.4}$$

式(2.4)表明每期消费的边际效用不变,且每期的消费量均为:

$$C_t = \left(A + \sum Y_t \right) / T \tag{2.5}$$

式(2.5)意味着某期的消费并不是由当期的收入决定的,而是由消费者一生的收入决定的。

随机游走理论将居民消费研究从确定性领域引入不确定性领域,其对居民消费研究的贡献得到普遍肯定。但随机游走理论难以解释现实中居民消费的过度敏感性等问题,因此也受到一些研究者的质疑。

6. 流动性约束理论

Flavin(1981)等研究者对随机游走理论进行的实证检验结果表明,当期的消费与当期的收入正相关,而不是随机游走理论提出的各期消费不变。Flavin(1981)的研究发现,居民消费与可预期收入密切相关,而对不可预期收入不敏感。前者即为消费的"过度敏感性",后者为消费的"过度平滑性",两者合称为迪顿悖论。后续针对过度敏感性的研究形成了流动性约束理论。该理论认为,当消费者存在流动性约束时,其个人借贷行为受到限制,消费者会觉得当期的消费成本较高,从而会减少当期的消费、增加储蓄,即流动性约束的存在会减少居民消费、增加储蓄。

7. 预防性储蓄理论

预防性储蓄理论把不确定性引入传统的生命周期理论,考察消费者的跨期最优化选择行为。预防性储蓄是指在收入波动的情况下,风险厌恶的消费者为预防未来的不确定性可能导致消费水平的急剧下降而进行储蓄。预防性储蓄理论最早可追溯到 Fisher(1930)和 Friedman(1957)的研究,20世纪 80 年代末 90 年代初,以 Zeldes(1989)、Dynan(1993)、Wilson(1998)为代表的研究丰富和拓展了预防性储蓄理论。预防性储蓄理论认为,消费者面临的收入波动越大,越不可能按照随机游走理论的规律来消费,而更可能根据当期的收入情况进行消费,并倾向于拿出更多的收入进行储蓄。基于预防性储蓄理论,消费具有敏感性。在不确定的情况下,收入下降会导致预防性储蓄增加,当期消费减少;收入上升则会使预防性储蓄减少,当期消费增加。这意味着当期消费与当期收入正相关,并且这种相关性随着不确定性的增大而增大。因此,个人对未来收入水平、通货膨胀程度、宏观经济发展的预期,以及社会保障水平、公共福利支出等因素,对居民当前的消费决策具有重要影响。

通过对上述居民消费理论的梳理可以发现,这些理论大多遵循"消费—收入"这一主线,研究对象由当期消费拓展到跨期消费,主观因素由消费的确定性拓展到多要素的不确定性,假设条件由宽松的预算约束拓展到严格的预算约束。当前关于消费的研究基本上以这些主流理论为基础,但它们对于近年来出现的退休消费之谜、中国高储蓄之谜、炫耀性消费之谜等消费异象的解释能力稍显不足,消费者心理、社会环境特征、科技创新、科技进步等因素对居民消费的影响受到越来越多研究者的关注,居民消费理论有待进一步拓展和丰富。

2.1.3　消费者均衡理论

消费者均衡理论(Equilibrium of the Consumer)是西方经济学中消费者行为理论的逻辑起点。消费者均衡理论认为,一种商品价格的变化引起该商品的消费需求量变化可被分解为替代效应和收入效应两部分。替代效应是指,商品价格的变化会使商品的相对价格发生变化;收入效应是指,商品价格的变化会使消费者的实际收入水平(即效用水平)发生变化。替代效应不改变消费者的效用水平,收入效应体现的是消费者因实际收入改变而产生的效用变化。这两种效应都会影响消费者对商品的需求,即总效应 = 替代效应+收入效应。

1. 正常物品的替代效应和收入效应

假设商品 1 为正常物品,消费者在收入水平不变的情况下在商品 1 和商品 2 之间进行消费组合以达到效用最大化。图 2-4 中,轴线 OX_1、OX_2 分别表示消费者购买商品 1 和商品 2 的数量,消费者的预算约束线为 AB,与无差异曲线 U_1 相切于 a 点,a 点即为消费均衡点。在均衡点 a 上,消费者对商品 1 的购买数量为 OX'_1。如果商品 1 的价格 P_1 下降,使得消费者的预算约束线变为 AB',新的预算约束线与更高效用的无差异曲线 U_2 相切于新的均衡点 b。在新的均衡点 b 上,商品 1 新的需求量为 OX'''_1。其中,商品 1 的需求量增加了 $X'_1 X'''_1$,这便是商品 1 价格下降引起的商品 1 需求量变化的总效应。该总效应可分解为替代效应和收入效应两部分。

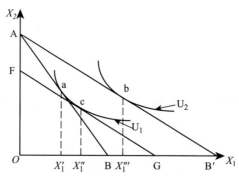

图 2-4　正常物品的替代效应和收入效应

(1) 替代效应。由于替代效应不改变消费者的效用水平,只考虑商品 1 价格下降导致的相同效用水平下商品 1 和商品 2 的消费组合变化,因此要剔除实际收入水平变化的影响。商品 1 价格的下降使得其相对商品 2 的价格也下降了,在其他条件不变的情况下,消费者会增加对商品 1 的购买数量。在补偿预算线 FG 与无差异曲线 U_1 的切点 c 上,对应商品 1 的需求量为 OX″₁。商品 1 的需求量变化 X′₁X″₁ 即为商品 1 价格下降引起的商品 1 需求量变化的替代效应。

（2）收入效应。在消费者货币收入不变的情况下,商品 1 价格的下降使得消费者的货币购买力增强,实际收入水平的提高使得消费者对这两种商品的购买数量增加,这种影响即为收入效应。收入效应表示消费者由实际收入改变而引起的效用变化,在图 2-4 中体现为无差异曲线从 U₁ 移动到 U₂。X″₁X‴₁ 即为商品 1 价格下降引起的商品 1 需求量变化的收入效应。

对于正常商品来说,商品价格下降产生的替代效应和收入效应都使得消费者对该商品的需求增加;反之,商品价格上升产生的收入效应和替代效应都使得消费者对该商品的需求减少。也就是说,替代效应和收入效应与价格反方向变动,在两者共同作用下的总效应也与价格反方向变动。

2. 低档物品的替代效应和收入效应

此处的低档物品是指其需求量与消费者的收入水平反方向变动的商品。低档物品的需求量随着消费者收入水平的提高而减少,随着消费者收入水平的下降而增加。

如图 2-5 所示,假设商品 1 为低档物品,其价格下降前后的均衡点分别为 a 和 b,价格下降引起的总效应即商品 1 的需求量变化为 X′₁X‴₁。其中,替代效应为商品 1 增加的需求量 X′₁X″₁,该变化量为正值。商品 1 价格的下降使得消费者的实际收入水平提高,根据低档物品的特征,消费者对商品 1 的需求随着收入的上升而减少,此时的收入效应为商品 1 的需求量变化 X″₁X‴₁,该变化量为负值。因此,商品 1 价格下降引起的总效应为正的替代效应 X′₁X″₁ 与负的收入效应 X″₁X‴₁ 之和。当商品 1 价格下降引起的负的收入效应 X″₁X‴₁ 大于正的替代效应 X′₁X″₁ 时,该商品为吉芬商品。

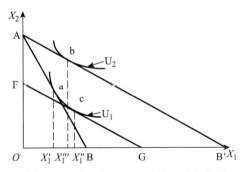

图 2-5　低档物品的替代效应和收入效应

消费者均衡理论表明,当商品价格发生变化时,消费者进行消费选择中替代效应和收入效应是决定性因素。在关于居民消费的拓展性研究中,替代效应和收入效应仍是解释居民消费行为选择的重要理论基础。

2.1.4　网络外部性理论

网络外部性的概念最早由 Rohlfs(1974)提出。Rohlfs 指出,一个网络的价值与其用户规模相关,每一个新用户的加入都会给原用户带来新的价值,从而提高整个网络的价值。Katz & Shapiro(1985)对网络外部性进行了较为正式的定义:网络外部性是指随着使用同一产品或服务的用户数量的变化,每个用户从消费此产品或服务中所获得的效用变化。在网络外部性的作用下,产品的价值随着用户数量的增加而增加,且用户无须为新增价值提供相应的补偿。梅特卡夫定律①对网络外部性做了具体的说明:网络的价值以网络节点数平方的速度增长,假设网络中有 n 个人,网络对所有人的总价值与 $n(n-1)$ 成正比。这个法则表明网络的效用随着网络用户的增加呈指数增长趋势,网络对每个人的价值与网络中其他人的数量成正比。以电话网络为例,假定 2 个用户通话可以获得 1 个单位的效用,当网络中只有 1 个用户时,用户无法通话,此时网络的总效用为 0。当新增 1 个用户时,新用户可以与老用户通话,并获得 1 个单位的效用,老用户也获得 1 个单位的效用,网络的总效用为 2。当再新增 1 个用户时,第 3 个新用户可以与 2 个老用户通话,获得 2 个单位的效用,2 个老用户也可以各自获得 2 个单位的效用,此时网络的总效用为 6。当网络中有 n 个人可以通话时,网络的总效用为 $n(n-1)$。当 n 很大时,网络的总效用趋近于 n^2。这意味着当网络中的用户规模扩大为原来的 n 倍时,网络的总效用扩大为原来的 n^2 倍。

网络外部性的大小除了取决于用户规模,还与网络的关联性、作用频率及开放性有关。一个网络在用户规模既定的情况下,网络中用户的联系越紧密,用户之间的关联性越强,网络外部性就越强。网络的作用频率是指网络中用户之间发生作用的次数,在用户规模和关联强度都既定的情况下,若网络中用户之间经常联系,则其相互发生作用的次数越多,网络外部性就越强。网络的开放性包含两层含义:一是对其他用户的开放,二是对其他网络和产品的开放。对其他用户的开放,既包括对还没有使用本产品的潜在用户开放,让其成为现实用户;又包括对已是其他产品用户的人开放,让其在使用其他产品的同时也使用本产品。上述因素均会扩大自己产

---

① 梅特卡夫定律由乔治·吉尔德于 1993 年提出,但以计算机网络先驱、3Com 公司的创始人罗伯特·梅特卡夫的姓氏命名,其内容是指一个网络的价值等于网络内节点数的平方,而且网络价值与联网用户数的平方成正比。

品的用户规模,可以增强自己网络和产品的直接网络外部性。对其他网络和产品的开放是指将本网络和其他网络连接,或者将本产品与其他产品兼容,这可以使本网络及产品与其他网络及产品之间产生互补关系,从而增强间接网络外部性。这种开放是相互的,当自身通过网络的开放获得效用时,对方同样也能够通过网络的开放获得效用,最后形成双赢的结果。

以上所述的网络外部性都是正网络外部性。正网络外部性普遍存在,但并不意味着不存在负网络外部性。负网络外部性是指产生消极作用的网络外部性。当网络中新用户的加入没有使其他用户的效用提高,反而会降低其他用户的效用时,此时新用户产生的外部性就是一种负网络外部性。现实中,负网络外部性也是客观存在的。比如,当一个网络达到容量的极限时,再有新用户加入就会造成网络拥堵,降低网络的运行速度,甚至使整个网络系统崩溃,导致其他用户使用网络的效用降低甚至消失,这种情况下的新用户对老用户就产生了负网络外部性。负网络外部性往往是因技术而导致的暂时现象,只要改进技术,增加带宽或提高服务器的性能,使其可以承载更大的用户规模,拥堵状况消失,正网络外部性便会再次出现。由此可见,技术的创新、网络基础设施的完善等措施都有利于正网络外部性,网络承载能力的不断增强能够有效避免负网络外部性。

2.1.5 空间溢出理论

溢出本意为"过满而流出",最早起源于外部性概念,将其引入经济学领域,其内涵更加丰富。研究者很早就认识到,各地区的经济活动并不是相互独立,而是相互作用的,并形成某种空间规律性。空间溢出作为空间相互作用的一种形式,受到越来越多研究者的关注,并已成为内生增长理论和新经济地理学研究的热点问题。

空间溢出是新经济地理学阐述经济活动空间集聚机制的重要概念,是指某些特定区位的企业所产生的影响周围其他企业生产过程的正知识外部效应(Englmann & Walz, 1995)。空间溢出可以分为局部空间溢出和全局空间溢出。局部空间溢出是指一个区域内企业的生产过程仅仅受到本区域知识积累的正向影响,会引起经济活动主体的不平衡空间分布。全局空间溢出是指一个区域的知识积累将提高其他所有区域企业的生产力。全局空间溢出不会强化集聚过程(Englmann & Walz, 1995)。普遍认为,企业在一个区域的集聚会同时产生不同水平的局部空间溢出和全局空间溢出。空间溢出可以实现一个空间载体各种要素与另一个空间载体各种要素的融合,从而产生"1+1>2"的叠加放大效应。空间溢出具有以下特征:

首先,空间相互作用是空间溢出的产生条件。空间相互作用表现为不同空间之间资金、劳动力、物质等要素的相互流动,使各地区的产业和经济发展产生联系。随着互联网信息技术的快速发展,这种空间相互作用越来越强。其次,空间溢出的形式从早期的单向溢出转变为双向溢出,甚至是网络溢出。由于地区间经济发展不均衡,早期主要注重发达地区向欠发达地区的单向溢出。随着基础设施条件、信息化水平的不断提高,地区间的分工合作不断加强,从而形成地区间的双向溢出,甚至是多地区间的网络溢出。最后,空间溢出作用的发挥受到空间距离、市场结构、接受能力和社会网络等因素的影响。基于不同的角度,我们可将空间溢出划分为不同的类型。

(1)根据溢出的内容,空间溢出可分为技术空间溢出和知识空间溢出。①技术空间溢出。技术空间溢出是技术在空间扩散的一种方式,其中研发(R&D)、外商直接投资(FDI)的空间溢出在内生增长理论中具有坚实的理论基础,并被大量的实证研究证实。②知识空间溢出。知识空间溢出是知识在空间扩散的一种方式,具体是指本地企业拥有的知识未经正式转让而被其他地区企业获得的现象。从形式上看,知识空间溢出可分为水平式的知识空间溢出(同类性质的企业之间)和垂直式的知识空间溢出(不同性质的企业之间)。从知识的特征来看,知识空间溢出可分为显性的知识空间溢出和隐性的知识空间溢出。在知识空间溢出的过程中,接受者根据自身的情况选择相应的溢出知识并对其进行改造或本土化。

(2)根据溢出方和接受方是否属于同一产业,空间溢出可分为产业内空间溢出和产业间空间溢出。①产业内空间溢出。产业内空间溢出也称专业化溢出,是指同一个产业内各企业之间的溢出。同一产业内不同企业的技术相似,需要解决的问题具有相关性,这种情况下溢出的门槛较低;尤其是地理位置邻近的企业通过相互观察、交流、模仿和人才流动,新的创意和构想很容易在同一产业内快速传播。②产业间空间溢出。产业间空间溢出也称多样化溢出,是指溢出发生在不同产业之间。这种溢出可能来自地理邻近的多样化产业对本地产业创新发展的促进作用,也可能来自不同产业间互惠的影响,从而产生范围经济效应。

(3)根据外部性产生机理的不同,空间溢出可分为 MAR 溢出、Porter溢出和 Jacobs 溢出等类型(见表2-1)。①MAR 溢出[①]。MAR 溢出关注的是同一产业不同企业之间的溢出效应。Marshall(1890)最早提出,这种产

---

① 　MAR 溢出由其三位代表人物 Marshall、Arrow 和 Romero 姓名的首字母而命名。

业内溢出是产业集群发展的重要推动因素；Arrow（1962）用这种产业内溢出解释了经济增长；Romero（1986）基于这种基础思想，构建了内生增长模型。这三种思想共同构成 MAR（空间）溢出思想。MAR 溢出强调垄断对区域创新和经济增长的重要作用，认为垄断力量有利于企业获得高额的创新收益，促进企业进行大规模的研发投入。MAR 溢出比较适用于解释成熟产业中大企业的创新知识扩散，比如美国硅谷的芯片制造就是 MAR 溢出的典型代表。②Porter 溢出。Porter（1990）提出了类似 MAR 溢出的产业内溢出理论，但其更强调竞争的力量对区域创新和经济增长的重要作用。Porter 认为竞争能够推动形成创新动力，技术落后的企业为赶超竞争对手而不得不加大创新投入，以至于竞争对手之间的相互模仿和不断超越形成了产业内的创新扩散。Porter 溢出更适用于解释新兴产业中小规模企业的创新研发知识扩散。③Jacobs 溢出。与 MAR 溢出和 Porter 溢出不同，Jacobs（1969，1985）更强调核心产业外部的知识溢出的重要性，更关注产业间的溢出。Jacobs 认为溢出来自产业多样化而非产业专业化，不同产业的企业集聚在一起可以形成相互间的交流与合作，使不同产业之间产生互惠的影响，并且多元化的产业环境能够形成活跃、包容的创新环境，有利于促进新思想、新技术、新产品的诞生和扩散。

表 2-1　MAR 溢出、Porter 溢出和 Jacobs 溢出的比较

溢出类型	作用范围	市场结构	溢出知识类型
MAR 溢出	产业内	垄断型	纯知识溢出
Porter 溢出	产业内	竞争型	纯知识溢出
Jacobs 溢出	产业间	竞争型	垂直式知识溢出

2.2　网络零售的相关文献综述

网络零售起源于美国，1995 年亚马逊网络书店的成立掀起了美国网络零售市场的热潮。中国网络零售起步稍晚，从 1999 年 8848、易趣网等一系列电子商务平台创立至今，中国网络零售经历了二十多年的发展，呈现出不断进化、扩展和丰富的生态演进过程，已成为全球第一大网络零售市场。网络零售被认为是继"百货商城""连锁店"和"超级市场"之后的第四次零售业重大变革与技术创新，是当前最有发展前景的零售业态。研究者主要围绕网络零售的发展现状与发展趋势、网络零售的效率提升效应、网络零

售的贸易促进效应、网络零售的经济增长效应、网络零售的居民收入效应以及居民消费效应展开研究。

2.2.1 网络零售的发展现状与发展趋势

1. 网络零售的发展现状

网络零售是相对于百货商城、连锁店和超级市场等实体零售业态而言的新型零售业态,是互联网产业与零售产业融合发展的结果,主要有 B2C (Business to Consumer,企业到客户)和 C2C(Consumer to Consumer,客户到客户)两种模式。近年来,在国际网络零售市场不温不火的情形下,中国网络零售市场发展独辟蹊径,在不断摸索实现迅猛发展的同时,还带动了上下游及相关产业的创新和调整。研究者主要从以下几个方面对网络零售的发展现状展开研究:

(1)网络零售对实体零售的冲击。国外不少研究者通过比较网络零售与实体零售,强调网络零售方便、快捷、品类全等方面的优势(Gilly & Wolfinbarger, 2000; Rohm & Swaminathan, 2004; Ahn et al., 2005),以及交易感知风险、渠道黏性等方面的劣势(Chen & Hitt, 2002; Pauwels et al., 2011)。总体来看,网络零售降低交易成本的特点得到研究者的普遍肯定(Soh et al., 2006)。立足于中国国情,国内研究者关注到交易成本的降低使得网络零售对实体零售产生了冲击。荆林波(2010,2016)认为,中国网络零售对实体零售的替代具有不可逆转的"颠覆之势",中国的网络零售市场已经步入规模化、主流化、深入化的阶段。李骏阳(2016)对上海市零售市场的分析表明,近几年上海市每年网络零售额的增加额都超过社会消费品零售总额的增加额,这意味着每年新增的网络零售额足以吸收当年全部新增的社会消费品零售额,实体零售业面临产能过剩的困境。随着网络零售的创新发展和相关研究的进一步深入,研究者开始重视网络零售与实体零售的互补效应。李靖华和曾锵(2018)基于杭州欧尚超市大关店的问卷调查数据分析表明,网络零售对实体零售的替代效应和互补效应同时存在,其中替代效应体现在购物态度上,互补效应体现在购物行动上。王钰等(2019)构建传统零售商的创新决策模型,发现当网络零售和传统零售竞争较为激烈时,网络零售的出现会促使传统零售商参与创新。

(2)网络零售的组织与业务模式。中国网络零售的演进历程主要经历了萌芽期、兴起期、爆发期、整合期和升华期五个阶段(王宝义,2019),在这个过程中,中国网络零售的组织与业务模式不断丰富。按照商品种类的不同,李京文(2016)将网络零售市场分为综合类网络零售市场、农业类网络零售市场、跨境类网络零售市场、母婴用品类网络零售市场等。按照经营模式的不同,王宝义(2017)对第三方平台、自营 B2C 为主+平台 B2C、实体零售企业建立的网络零售平台和网络社交社区的网络零售平台等网络零售模式进行了详细分析,认为这些网络零售模式具有显著的规模经济特征。王宝义和桑惠云(2019)总结了中国网络零售发展历程,分析了每个阶段的模式特点,发现中国网络零售组织与业务模式不断丰富,各平台从点竞争向面竞争、规模竞争向品质竞争转变。杨守德和赵德海(2018)认为当前中国网络零售已经进入全面收敛发展状态,主要体现在网络零售市场规模增速放缓,并且其对提升经济增长和经济效率的贡献度也在逐年下降,各地区间的网络零售市场竞争日趋激烈。潘锡泉(2021)分析我国网络直播电商组织模式并认为,网络直播电商对推动零售业由线下向"线下"+"线上"融合起到了积极作用。

(3)网络零售的区域差异。中国网络零售在区域间的发展并不平衡。汤英汉(2015)研究发现,中国各省份网络零售市场规模从东部沿海向西部内陆呈现由高到低的阶梯状分布特征。浩飞龙等(2016)基于阿里研究院城市电商发展指数进行的空间计量分析也得出类似的结论,并指出中国各城市"低网购—低网商"和"高网购—高网商"的两极化现象比较严重。刘晓阳等(2018)对中国县域样本数据的分析表明,县域电商集聚程度以长三角、珠三角、京津冀城市群为核心逐步向西部递减。陈延斌等(2022)对山东各县域网络零售发展水平的空间差异分析发现,山东各县域网络零售发展水平的空间相关性较强,城镇化、经济发展和信息化程度对网络零售发展产生显著影响。彭红艳和丁志伟(2021)对阿里研究院有关中国淘宝村数据的空间特征进行分析,发现淘宝村的"增长—消失"由点状向带状、从东部沿海向中西部地区扩展。

2. 网络零售的发展趋势

近年来,在信息技术和消费升级等因素的驱动下,网络零售迎来新的发展趋势。在企业界,对网络零售发展趋势的判断有三类观点:第一类,阿里巴巴集团提出"新零售"的概念;第二类,苏宁集团提出网络零售的未来发展方向是"智慧零售";第三类,京东集团提出网络零售的未来发展趋势是"无界零售"。这些网络零售巨商基于企业战略角度对网络零售的发展趋势做出各自的判断。而在学术界,研究者关于网络零售发展趋势的讨论主要强调以下几方面的内容:

(1)网络零售的横向和纵向整合趋势。祁志民和刘涌(2009)认为,网络零售市场在经过蓬勃发展之后必然走向整合,包括网络零售平台之间的合并、兼并或形成战略联盟。王宝义(2017)认为,很多大型网络零售平台为了追求行业的规模经济和协同效应,纷纷收购或参股控股其他平台,并不断整合物流供应链的前后端,以提升其运营效率和服务质量。

(2)网络零售的大数据化趋势。来自互联网的海量数据资源已成为现代社会最不容忽视的经济资源(Schonberger,2013),大数据驱动的商业模式创新被认为是网络零售今后发展的大趋势。郭燕等(2016)认为大数据是网络零售业创新制胜的必由之路。杨坚争等(2018)结合盒马鲜生和缤果盒子的实践案例认为,基于大数据驱动的"新零售"在消费定位、生产制造、营销方式等方面具有明显的优势。杜丹清(2015)、郭燕等(2016)和王宝义(2017)也都肯定了大数据对未来网络零售创新的关键作用。

(3)网络零售与实体零售的相互融合趋势。网络零售最先通过蚕食实体零售的份额进入市场,但随着网络零售市场竞争激烈程度和规范化程度的提升,网络零售市场的扩展遭遇瓶颈,越来越多的零售商开始采用实体零售和网络零售相结合的"多渠道零售"模式,以强化两者的互补关系而非替代关系(李飞,2013;Avery et al.,2012;Pauwels & Neslin,2015)。Cao & Li(2015)对美国71家零售企业面板数据的随机效应实证分析发现,多渠道零售能够显著提高零售商的营业额增长率。王琴等(2015)基于不同类产品的溢出效应发现,网络零售与实体零售并不仅仅限于联动发展而是深度融合,网络零售与实体零售的功能交互、购物流程再造和结构重构将不断催生新的零售业态。金祥荣和陈文轩(2018)对中国网络零售领头羊浙江省各地市的消费数据分析表明,部分地区的网络零售和实体零售行业从"竞争模式"向"协同模式"转型实践中获得了新的增长动力。赵树梅和徐晓红(2017)、王宝义(2017)、李骏阳(2018)、韩彩珍和王宝义(2018)、王宝义(2019)等全面解读了"新零售"的内涵,认为促进"线上+线下+物流"深度融合的"新零售"是网络零售发展的新趋势,强调了"新零售"以消费者为中心的零售本质回归。

(4)网络零售与情境互动的相互融合趋势。直播电商集网络直播与电子商务的优势于一体(曾亿武等,2022),兼具社交、娱乐、体验和商务等多重功能,成为网络零售领域的新兴业态。自2018年开始,头部主播的强大流量和变现能力催化了直播电商的快速发展,尤其是2020年新冠疫情进一步激发了"宅经济"直播电商的发展潜力。艾瑞咨询《2021年中国直播电商行业研究报告》数据显示,2020年中国直播电商市场规模超过1.2万亿元,年增长率为197.0%;行业内主播从业人数达到123.4万人。已有研究对直播电商的传播样态和消费方式、数字机会共创机制、消费者购买意愿影响因素和空间分布特征等方面进行了分析(苏郁锋和周翔,2021;贾毅,2022;陈义涛等,2021;周永生等,2021;马芳芳和丁志伟,2021)。

2.2.2 网络零售的效率提升效应

网络零售的快速发展不仅激发了零售模式的转变,而且驱动了物流、制造、服务业等行业的变革,从而有利于提升经济运行效率。研究者主要从以下几个方面对网络零售的效率提升效应展开研究:

1. 市场交易效率提升

从搜寻理论来看,网络零售能够降低搜寻成本,提高同质商品销售的集聚程度,促进市场信息流动,提高市场价格透明度,将需求方和供给方快速匹配,从而有利于提高市场交易效率(Bakos, 1997; Soh et al., 2006; Heil & Prieger, 2009)。武志伟和陈莹(2013)设计经济学实验,对网络零售交易模式与传统零售交易模式进行了比较,实验结果表明网络零售交易模式显著提升了买方的议价能力,形成的商品价格和成交数量更接近完全竞争市场均衡状态。孙浦阳等(2017)利用淘宝网 B2C 交易平台月度微观价格监控数据的典型案例,对搜寻理论进行验证,发现网络零售可以有效增加消费者的搜寻次数、降低市场搜寻成本,有利于提升市场交易效率。蒋玉等(2021)基于京东商城红富士苹果的实际交易数据分析表明,网络零售中绿色认证、满分好评、地理标志、礼盒包装等属性信息有利于提升消费溢价。然而,有研究者对网络零售平台垄断导致的低质量陷阱表示担忧,认为网络零售平台垄断形成了对低成本实体经济需求的扩张和对高质量产品的挤出(程虹和王华星,2021)。

2. 物流流通效率提升

作为国内较早从物流角度分析网络零售发展问题的研究者,李骏阳(2002)预言网络零售会引起流通模式的变革,大大提升流通渠道效率。肖作鹏等(2015)阐述了网络零售对物流供应链重组的替代效应、上下游效应、敏捷效应、库存效应及推拉效应,并分析了其可能产生的空间影响。金赛美(2016)对我国农产品流通效率进行了测量,其分析表明网络零售对农产品流通效率具有显著的正向作用。沈颂东和亢秀秋(2018)基于中国2008—2015 年数据,采用聚类-灰色关联分析方法进行的实证分析表明,网络零售在给快递业带来红利的同时也倒逼快递业从传统模式向更高效率的新型模式加速转型升级。张夏恒(2018)关于跨境物流与跨境网络零售的协同度研究也得出类似的结论。何小洲和刘丹(2018)采用 DEA-BC 模型对中国省级面板数据的实证分析表明,网络零售极大地刺激了各地物流业的发展,其中西部地区通过网络零售和物流业效率提升取得的全要素增长率比其他地区更高。唐红涛和李胜楠(2020)采用面板门槛模型对中国城市数据的分析表明,网络零售使得新型物流与传统流通从替代向融合发展转变。

3. 生产经营效率提升

已有研究从以下角度解释了网络零售对生产经营效率的提升作用:一是网络零售会提高时效效应。邵兵家和蔡志刚(2005)认为网络零售提高时效效应主要体现在网络零售能够提前回笼企业货物的款项、加快企业内部的信息交换速度、缩小生产周期、缩短货物的库存时间和节约企业组织管理成本等。二是网络零售会提高搜寻效率。鉴于中国普遍存在的市场分割制限制民营企业跨地区配置资源的困境(陆铭和陈钊,2004;方军雄,2009),徐超等(2016)、陈陶然和彭越(2022)的研究表明,网络零售能够显著提高中小企业现金流的充裕性和创新性,并且这种效率提升作用对小规模企业更明显。三是网络零售会降低企业内部管理成本。已有不少基于宏观数据和微观数据的研究表明,网络零售有助于降低企业内部的信息传递成本,有利于企业提高技术创新效率和经营效率(韩雷和张磊,2016;王昕天,2017;雷蕾,2018;葛继红等,2018;陈维涛等,2019;李晓静等,2021;金环等,2022)。朱红根和宋成校(2020)基于对全国种植型家庭农场的抽样调查数据分析表明,网络零售可以使家庭农场绩效提升3.89%—4.47%。

2.2.3　网络零售的贸易促进效应

作为网络零售市场的重要组成部分,跨境电商颠覆了以往的国际贸易方式,如何将跨境电商给传统国际贸易带来的诸多改变纳入已有的贸易理论框架是国内外研究者亟待解答的问题。与传统贸易方式相比,跨境电商具有资金投入少、节约交易时间、减少出口贸易环节、无时间和地域限制以及提高效率等方面的突出优势(温珺等,2015)。研究者主要从以下几个方面对网络零售的贸易促进效应展开研究:

1. 网络零售对外贸中介的影响

早先 Evans & Wurster(1999)曾预期,网络零售使得产品信息和价格变得透明,贸易中介的套利机会将减少,甚至贸易中介将不复存在。Andersen(2005)则认为,网络零售不会使贸易中介消失,但会使贸易中介的服务重点从提供信息向提供物流、融资、售后等综合性服务转变。马述忠等(2019)系统梳理了跨境电商降低贸易成本的机理,并基于阿里巴巴发布的

ECI 跨境电商连接指数进行了实证检验,结果表明跨境电商能够显著降低贸易成本,其中跨境电商对中国与高收入国家贸易(尤其是进口贸易)的贸易成本降低效应更显著。张洪胜和潘钢健(2021)认为,跨境电商显著降低了进出口贸易成本,对降低出口企业的搜寻成本、跨境物流成本的作用更大,这种贸易成本降低效应在中国与发展中国家之间的贸易往来中表现得更显著。马述忠和房超(2021)认为,跨境电商通过降低交易成本促进出口在扩张边际上的增长,通过强化规模经济促进出口在集约边际上的增长,并且扩张边际增长的作用强于集约边际增长的作用。

2. 网络零售对出口企业的影响

Wilson et al.(2005)认为网络零售在降低交易成本、生产成本和海外市场扩张成本上具有突出的作用,这使得企业可以投入更多的资金用于产品生产,从而为企业规模化生产提供有利条件。Clarke(2008)基于东欧和中亚 20 个中低收入国家企业微观数据的研究表明,网络零售有利于增大企业参与出口贸易的概率和可能性。Ricci & Trionfetti(2012)、Yadav(2014)、茹玉骢和李燕(2014)、岳云嵩和李兵(2018)等的研究也得出类似的结论。eBay(2015)对发展中国家中小外贸企业的调查发现,采用跨境电商模式的外贸企业在第一年的创业期生存下来的概率为 60%—80%,而同样的条件下传统出口企业的生存概率只能达到 30%—50%。此外,跨境电商对提升出口企业产品创新、品牌升级等国际竞争优势的作用也得到了支持(邬爱其等,2021)。

3. 网络零售对贸易规模和结构的影响

一方面,网络零售产生的贸易便利化可以促进贸易增长(Wilson et al.,2005;马淑琴等,2018;刘浩,2016;王喜荣和余稳策,2018;马述忠和濮方清,2022),并且这种增长主要体现在发展中国家与发达国家之间的贸易上(Clarke & Wallsten,2006;温珺等,2015;刘娟等,2018;陈卫洪等,2020)。马述忠和房超(2021)、马述忠和濮方清(2022)认为,网络零售不仅能增加细分市场的出口量,而且能增加企业其他商品的出口量。另一方面,网络零售有助于贸易转型升级。郭四维等(2018)基于异质性企业理论分析发现,跨境电商通过增大贸易机会、扩大贸易主体、丰富贸易内容等方式有效促进中国进出口贸易的转型升级。裴长洪和刘斌(2019)认为,跨境电商深刻地改变了全球价值链体系中的分工模式、组织结构和微观主体,有利于促进制造业与服务业的深度融合,为中国向全球价值链高端跃进提供了机遇。张夏恒(2021)、张夏恒和李毅(2021)、赵崤含等(2022)从改变消费习惯、推进要素配置市场化、促进产业结构转型和降低贸易成本等角度,分析网络零售如何推动形成国内大循环为主、国内国际"双循环"发展新格局的理论机制。

2.2.4　网络零售的经济增长效应

网络零售起源于美国,由此网络零售对经济增长的影响较早引起国外研究者的关注。Brooks & Wahhaj(2000)基于投入产出数据,估算了网络零售对美国、日本、德国、英国和法国宏观经济的影响,结果表明网络零售使得这些国家每年的国内生产总值在原有基础上增长 0.25%。Jonathan & Willis(2004)对美国、Somal(2004)对中东地区的研究也得出网络零售有利于促进经济增长的结论。Hamidreza(2012)基于跨国面板数据的分析发现,网络零售市场规模超过一定的门槛值之后,其对经济增长的促进作用会明显增大。Irina(2009)认为,网络零售提升了社会生产中的信息对称性,从而有利于促进经济增长。国外的这些研究普遍肯定了网络零售对经济增长的促进作用,但国内对于网络零售能否促进经济增长仍存在争议。

近几年网络零售对经济增长的影响受到越来越多研究者的关注。范玉贞(2010)从消费、投资、政府购买、净出口四个方面分析了网络零售对经济增长的作用机制,其实证分析结果表明域名数、网络零售平台数量以及网购人数的增加能够显著提高地区生产总值增长率。杨坚争等(2011)采用改进道格拉斯函数的实证研究表明,2000—2009 年网络零售发展指数每提高 1%,就会带动国内生产总值增长 0.017%。李勇坚(2014)使用消费乘数方法,分析网络零售对中国经济增长的带动作用,认为网络零售有利于扩大消费市场规模,并通过消费乘数效应进一步对经济增长产生促进作用。毛中根等(2020)认为,基于网络零售等引发的新消费具有发挥消费基础性作用、稳定和扩大就业、推动产业结构转型升级等经济社会功能。刘乃全等(2021)对国家电子商务示范市建设的准自然实验的实证分析表明,网络零售有利于促进城市绿色高质量发展。

其他研究者对各地区样本的研究也得出了类似结论。刘晓贺等(2014)的研究表明,上海市网络零售交易额每增加 1 个百分点,可带动当地国内生产总值增加 0.39 个百分点。朱姝(2014)对浙江、王赛芳(2016)对广东、郑思齐等(2017)对京津冀城市群的研究也肯定了网络零售对当地经济增长的拉动作用。不少研究强调了网络零售通过打通信息渠道、对弱势群体增权赋能等途径,对农村地区、经济落后地区和贫困地区的经济增长具有促进作用(林孔团和于婧,2017;王昕天等,2020;周浪,2020;梅燕和蒋雨清,2020),但王瑞峰(2020)认为这种经济增长拉动作用的边际效应呈递减趋势。

有少数研究者则对网络零售能够促进经济增长持怀疑态度。陈小红(2012)认为网络零售与经济增长之间存在相互促进、相互制约的互动关系,其变化规律呈非线性 U 形态势,即当经济发展水平较低时网络零售的促进作用很小,当经济发展水平较高时网络零售的促进作用会增大;并提出在工业化初期不应该大力发展网络零售的观点。与此相反,唐红涛和朱晴晴(2017)则认为网络零售与其对经济增长的影响呈倒 U 形关系,即网络零售在发展初期可能会对经济增长产生推动作用,但在发展到一定程度后会产生负面的影响。一方面,网络零售会对传统实体企业产生极大的冲击,蚕食传统实体零售的市场份额,传统实体零售面临前所未有的冲击;另一方面,网络零售会使区域经济重组、城乡经济重构,由此会导致新的区域经济发展不平衡,形成新的城乡数字鸿沟,这种不平衡不利于经济的协调发展,从而影响经济可持续发展。雷兵(2018)基于中国 1 870 个县域数据,对农村网络零售与地方经济关系进行研究,结果发现网络零售对县域地区生产总值的影响并不显著。王利荣和芮莉莉(2022)对跨境电商综合试验区的研究发现,第一批杭州综合试验区对地区经济增长、对外贸易水平和产业结构升级的促进作用都较为显著,但第二批综合试验区对地区经济增长和产业结构升级的提升效果并不明显。

2.2.5　网络零售的居民收入效应

随着信息技术和网络零售的不断发展,大多数居民尤其是农村地区和传统产业中的小农能否分享到数字红利以实现增收致富? 对于这一问题,研究者有较大的争论。有研究者认为,难以跨越的数字鸿沟使得农民增收困难,城乡收入差距不断扩大。Britzand & Blignaut(2001)、Bonfadelli(2002)和 Dimaggio et al.(2004)认为,由于信息技术基础设施可接入机会和信息技术使用能力的差异,信息通信技术只会对高受教育程度和高收入水平的富裕阶层有利,并会造成低收入人群和高收入人群之间的收入差距越来越大。张磊和韩雷(2017)认为,网络零售大幅提升了社会个体的经济参与度和收入水平,但目前的收益分配模式并未实现城乡居民的公平共享,反而会显著扩大城乡居民收入差距,并且网络零售带来的收入差距扩大效应在中部和西部地区尤为显著。不少研究者对网络零售带来的社会秩序失衡、农村青年妇女创业被边缘化、农村资源流失和农户增收能力等方面表示了担忧(韩庆龄,2019;聂召英和王伊欢,2021a;聂召英和王伊欢,2021b;程欣炜和林乐芬,2020)。

然而,有不少研究者对网络零售带来的居民增收效应给予了肯定。Grimes(2005)、Jensen(2007)、Shimamoto et al.(2015)基于部分发展中国家的调查数据分析表明,网络零售对推动农民参与市场、增加农产品市场销量、提高农产品销售价格和改善农民福利有着显著的积极作用。有研究者重点分析了网络零售带来的农村剩余劳动力安置效应(吕丹,2015;程欣炜和岳中刚,2021)、产销高效对接效应(曾亿武等,2018;胡雅淇和林海,2020;郭红东等,2021;何宇鹏和武舜臣,2019;方莹和袁晓玲,2019;李宁等,2021;宋瑛等,2022)、农产品消费需求扩大效应(李琪等,2019;吴晓婷等,2021)、家庭创业效应(鲁钊阳和廖杉杉,2016;田勇和殷俊,2019)、网络平台经济溢出效应(曾妍等,2022)和资本效率提升效应(唐红涛和李胜楠,2020;易法敏等,2021;刘玮琳等,2021),这些均有利于提升居民收入。因此,网络零售不仅有助于增加农户收入,而且有利于缩小农村内部收入差距(邱子迅和周亚虹,2021;曾亿武等,2019)、城乡居民收入差距(陈享光等,2021)、地区收入差距(唐跃桓等,2020),并改善乡村人居环境(肖开红和刘威,2021)。

有研究者强调,网络零售带来的居民增收效应是有条件的。鲁钊阳和廖杉杉(2016)基于微观调查数据的分析表明,网络零售对居民增收效应的发挥在很大程度上受户主禀赋变量、家庭特征变量和区域特征变量等的影响。曾亿武和郭红东(2016)的研究表明,网络零售对居民收入水平的提升幅度受到电子商务技术进步、产品需求价格弹性和供给价格弹性等因素的影响。李琪等(2019)认为,政府支持力度越大,网络零售对农民增收的促进作用越强。邱泽奇和乔天宇(2021)认为,可以通过营造良好的农村内部环境来克服网络零售技术门槛带来的发展机会不平等,为弱势农户提供发展机会,进而有利于缩小贫富差距。

2.3 居民消费效应的相关文献综述

消费是生产的目的和经济的最终环节,对经济发展和居民福利有着重要影响。中国正处于高速发展向高质量发展转化阶段,在以国内大循环为主体、国内国际双循环相互促进的新发展格局下,如何改善中国长期以来存在的居民消费不足问题、增强消费对经济发展中的基础性作用(陈斌开,

2020;方福前,2021),是当前经济研究的重要论题。居民消费主要包括居民消费支出、居民消费差距、居民消费结构和居民消费空间等方面,下文围绕这些内容分析相关因素的居民消费效应。

2.3.1 居民消费效应

1. 居民消费支出

Keynes(1936)提出的绝对收入假说被认为是当代西方消费理论的起源。绝对收入假说认为,消费支出随着绝对收入的增加而增加并慢于收入的增长速度,即边际消费倾向随收入的增加而递减。之后,Duesenberry(1949)的相对收入假说则认为,消费不仅取决于当期绝对收入水平,而且依赖于其相对其他人的收入水平和本人历史上曾获得的最高收入水平。Friedman(1957)的持久收入假说认为,居民消费支出不是由消费者的当期收入所决定的,而是由其持久收入所决定的。Modigliani(1954)的生命周期假说认为,理性消费者会根据自己一生的周期性收入来安排消费,即大体上在年轻工作时期进行储蓄以实现退休后的消费平稳。另外,有研究者关注未来收入不确定性对居民消费支出的影响。Leland(1968)的预防性储蓄假说认为,风险厌恶的消费者会为预防未来不确定性进行储蓄而导致消费水平下降,尤其是现实经济中的流动性约束使得居民消费对预期收入表现出过度敏感性(Campbell & Mankiw,1989)。但也有研究者持相反观点,认为居民消费并不会随收入的变化而同步变化,消费者对收入变化的反应较为迟钝,导致消费支出表现出过度平滑性(Caballero,1990)。基于以上不同因素对居民消费水平的影响是相关研究的主要视角。

(1)生命周期、人口结构的影响。基于消费-储蓄生命周期模型估计居民消费的风险厌恶系数(Gourinchas & Parker,2002)、分析消费的流动性约束问题(Guvenen & Smith,2014)、分析中美两国居民预防性储蓄和消费的差异(Choi et al.,2017)被认为是相关研究的典型代表。比如,张安全和凌晨(2015)基于消费者预期效用最大化模型,分析中国城乡居民预防性储蓄的差异。杨继生和邹建文(2020)基于生命周期模型,分析中国居民消费平滑特征,认为45岁前后是居民预防性储蓄和消费平滑的转折点。吴敏和熊鹰(2021)认为,我国不同年代出生的人所经历的社会变迁使得老年人群体形成谨慎保守的被动式消费态度,导致目前老年人群体的消费欲望弱于其消费能力。此外,有研究基于生命周期特征,探讨养老保险、医疗保险等社会保障制度对居民消费的影响(白重恩等,2012;臧旭恒和李晓飞,2020;杨继生和邹建文,2021;李晓飞等,2021)。还有研究认为,人口因素对居民消费的影响并不显著(李文星等,2008;石贝贝,2017),而家庭因素尤其是家庭户的规模和结构对消费的影响是正向的(傅崇辉等,2021)。

(2)财税政策的影响。在经济下行时期,政府往往倾向于采取财税减免政策刺激消费。Souleles(2002)、Parker et al.(2013)、Leigh(2012)分别针对 20 世纪 80 年代美国里根政府的减税措施、2008 年美国和澳大利亚政府实施退税政策产生的边际消费倾向变化进行分析。Hsieh et al.(2010)分析日本向老年人和儿童发放的购物券政策后认为,该政策使得居民购买耐用消费品的概率上升了 10%—20%,但对非耐用消费品的消费并没有增加。郑筱婷等(2012)采用匹配倍差法、周波和肖承睿(2021)采用倍差法研究中国家电下乡政策,发现该政策对居民消费支出的影响并不显著。林毅夫等(2020)基于微信支付、疫情和城市经济状况数据,实证分析 2020 年新冠疫情发生后各地方政府发放消费券的效果,研究发现消费券发放地区受支持行业的支付笔数比消费券未发放地区多 26.26%,并且服务业占比越高消费券对提高交易活跃度的作用越明显。

(3)住房价格的影响。不少研究者关注中国房价过快上涨给消费带来的影响。房价上涨既有可能通过财富效应促进消费,又有可能通过房奴效应抑制消费。何兴强和杨锐锋(2019)、尹志超等(2021)、薛晓玲和臧旭恒(2020)认为,住房财富能够显著提高居民消费水平。余华义等(2020)也肯定了住房财富效应带来的消费促进作用,但强调不同城市房价对居民消费存在跨区域影响。不过,也有研究者对此持否定态度。不少研究者认为,房价上涨导致的房奴效应是我国居民消费疲软的重要影响因素(张小宇和刘永富,2019;张雅淋等,2019;董凯等,2021)。颜建晔等(2019)基于中国家庭追踪调查数据的分析认为,房价上涨通过增加无房家庭的购房压力而抑制其消费,有房家庭则因遗产动机、潜在换房需求而使房价上涨对其消费的促进作用有限。张雅淋等(2022)基于中国家庭追踪调查数据(针对青年群体)的分析认为,青年住房财富仅限于少部分群体,住房财富效应和房奴效应会对青年群体的消费造成消费相对剥夺。

(4)其他因素的影响。研究者还对流动性约束、城镇化、市场环境等因素对居民消费的影响进行了多角度的分析。在流动性约束方面,研究者普遍支持放松流动性约束对消费的促进作用(王慧玲和孔荣,2019;宋明月和臧旭恒,2020;张栋浩等,2020),但有研究者提出杠杆率过高会抑制消费增长的担忧(中国人民银行石家庄中心支行课题组,2020)。在城镇化方面,关于城镇化能否提升居民消费水平存在较大的争议(陈斌开等,2010;雷潇雨和龚六堂,2014),有研究者强调城镇化过程只有推动流动人口城市化、提高工业生产率才能增加居民消费(易行健等,2020;郑得坤和李凌,2020)。在市场环境方面,利率市场化、消费者权益保护等市场环境制度的改善有利于促进居民消费(陈斌开和李涛,2019;叶胥等,2021),而宏观经济环境的不确定性则不利于促进居民消费(李成和于海东,2021;陈太明,2022;刘玉荣等,2019)。此外,还有研究者分析了交通基础设施、人工智能产业、社会群体效应和幸福感等因素对居民消费的影响(郭广珍等,2019;林晨等,2020;宋泽和邹红,2021;李树和于文超,2020)。

2. 居民消费差距

有研究发现中国城乡居民消费差距呈倒 U 形特征(高帆,2014),2005年以后这种城乡居民消费差距缩小趋势逐渐明显(徐振宇等,2014)。从影响因素来看,研究者从城乡收入差距、交通基础设施、互联网普及度和公共政策等角度对造成城乡居民消费差距的原因进行了阐释(程名望和张家平,2019;边恕和张铭志,2021;梁任敏和巴曙松,2022)。曲玥等(2019)基于中国城市劳动力市场调查数据,分析刻画城市本地家庭和外来流动家庭的消费差异及其决定因素,认为二元结构的养老保险制度是导致外来流动家庭消费低于城市本地家庭的重要原因。

不少研究者关注高房价和租金可能带来的消费不平等问题。高房价使得居民消费不平等程度显著提高,这种影响在东部地区和一线、二线城市中表现得较为显著(汪伟等,2020a)。消费不平等主要体现在无房或单套房家庭与拥有多套房家庭之间的差异(刘靖和陈斌开,2021)。孙伟增等(2020)研究了租金对居民消费不平等的影响,认为租金收入效应影响房东家庭消费,消费替代效应影响租客家庭消费,租金下降可以显著缩小消费不均等差距。孙伟增和张思思(2022)进一步指出,租金上涨不仅会挤出城市流动人口的非住房消费,还会导致流动人口与城市本地居民的居住分异,使其难以真正融入社会。还有研究者关注农村不同群体之间的消费不平等问题。周广肃等(2020)基于世代交叠模型和中国家庭追踪调查的实证分析发现,新农保能够显著降低农村居民消费不平等程度,并且这种影响在中低收入家庭中表现得较为明显。

3. 居民消费结构

在国外,研究者比较重视生命周期对家庭消费结构的影响,普遍认为不同生命周期下家庭教育支出、享受型消费支出和网络消费支出等消费结构具有显著的周期性特征(Goldin & Katz, 2008; Camacho, 2009; Amirtha & Sivakumar, 2018)。此外,遗产继承、彩票中奖、政府现金津贴等未预期收入增加对消费结构的影响也受到较多关注(Kuhn et al., 2011; Agarwal &

Qian，2014；Elinder et al.，2018），多数研究发现未预期收入增加的冲击会导致耐用品消费的增加。

在国内，刘向东和米壮（2020）基于"基本-非基本消费"概念构建居民消费升级的评估方法并对中国综合社会调查数据进行估算，认为中国居民总体上处于消费升级阶段，但低收入阶层和农村家庭（28%）面临消费降级的困境。研究者从人口年龄结构、经济政策不确定性、流动性约束、养老保险、医疗保险、交通基础设施、个人所得税减免、家电下乡政策、房屋拆迁收入、二孩政策、房价上涨等不同角度，实证分析居民消费结构变化规律（罗永明和陈秋红，2020；李涛等，2020；黄燕芬等，2019；吴锟等，2020；张喜艳和刘莹，2020；李傲等，2020；贾立和李铮，2021；赵达和王贞，2020；蔡昉和王美艳，2021；张川川等，2021；刘宏等，2021；叶菁菁和唐荣，2021；孙豪等，2022）。此外，不少研究者关注到互联网发展对居民结构的重要影响。张永丽和徐腊梅（2019）基于甘肃省 15 个贫困村的调查数据、周应恒和杨宗之（2021）基于江西省农户调查数据、曾洁华和钟若愚（2021）利用百度指数构建各城市消费搜索指数的实证分析均表明，互联网能促进居民消费结构升级。陈战波等（2021）基于中国家庭金融调查数据的分析认为，基于互联网发展的移动支付对居民家庭发展型消费具有显著的促进作用。孙根紧等（2020）的研究表明，互联网对居民旅游消费具有显著的促进作用，并且这种促进作用对城镇居民、中等教育水平和中等偏下收入水平居民的影响最大。

4. 居民消费空间

近几年，一些研究者关注到居民消费的空间特征。张昊（2020）认为，居民消费带动商品跨地区流动对推动形成国内大市场具有重要作用。陆铭和彭冲（2022）从都市圈一体化发展的视角，强调新时期构建（国际）消费中心城市扩大城市潜在边界的重要性。有研究者分析了居民消费的空间相关性、空间差异性、空间分割性和空间演变规律（毛军和刘建民，2016；杨文毅等，2019；宋泽等，2020；汪希成和谢冬梅，2020；毛中根等，2020；温桂荣等，2021）。毛军和刘建民（2016）采用 Kernel 密度法对中国省级面板数据的研究发现，中国居民消费空间上呈现"高消费俱乐部"与"低消费俱乐部"并存的现象，但两者之间的差距有缩小的趋势，并且居民消费市场普遍存在邻里效应，具体表现为居民消费行为的从众性。毛中根等（2020）、温桂荣等（2021）针对长三角地区、全国省级数据的分析也得出了类似结论。

关于居民消费空间集聚的原因，研究者从税收和财政支出（毛军和刘建民，2016）、交通设施（焦志伦，2013）、金融集聚（谭燕芝和彭千芮，2019；

董秀良等,2022)、房价水平(余华义等,2020)等角度予以解释。余华义等(2020)的研究表明,各地区房价的空间传导、居民的异地消费和消费的示范效应,使得本地房价变动会显著影响周边地区居民的消费。董秀良等(2022)认为,农民消费不仅受到本地区农村金融集聚的影响,而且受到邻近地区空间溢出的影响。

2.3.2　网络零售的居民消费效应

在全球经济复苏乏力、贸易保护主义抬头和国内经济结构性矛盾凸显等多重问题交织的背景下,扩大内需尤其是居民消费需求成为各级政府发展经济、改善民生的重要着力点。网络零售在经济结构调整和新旧动能转换中起到了重要作用,也引发了一场居民消费变革。网络零售使得人们的消费观念、消费模式和消费结构等正发生着前所未有的改变(江小涓,2017),网络零售的居民消费效应受到不少研究者的关注。

1. 网络零售的消费者行为特征

基于网络零售市场的特征,有研究者对经典的消费者行为理论进行拓展,提出在线消费者行为理论。在线消费者行为理论主要强调网络零售市场中两方面因素对消费者行为特征的影响:

一是网络零售中消费者感知风险对消费者行为特征的影响。与传统零售相比,网络零售中消费者因无法直接触摸商品而产生的不信任问题较为突出。因此,关于消费者购买行为尤其是购买意愿的研究大都围绕消费者感知风险导致的不信任问题展开。Koufaris & Hampton-Sosa(2004)认为,交易安全、网站功能、消费者对网站特点的满意度是影响网络零售交易信任程度的主要因素。Flavian et al.(2005)认为,相较于传统零售,网络零售模式下品牌形象对消费者信任度的影响更大。Pauwels et al.(2011)指出,价格促销只能在短期内提高网络零售收入,长期收入增加需要品牌形象等非价格促销手段。吴佩勋和黄永哲(2006)基于中国电信网络零售网站案例的分析表明,网络零售平台网站的简易性、网站的服务质量、产品质量和产品说明书通过客户信任中介变量对消费者的购买决策行为产生影响。潘煜等(2017)通过访谈和调研问卷,分析网络零售模式下品牌形象、销售管理、服务品质、技术安全以及个人信任倾向对消费者感知风险的影响。

二是网络零售中交易成本对消费者行为特征的影响。网络零售在降低交易成本方面的显著优势已得到研究者的普遍肯定(Shih,2004;Gibbons,2010)。Liu(2008)认为,网络零售模式带来的交易成本下降幅度是影响消费者网络购物意愿的决定性因素。李琪和于珊珊(2011)基于调查问卷的实证研究也得出了类似结论。Thompson(2005)的研究表明,消费者感知到的交易成本与其购买频率、网络商店的可靠性有关。Heil & Prieger(2009)、Tang et al.(2010)认为,网络零售平台通过提高同质商品的销售聚集程度来提高消费者的搜寻效率、降低商品的零售价格。林广毅(2016)认为,网络零售使得包括市场开发成本、渠道建设成本等在内的交易成本下降。孙浦阳等(2017)基于搜寻理论框架,进一步对中国淘宝网B2C交易平台微观数据的实证分析发现,网络零售平台可以有效减少消费者搜寻次数、降低市场搜寻成本,从而有利于降低网络零售市场的交易成本。赵冬梅和王明(2019)认为,网络零售通过降低搜索成本来提高消费者购买小众类商品的数量,使得网络零售市场具有较明显的长尾效应。

2. 网络零售对居民消费的影响

理论上,网络零售对消费的影响有替代、促进及调整三大作用(Mokhtarian,2004)。早期,国外不少研究者认为网络零售会对实体零售造成巨大冲击,网络零售只是把居民消费从线下转移到线上,并没有产生实质性的消费促进作用。Bakos(2001)认为,网络零售能够降低消费者的信息搜寻成本、提高交易效率,但其只是推动线上消费对线下消费的替代。Sim & Koi(2002)对新加坡网购者的调查发现,有12%的被调查者认为网络零售减少了他们的购物出行。Dixon & Marston(2002)对东英格兰市中心的调查发现,网络零售对传统的实体零售具有明显的替代效应,但这种替代效应是有限的,实体零售不会完全消失,并预测网络零售会对未来的房地产开发模式产生重要影响。

近几年,网络零售的消费促进效应得到了普遍肯定。研究者认为,网络零售通过突破时空限制、扩大选择范围、降低交易成本、打破市场的空间限制和产业限制(张红伟和向玉冰,2016;孙浦阳等,2017;韩雷和张磊,2016)来改善消费实现条件,虽然对线下消费有一定程度的挤出,但总体上网络零售的需求创造效应大于线下需求转移效应,进而产生消费促进效应(麦肯锡全球研究院,2013;刘长庚等,2017;祝仲坤和冷晨昕,2017;刘向东和张舒,2019;唐红涛和胡婕好,2021;赵霞和徐永锋,2021;陆琪,2022)。

从地区差异来看,张红伟和向玉冰(2016)的研究表明,在互联网发展水平高的地区,网络零售能够显著增加居民消费支出,但在互联网水平低的地区这种影响并不显著。刘怡等(2022)认为,网络零售的迅速发展使得地区间呈现“销售极化、消费均化”的特征。从城乡差异来看,刘长庚等(2017)认为,网络零售对城镇居民消费支出的提升作用更明显。马香品(2020)则认为,网络零售使得城乡居民消费差距缩小。李洁和邢炜(2020)

认为,网络零售对城乡居民消费差距的影响具有两面性:一方面,网络零售使搜寻成本降低,从而更多地促进农村居民进行消费,进而缩小城乡居民消费差距;另一方面,相较于农产品上行,网络零售更有利于促进工业品下行,从而扩大城乡收入差距和消费差距。从群体性差异来看,乔文瑄和杨小勇(2021)认为,网络零售平台资源配置的高效率会激发消费活力、新型信用交易会提升消费力,但当前资本裹挟、平台垄断和准入门槛等,导致消费力异化问题。毛中根(2020b)认为,网络零售等新消费具有消费方式多元、结构高端、受众下沉等优点,但同时也存在客群不平衡、客体数量不足、质量不高、监管滞后等问题。从分阶段差异来看,方福前和邢炜(2015)通过构建考虑搜寻成本的价格黏性动态一般均衡模型,并基于中国省级面板数据进行实证分析,发现网络零售对居民消费支出的影响呈 U 形特征,即网络零售使居民消费支出先下降后上升。

3. 网络零售引领的消费升级趋势

网络零售与居民消费是相互影响的。一方面,居民消费需求决定了网络零售演进的方向和趋势;另一方面,网络零售通过对产品质量、消费者选择余地、消费者心理满足、产品流通效率等方面的促进作用,影响居民消费。随着居民消费水平的不断提高和网络零售的深入发展,网络零售引领了居民消费升级的新趋势。

(1)追求高品质。网络零售推动中国的消费品市场从卖方市场转为买方市场,越来越多的消费者追求高质量、高性价比以及健康、环保、安全、智能的消费品(王茜,2016),消费者网络购物已逐渐从"淘货"时代向"选货"时代迈进(王宝义,2017)。

(2)追求个性化。网络零售市场具有明显的长尾商品效应。长尾商品是指需求不旺盛、非主流、个性化,看似微不足道但可积少成多的商品(黄浩,2014)。在传统零售模式下,由于实体店铺的空间有限,商家布货以畅销品为主,消费者对长尾商品的搜寻成本就会很高。而在网络零售模式下,店铺可以打破空间限制,为了占领市场份额,网络零售商会积极挖掘各种小众需求,消费者对长尾商品的搜寻成本大大降低(王宝义,2017)。网络零售平台通过提升供需匹配效率和增添新业态服务来满足消费者的个性化需求,通过数字生态系统来挖掘有利于提升居民消费升级的潜力(刘奕和夏杰长,2021)。

(3)追求体验化。网络零售模式下的居民消费升级呈现追求品质化、体验化、情感化的新特征(王茜,2016)。杜丹清(2017)认为,当前居民消费问题研究框架应充分考虑创新与技术进步的影响,尤其是网络零售带来的技术创新会引致产品创新以及消费方式、消费制度、消费观念发生改变。张颖熙和徐紫嫣(2021)认为,网络零售等新业态不仅在供给端创造了全新的消费供给生态,而且从需求端改变了消费行为决策、重塑了消费习惯,从而有助于推动消费结构升级。潘锡泉(2021)、贾毅(2022)认为,集观赏娱乐、情感联结、场景沉浸式的网络电商直播能够带动居民消费结构等方面的变革。

2.4　小结

本章详细阐述了零售业态变迁理论、居民消费理论、消费者均衡理论、网络外部性理论和空间溢出理论,并梳理了有关网络零售和居民消费效应的研究成果。现有研究对于认识网络零售带来的居民消费效应有着重要的启示,为本书的研究提供了有益参考和可拓展的空间。整体来看,目前关于网络零售和居民消费效应的研究较为丰富,但存在以下不足:

其一,关于居民消费效应的研究主要从居民收入、生命周期、人口结构、财税政策、社会保障制度、流动性约束和住房价格等传统视角,分析其对居民消费支出、城乡居民消费差距和居民消费结构的影响,针对网络零售的居民消费效应的研究比较匮乏。

其二,由于网络零售的发展历程较短,实证样本数较少且可得性较差,以往的研究主要集中在网络零售模式下的消费影响因素、消费心理、消费行为和消费方式等规范分析层面,针对网络零售产生居民消费效应的实证分析比较少见,仅有的若干篇实证研究主要集中在分析网络零售如何影响居民消费支出上,而对网络零售产生的其他居民消费效应(如城乡居民消费差距效应、居民消费跨区域流动效应和居民消费升级效应等)鲜有涉及。

其三,在发展初期,网络零售主要是对传统市场的替代,其成长期是新市场不断创造的过程(方福前和邢伟,2015)。已有研究没有考虑到网络零售在不同发展阶段所产生的不同的居民消费效应。

其四,关于网络零售的居民消费效应的实证研究均忽略了区域间存在的空间效应。一方面,网络零售打破了物理时间和空间的约束,使得消费不受时间和空间的限制,消费者可以随时在全国各地进行跨区域网购和消费。由于网络零售在各地区的发展并不均衡,因此必然会导致消费在区域间流动。跨区域信息匹配成本的降低使得一个地区网络零售的发展会影响周边地区的居民消费,即网络零售会对居民消费产生空间溢出效应。另一方面,根据"地理学第一定律",网络零售和居民消费行为均不是孤立存在的,而是在地区之间呈现空间依赖性和空间异质性。

基于此,本书在已有研究的基础上,提出一个网络零售影响居民消费支出、城乡居民消费差距、居民消费跨区域流动和居民消费升级的综合分析框架,在空间溢出的视角下,利用空间计量模型将区域间的空间效应纳入分析框架,实证分析网络零售在不同发展阶段所产生的居民消费支出效应、城乡居民消费差距效应、居民消费跨区域流动效应和居民消费升级效应,研究结论可以为推动网络零售高质量发展以及中国扩大内需、完善促进消费的体制机制提供技术创新的思路。

第 3 章　中国网络零售的时空分异

20 世纪 90 年代以来,网络零售的快速崛起不断地冲击、丰富和改变着传统零售业态。本章从时间和空间两个维度,探讨中国网络零售的演变特征,并分析各地区网络零售的空间依赖性和空间异质性,得出以下主要结论:其一,中国网络零售在各省域的分布不均匀,发展差异较大。网络零售市场规模呈现"东部强,中西部弱"的发展格局,但这种地区差距逐年缩小。网络零售市场渗透率高水平区域经历了一个从西向东过渡的过程,当前呈现东部、中部、西部依次递减态势。其二,中国网络零售具有空间集聚性和正向空间依赖性特征。网络零售的"高—高"集聚区主要集中在东部地区,范围不断扩大;"低—低"集聚区主要集中在西部地区,范围趋于稳定。本章的结论可以为优化网络零售的空间布局,促进网络零售由高速增长向高质量增长转变提供事实依据。

3.1　中国网络零售的时序演变特征

网络零售起源于美国,1995 年亚马逊网络书店的成立掀起了美国网络零售市场热潮。中国网络零售起步稍晚,从 1999 年 8848、易趣网等一系列电子商务平台创立至今,中国网络零售经历了二十多年的发展时间。基于中国网络零售发展现实,考察网络零售的时序演变特征,可以更好地理解与把握网络零售的发展规律和未来趋势。

3.1.1　中国网络零售的演进阶段及特征

20 世纪 90 年代,计算机通信技术的重大突破和应用普及,为网络零售的萌生创造了条件。在过去二十多年的时间里,中国网络零售呈现不断发展、进化和丰富的生态演进过程。结合网络零售的市场规模、发展态势、需求特点和社会环境等因素,中国网络零售的演进历程可以划分为萌芽期、兴起期、爆发期、整合期和升华期五个阶段。①

1. 萌芽期(1999—2002)

中国网络零售起步于 1999 年,当年 5 月,王峻涛创办了中国首家网络零售平台——8848,拉开了中国网络零售发展的序幕。1999 年 8 月,易趣网的成立开创了中国 C2C 的先河。1999 年 11 月,主打图书音像产品的当当网进入网络零售市场。阿里研究院的统计数据显示,1999 年中国共诞生 370 多家 B2C 网络零售平台,2000 年增加到 700 多家。作为一种全新的零售业态,早期的网络零售被不少商家跟风炒作,也受到不少质疑。众多网络零售平台诞生之后,部分平台重技术、轻商务,重模仿、轻创新,最后只能是昙花一现;尤其是在 2000 年互联网泡沫破灭波及网络零售行业之后,中国的网络零售市场经历了一个比较漫长的"寒冬时期"。

在中国网络零售市场的起步阶段,行业进入壁垒低,平台以低价和便利性为卖点进入市场,但由于缺乏行业监管,存在假货横行、恶性竞争等市场乱象。

2. 兴起期(2003—2006)

网络零售的发展在这一阶段趋于理性,迎来又一波创业潮。2003 年"非典"的肆虐使得人们尽量减少出行,很多原本警惕心强的消费者主动尝试网络购物。随着越来越多的消费者体验到网络购物的便利性,网络购物理念和消费习惯逐渐形成。在 C2C 市场,淘宝网(2003 年)和拍拍网(2005 年)分别上线,冲击到易趣网的霸主地位,形成易趣网、淘宝网、拍拍网三足鼎立的格局,进而很快发展成淘宝网一家独大的局面。2006 年,淘宝网成为亚洲最大的在线购物平台。在 B2C 市场,各种分类商品网络零售平台不断涌现并快速发展。2004 年,京东以主打 3C 产品(计算机、通信、消费类电子产品)的垂直模式进入网络零售市场。2004 年,主打母婴用品的红孩子上线,主打图书音像产品的当当网、卓越网在这一时期也得到快速发展。

在这一阶段,B2C 平台涉及的领域相对较窄,C2C 平台在网络零售市场占主导地位且竞争较为激烈,网络零售的交易诚信、在线支付、物流配送等瓶颈被逐步打破,低价、便利、商品丰富等方面的优势凸显,得到越来越多消费者的认可。

3. 爆发期(2007—2012)

网络零售在这一阶段迎来"跳跃式"发展。网络零售巨大的市场潜力

---

① 考虑到网络零售演进历程的交叉性和连续性,五个阶段的时间节点只是大致划分,并非严格标准。

吸引了大批竞争者进入市场,使得各网络零售平台之间的竞争越来越激烈,同时也推动了行业的快速发展。2008年,中国网络零售实现了消费人数突破1亿、市场规模突破1000亿元、占社会消费品零售总额的比例突破1%的"三个一"的突破。至此,中国网络零售进入爆发式增长阶段,并呈现以下几方面的特征:其一,网络零售商通过搭建大而全的网络零售平台,抢占网络零售市场份额。阿里巴巴在淘宝C2C平台的基础上,2008年上线天猫B2C平台,2010年启用淘宝聚划算二级域名开展团购业务,不断丰富阿里平台体系。与此同时,京东经营的商品从3C类向全品类铺开,并搭建第三方平台,形成自营与平台服务相结合的体系。其二,传统零售商纷纷触电网络零售,推动线上线下同步战略。2009年,全面改版升级的苏宁易购上线,平台商品除了传统家电、3C电器,还不断向日用百货等品类拓展。其三,网络零售细分市场深入推进,新业态、新模式不断涌现。专注综合超市、团购、特卖、跨境商品的网络零售平台不断诞生,同时以凡客诚品、梦芭莎为代表的服饰B2C直销热潮兴起,网络零售新业态不断丰富,平台竞争日益激烈。

4. 整合期(2013—2015)

网络零售在这一阶段形成以阿里巴巴和京东为首的"两超多强"格局,且整合趋势明显。这一阶段的中国网络零售主要呈现以下特征:其一,巨头纷纷上市,向资本市场借力。2014年,中国网络零售市场迎来最大的上市年,聚美优品、京东、阿里巴巴先后上市;顺丰、圆通、申通等快递企业也纷纷引进战略资本,走上上市之路。其二,"两超多强"格局逐渐清晰,市场进入门槛提高。经过一段时间的用户习惯培育后,网络零售市场格局日渐明晰,形成阿里、京东两大巨商寡占,苏宁易购、唯品会、国美在线等多家平台共同盘踞的网络零售市场格局。这些平台已经培育出自己相对稳固的消费群体,加上资本驱动的限制,小平台的生存空间被逐渐压缩。其三,平台渠道下沉,推进"上山下乡"。早期网络零售的主战场集中在一线、二线城市,这几年各大平台纷纷瞄准农村地区巨大的资源和潜力,阿里启动"千县万村计划",京东则依托"县级服务中心+京东帮"不断完善农村网络,积极抢夺农村市场,布局生鲜品类线上销售。其四,横纵整合趋势明显,物流网络体系不断完善。网络零售的高速发展对物流网络提出更高的要求,各大平台纷纷整合物流网络以提升核心竞争力。比如,阿里组建菜鸟网络整合物流资源,并参股快递物流企业;京东构建联合仓配体系,对自身核心竞争力的提升作用日益明显。其五,加快布局移动端,发力社交网络零售。随着智能手机的广泛普及,以及微信、有赞、小红书等互联网媒体的快速发展,2014 年前后,京东、唯品会、苏宁易购、国美在线等网络零售平台在移动端的促销力度空前强劲,微商生态圈也开始起步,社交网络零售发展迅速。

5. 升华期(2016 年至今)

在经历二十年左右的发展之后,中国网络零售市场进入一个新时代。当前,中国网络零售主要呈现以下特征:其一,居民消费升级需求对网络零售发展提出更高要求。随着人民生活水平的提高,尤其是 80 后、90 后逐渐成为消费的主力军,追求品质化、个性化、高端化的消费升级需求越来越明显,消费结构从生存型消费向享受型、发展型消费升级。因此,网络零售必须不断创新,以迎合消费升级新趋势,不断满足人民日益增长的美好生活需要。其二,全渠道零售将成为基本形态。全渠道零售是对先前网络零售业态的提升和完善,通过整合实体渠道、线上渠道和移动渠道,满足消费者购物、娱乐以及社交综合体验的需求。比如近年的"双十一"活动,天猫通过与线下商城联动、利用网红直播等途径打造了全渠道的购物场景。其三,零售新业态趋势明显。各大平台把重心从线上转移到线下,纷纷布局线下实体店,探索新零售、无界零售、智慧零售、无人零售等实践,给消费者带来全新化、多功能化的购物体验。比如,阿里投资苏宁、融合银泰、收购大润发,布局"淘咖啡",孵化盒马鲜生等零售新业态;京东入股永辉、结盟沃尔玛,创建"京选空间",布局网络零售新场景。

总体来看,信息技术革命驱动的社会环境变化,对网络零售的诞生和发展产生了重要影响。与此同时,居民消费需求决定了网络零售市场发展趋向的转变。从各阶段网购消费者的需求来看,中国网络零售市场经历了以低价为卖点—凸显低价、便利、多样化优势—提升产品和服务质量—全渠道满足"购物、娱乐、社交"一体化服务的完善和提升过程。近年来,消费者对产品品质、品牌的要求提升,同时更加关注消费体验与服务,相应地,对产品和服务提出新的要求,从而倒逼整个网络零售行业的服务升级。

3.1.2　中国网络零售市场规模的时序演变特征

图 3-1 描述了 2007—2020 年中国网络零售市场规模及其增长率的变化趋势。整体来看,随着国内居民消费能力的持续提升和网上购物习惯的逐步养成,中国网络零售市场规模呈不断上升趋势,从 2007 年的 542 亿元增长到 2020 年的 123 279 亿元,增加了 226.45 倍。在网络零售爆发期(2007—2012),中国网络零售市场规模年均增长率为 88.74%,2008 年、2009 年、2010 年中国网络零售市场规模的增长率分别高达 122.88%、106.95%和 103.64%。在网络零售整合期(2013—2015),中国网络零售市

场规模仍快速增长,其间增长率分别为 42.15%、49.70%、38.98%,年均增长率为 43.61%。值得注意的是,2013 年中国网络零售市场规模达 1.86 万亿元,占社会消费品零售总额的 7.8%,中国首次超越美国并跃升为全球第一大网络零售国。在网络零售升华期(2016 年至今),中国网络零售市场规模平稳增长,2016 年、2017 年的增长率分别为 32.97%、39.17%,2018—2020年的年增长率基本维持在 20% 左右。2020 年,中国网络零售市场规模大约是美国的 1.79 倍,全球第一大网络零售国的地位进一步巩固。

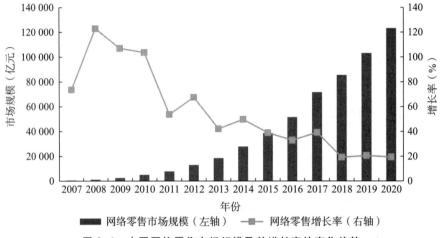

图 3-1　中国网络零售市场规模及其增长率的变化趋势

资料来源:各年《中国网络零售市场数据监测报告》。

随着中国网络零售市场规模的快速扩张,中国网络零售主流化趋势日益明显。一方面,中国网络购物渗透率[①]不断提升。如图 3-2 所示,中国庞大的互联网用户规模为网络零售提供了巨大的市场空间,中国互联网用户规模和网络购物用户规模都在快速扩张,并且网络购物用户规模增长速度快于互联网用户规模增长速度,这表明网络购物渗透率不断提升。2007—2020 年,互联网用户规模从 2.10 亿人扩张到 9.89 亿人,网络购物用户从0.55 亿人增长到 7.10 亿人,网络购物渗透率从 26.19% 提高到 78.62%,这意味着当前平均每 10 个互联网用户就有近 8 人为网络零售用户。近几年,移动互联网的普及推动移动网络购物迅猛发展,尤其是 2020 年暴发的新冠疫情使得用户线上消费习惯加速养成,直播电商、社群营销等新模式消费市场规模持续高速扩张。2020 年中国移动网络购物交易额为 80 892 亿元,直

---

① 网络购物渗透率是指网络购物用户规模占互联网用户规模的比重。

播电商超 1.20 万亿元,其在社会消费品零售总额和网络购物零售市场的渗透率分别为 3.20%、10.60%。① 另一方面,中国网络零售用户人均消费额不断攀升。2016 年中国网络零售市场用户的平均消费金额突破 1 万元,2020年人均网络购物消费额为 12 946.40 元。② 这表明中国网络零售市场已经沉淀了一批有较强消费意愿、较频繁消费频次和一定消费黏性的忠实用户。

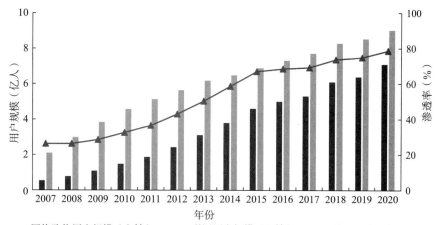

图 3-2　中国互联网用户规模、网络购物用户规模和网络购物渗透率的变化趋势

资料来源:各年《中国互联网络发展状况统计报告》和《中国网络购物行业分析报告》。

3.1.3　中国网络零售市场渗透率的时序演变特征

网络零售市场渗透率③一定程度地反映了网络零售对传统零售的替代程度。如图 3-3 所示,2007—2020 年,中国网络零售市场渗透率持续攀升,且升幅不断加大。在网络零售爆发期(2007—2012),中国网络零售市场渗透率从 2007 年的 0.61%上升到 2012 年的 6.23%,平均每年的升幅为 1.12个百分点。在网络零售整合期(2013—2015),中国网络零售市场渗透率从2013 年的 7.67%上升到 2015 年的 12.88%,平均每年的升幅为 2.61 个百分

① 艾瑞咨询. 2021 年中国直播电商行业研究报告[EB/OL]. (2021-09-13)[2023-09-13]. http://www.199it.com/archives/1311023.html.

② 前瞻产业研究院. 中国互联网+网络购物行业商业模式创新与投资机会深度研究报告[EB/OL]. (2020-04-19) [2023-04-19]. https://bg.qianzhan.com/trends/detail/506/200417-9bcc5168.html.

③ 网络零售市场渗透率是指网络零售市场规模与社会消费品零售总额之比。

点。在网络零售升华期(2016年至今),中国网络零售市场渗透率逐步提升,由2016年的15.51%上升到2020年的31.45%。由此可见,在网络零售爆发期,网络零售市场渗透率呈平稳提升趋势,而在网络零售整合期和升华期,网络零售市场渗透率进入一个快速提升的通道。

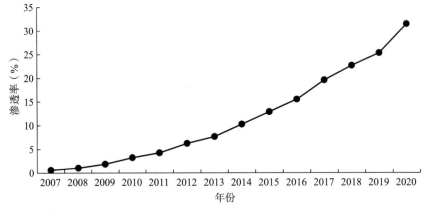

图3-3　中国网络零售市场渗透率变化趋势

资料来源:各年《中国网络零售市场数据监测报告》。

随着网络零售市场渗透率的持续上升,网络零售对传统零售业的冲击不断增强,同时也驱动了传统零售业的变革。基于科技的智能进销系统、智能收银系统、移动支付、无人值守零售被广泛使用,很多大型的传统零售企业搭建了自身的网络零售平台,推进实体门店互联网化、数字化、泛渠道化、平台化、场景化等,给消费者带来了新的消费体验。随着整体消费环境的改善,零售行业进入优化调整的新阶段。网络零售不仅为零售市场带来了巨大的活力,而且促进零售行业展开了经营模式、经营理念、盈利模式、场景、营销方式、支付手段等全方位创新,从而推动整个零售行业向纵深发展。

3.1.4　中国分类别网络零售市场规模的时序演变特征

根据商品类别,中国网络零售商品主要分为服饰、母婴用品、美妆、生鲜、图书、日用品和家电等。以有代表性的服饰、母婴用品、美妆和生鲜为例,图3-4描绘了2012—2020年这四大类商品的网络零售市场规模及其市场占有率的变化趋势。如图3-4所示,样本区间内四类商品的网络零售市场规模均呈上升趋势。其中,生鲜网络零售市场规模增长最快,从2012年的40.5亿元增长到2020年的4 584.90亿元,增长了112.21倍。生鲜产品具有复购率高以及市场空间巨大的特点,2020年暴发的新冠疫情促使用户网购生鲜需求增加、生鲜网购用户数量庞大、生鲜电商模式愈发成熟。此外,母婴、服饰和美妆的网络零售市场规模在样本期内分别增长了 16.48 倍、5.32 倍和 4.01 倍。服饰是中国网络零售商品的最热门类别,其网络零售市场规模占整体网络零售规模的比重最大。服饰网络零售市场占有率在 2020 年为 10.51%,但这一数值呈逐年下降趋势,从 2012 年的 15.81% 下降到 2020 年的 10.51%。这一现象的成因为:随着互联网人口红利的逐渐消失,服饰类商品网络零售用户趋于饱和,服饰网络零售市场规模增速相对较慢,加上泛零售品类的不断延伸和扩充,导致服饰网络零售市场占有率逐年下降。美妆网络零售市场占有率逐年下降,从 2012 年的 5.75% 下降到 2020 年的 3.03%。与之形成对比的是,母婴用品和生鲜的网络零售市场占有率不断提升,母婴用品网络零售市场占有率从 2012 年的 4.97% 提升到 2020 年的 9.15%。全面放开二孩政策的实施使得母婴用品市场需求增加,而网络零售平台购物的灵活性和便利性可以较好地满足年轻父母碎片化时间的购物需求。生鲜作为刚性需求商品,市场需求量大,随着各大商家布局新零售以及配套的物流配送等基础设施的不断完善,再加上新冠疫情促使用户的生鲜网购习惯加速养成,生鲜网络零售市场规模得以快速扩张,生鲜网络零售市场占有率从 2012 年的 0.35% 增长到 2020 年的 4.20%,呈现高速增长态势。

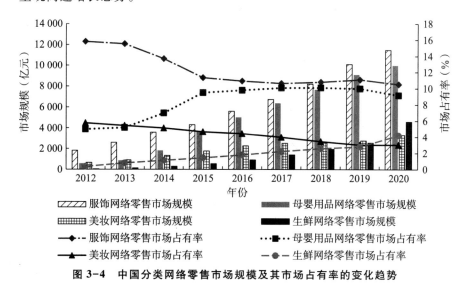

图 3-4　中国分类网络零售市场规模及其市场占有率的变化趋势

资料来源:各年《中国网络零售市场数据监测报告》、艾瑞咨询报告。

3.2 中国网络零售的空间演变特征

了解网络零售省域间的异质性分布特征,可以更好地把握省域间网络零售的分布规律。虽然各省(区、市)①的网络零售市场规模数据无法直接获得,但考虑到网络零售商品主要通过快递的方式从卖家转移到买家手中,我们借鉴方福前和邢伟(2015)的研究,用各省(区、市)的快递业务数量②乘以一个权重来反映各省(区、市)的网络零售市场规模。权重为全国网络零售交易额与全国快递业务数量之比,即平均每件快递所代表的网络零售交易额。表3-1列出了中国各省(区、市)2007年、2015年和2020年网络零售市场规模和网络零售市场渗透率数据。

表3-1 中国各省(区、市)网络零售市场规模和网络零售市场渗透率

地区	网络零售市场规模(亿元)			网络零售市场渗透率(%)		
	2007年	2015年	2020年	2007年	2015年	2020年
安徽	7.508	741.661	3 106.940	0.312	8.326	16.946
北京	44.283	2 626.870	3 360.780	1.165	25.410	24.502
福建	20.923	1 648.890	4 841.670	0.656	15.695	25.994
甘肃	2.830	65.769	195.020	0.339	2.262	5.369
广东	107.070	9 310.510	31 037.300	1.010	29.541	77.192
广西	6.433	232.902	1 098.750	0.338	3.669	14.031
贵州	3.953	130.637	397.235	0.481	3.979	5.071
海南	1.728	54.841	155.358	0.477	4.139	7.868
河北	13.775	1 019.790	5 223.430	0.345	7.850	41.113
河南	13.696	955.494	4 373.500	0.297	6.070	19.435
黑龙江	8.586	234.683	642.221	0.368	3.072	12.612
湖北	12.931	944.307	2 518.330	0.320	6.744	14.003
湖南	9.147	590.319	2 075.720	0.272	4.910	12.767
吉林	5.481	167.459	630.530	0.274	2.517	16.489
江苏	43.940	4 253.750	9 842.770	0.560	16.439	26.540
江西	6.875	435.905	1 580.130	0.408	7.356	15.235
辽宁	13.196	458.233	1 579.770	0.327	3.584	17.630

① 受限于数据的可得性,本书各省(区、市)中均不含港澳台。

② 各地区的快递业务数量是指当地寄出的快递数量。

（续表）

地区	网络零售市场规模（亿元）			网络零售市场渗透率（%）		
	2007 年	2015 年	2020 年	2007 年	2015 年	2020 年
内蒙古	3.964	100.473	275.916	0.208	1.645	5.796
宁夏	0.907	41.450	103.238	0.388	5.249	7.933
青海	0.672	13.308	33.288	0.322	1.926	3.794
山东	24.386	1 363.610	5 857.210	0.288	4.912	20.026
山西	4.694	213.150	755.949	0.245	3.533	11.205
陕西	7.663	377.947	1 294.390	0.425	5.746	13.475
上海	112.973	3 171.590	4 744.900	2.936	31.304	29.781
四川	15.845	906.223	3 035.430	0.394	6.530	14.576
天津	9.543	475.882	1 308.750	0.595	9.052	36.528
西藏	0.687	10.738	16.069	0.614	2.629	2.155
新疆	3.750	130.942	162.046	0.442	5.025	5.291
云南	6.837	206.312	888.429	0.490	4.043	9.072
浙江	39.176	7 115.570	25 318.200	0.630	35.965	95.075
重庆	6.529	381.186	1 031.360	0.393	5.934	8.750

资料来源：基础数据取自各年度的《中国网络零售市场数据监测报告》和《中国统计年鉴》，表中数据由作者根据基础数据测算并适当整理而得。

注：网络零售市场规模按照 2007 年不变价格进行平减。

3.2.1　中国网络零售市场规模的空间演变特征

从表 3-1 样本时间段内网络零售市场规模的时间变化来看，各地区的网络零售市场规模均经历了一个快速增长的过程。其中，浙江的网络零售市场规模增长最多，从 2007 年的 39.176 亿元增长到 2020 年的 25 318.208 亿元，增加了 645.27 倍。网络零售发展最慢的西藏，其市场规模从 2007 年的 0.687 亿元增长到 2020 年的 16.069 亿元，也增加了 22.39 倍。2007—2020 年，网络零售市场规模的省域分布不均匀，发展差异较大，基本呈现"东部强，中西部弱"的发展格局，但从各地区网络零售市场规模的增速来看，这种地区差距逐渐缩小。

从省域横向比较来看，广东为网络零售最发达的省份，其 2020 年的网络零售市场规模为 31 037.300 亿元，其次是浙江、江苏、山东、河北和福建，这 6 个地区的网络零售市场规模占全国网络零售市场规模的 69.90%，为网络零售发展的第一层级。第二层级为上海、河南、北京、安徽、四川、湖北、湖南、江西、辽宁和天津，这 10 个地区的网络零售市场规模占全国网络零售市场规模的23.56%。大多数中西部省份为第三层级,这些地区受基础设施、科技水平和地理条件等因素的制约,网络零售发展水平相对较低。

3.2.2 中国网络零售市场渗透率的空间演变特征

网络零售市场渗透率一定程度地反映了网络零售对传统零售的替代程度。如表3-1所示,从2007—2020年网络零售市场渗透率的时间变化来看,伴随着网络零售市场规模的快速增长,各地区的网络零售市场渗透率也经历了一个快速提高的过程。其中,浙江的网络零售市场渗透率提高最多,从2007年的0.630%提高到2020年的95.075%,增长了149.91倍。2007—2020年,网络零售市场渗透率高水平区域经历了一个从西向东过渡的过程,当前网络零售市场渗透率呈现东部、中部、西部依次递减态势。

从省域横向比较来看,网络零售市场渗透率的省域分布不均匀,发展差异较大。网络零售市场渗透率最高的省份为浙江,达到了95.075%;而网络零售市场渗透率最低的地区为西藏,仅为2.155%。依据网络零售市场渗透率的数值差异,结合区域分布特点,可以将中国省域网络零售市场渗透率分为三个层级:第一层级包括浙江和广东,其网络零售市场渗透率遥遥领先,分别高达95.075%和77.192%;第二层级的网络零售市场渗透率在20%和50%之间,属于这一层级的省(区、市)包括河北、天津、上海、江苏、福建、北京和山东,其网络零售市场渗透率分别为41.113%、36.528%、29.781%、26.540%、25.994%、24.502%和20.026%;第三层级的网络零售市场渗透率在20%以下,这些地区以西部省(区、市)为主,受基础设施、科技水平和地理条件等因素的制约,其网络零售市场渗透率相对较低。

3.3 中国网络零售的空间相关性

网络零售大大缓解了供需之间的时间和空间矛盾,加快了各种生产要素、商品在区域间的流动以及新信息、新技术在区域间的扩散,使得网络零售在各省域单元上不是孤立存在的,而是具有空间相关性。为了了解网络零售空间单元的交互效应,把握网络零售的空间相关性特征,本部分基于探索性空间数据分析方法(ESDA),分析中国网络零售的空间相关性和不同地理位置的空间关联模式。

3.3.1 空间相关性的检验方法

根据空间计量经济学的基本原理,为了判断研究对象是否存在空间依赖性,需要检验其空间相关性,一般采用莫兰指数(Moran's I)法。全局莫兰指数用于分析网络零售在整个空间区域上的空间相关性;局部莫兰指数主要用于分析网络零售某一个空间单元的空间自相关,即某一个空间单元与邻近空间单元的相关关系。

(1)全局莫兰指数。全局莫兰指数的计算公式为:

$$\text{Moran's I} = \frac{n}{\sum_{i=1}^{n} \sum_{j=1}^{n} W_{ij}} \times \frac{\sum_{i=1}^{n} \sum_{j=1}^{n} W_{ij}(X_i - \overline{X})(X_j - \overline{X})}{\sum_{i=1}^{n} (X_i - \overline{X})^2} \quad (3.1)$$

其中,X_i 为地区 i 的观测值;W_{ij} 为行标准化的空间权重矩阵。

在给定显著水平下,Moran's I 的绝对值越大表示空间相关性越强;Moran's I 大于 0 表示正相关,Moran's I 小于 0 表示负相关;Moran's I 接近于 0 表示观测值在空间上随机分布或不具有空间相关性。

(2)局部莫兰指数。局部莫兰指数的计算公式为:

$$\text{Moran's I}_i = \frac{n(X_i - \overline{X}) \sum_{j=1}^{n} W_{ij}(X_j - \overline{X})}{\sum_{i=1}^{n} (X_i - \overline{X})^2} \quad (3.2)$$

局部莫兰指数为正意味着网络零售高值地区被高值地区包围(High-High 区域)或者低值地区被低值地区包围(Low-Low 区域),局部莫兰指数为负则表示网络零售高值地区被低值地区包围(High-Low 区域)或者低值地区被高值地区包围(Low-High 区域)。

3.3.2 空间权重矩阵设计

首先,在借鉴以往文献的基础上,根据地理学第一定律的思想——空间单元的相关性随着地理距离的增加而降低,构建反距离空间权重矩阵 W_1:

$$W_{1,ij} = \begin{cases} 1/d_{ij} & i \neq j \\ 0 & i = j \end{cases} \quad (3.3)$$

其中,d_{ij} 为地区 i 和地区 j 之间的地理距离。

其次,由于现实中个体间的空间关联可能并不是仅仅来自地理因素,而是受地理距离和经济行为的双重影响,因此我们借鉴侯新烁等(2013)的方法,综合考虑不同空间个体在地理距离和经济行为两方面的特征,基于引力模型构建经济-地理空间权重矩阵 W_2:

$$W_{2,ij} = \begin{cases} (\overline{Q_i} \cdot \overline{Q_j})/d_{ij}^2 & i \neq j \\ 0 & i = j \end{cases} \quad (3.4)$$

其中,$\overline{Q_i}$ 和 $\overline{Q_j}$ 表示地区 i 和地区 j 在 2007—2020 年的实际人均 GDP(国内

生产总值)均值,d_{ij} 为地区 i 和地区 j 之间的地理距离。

最后,由于不同地区存在网络关联特征且互联网发展水平较高(低)的地区对互联网发展水平较低(高)的地区产生更强(弱)的空间影响,因此我们构建非对称互联网地理权重矩阵 $\boldsymbol{W}_{3,ij}$:

$$\boldsymbol{W}_{3,ij} = \begin{cases} \boldsymbol{W}_1 \mathrm{diag}\left(\dfrac{\overline{Y_1}}{\overline{Y}}, \dfrac{\overline{Y_2}}{\overline{Y}}, \cdots, \dfrac{\overline{Y_{31}}}{\overline{Y}}\right) & i \neq j \\ 0 & i = j \end{cases} \quad (3.5)$$

其中,$\boldsymbol{W}_1$ 为反距离空间权重矩阵;$\overline{Y_1}, \overline{Y_2}, \cdots, \overline{Y_{31}}$ 表示观测期内第 1,第 2,$\cdots$,第 31 个省份的互联网渗透率均值;$\overline{Y}$ 表示观测期内所有省份的互联网渗透率均值。互联网渗透率用互联网使用人数占当地人口比重来衡量。

3.3.3 中国网络零售的空间相关性分析

为了判断网络零售是否具有空间相关性,采用全局空间自相关指数 Moran's I 进行检验,表 3-2 为基于反距离矩阵、经济-地理矩阵和非对称互联网地理矩阵对网络零售市场规模取对数的空间相关性检验结果。如表 3-2 所示,三种矩阵下样本区间内所有年份的莫兰指数均为正且通过显著性检验,说明中国网络零售在空间上不是随机分布的,而是呈现显著的正向空间依赖特征。从莫兰指数值来看,其整体上呈上升趋势,表明网络零售的空间相关性不断增强。

表 3-2 网络零售的空间相关性检验结果

年份	反距离矩阵 $\boldsymbol{W}_1$		经济-地理矩阵 $\boldsymbol{W}_2$		非对称互联网地理矩阵 $\boldsymbol{W}_3$	
	Moran's I	P 值	Moran's I	P 值	Moran's I	P 值
2007	0.028	0.032	0.222	0.003	0.229	0.002
2008	0.030	0.011	0.214	0.004	0.222	0.003
2009	0.029	0.022	0.229	0.002	0.236	0.002
2010	0.034	0.036	0.221	0.003	0.231	0.002
2011	0.035	0.002	0.236	0.002	0.248	0.001
2012	0.038	0.001	0.223	0.003	0.235	0.002
2013	0.038	0.021	0.224	0.003	0.236	0.002
2014	0.044	0.056	0.225	0.003	0.238	0.002
2015	0.042	0.005	0.240	0.002	0.254	0.001
2016	0.047	0.071	0.236	0.002	0.252	0.001
2017	0.049	0.060	0.230	0.002	0.247	0.001

（续表）

年份	反距离矩阵 W_1		经济-地理矩阵 W_2		非对称互联网地理矩阵 W_3	
	Moran's I	P 值	Moran's I	P 值	Moran's I	P 值
2018	0.050	0.005	0.223	0.003	0.240	0.001
2019	0.049	0.031	0.220	0.003	0.239	0.001
2020	0.050	0.050	0.216	0.004	0.236	0.002

全局莫兰指数反映了变量的整体空间相关性,但可能会忽略局部地区的非典型特征(Anselin,1995)。为了更好地探索网络零售的局部空间相关关系,我们基于非对称互联网地理矩阵绘制了网络零售市场规模取对数的 2007 年、2011 年、2015 年和 2020 年的莫兰散点图(见图 3-5)。

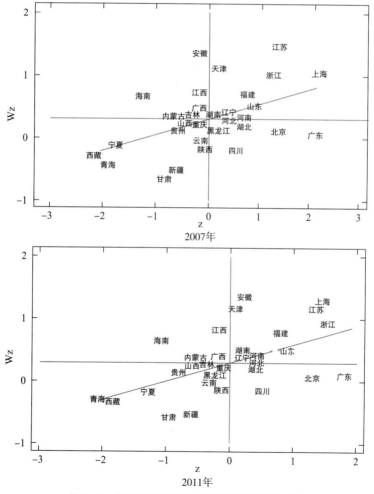

图 3-5　中国网络零售市场规模的莫兰散点图

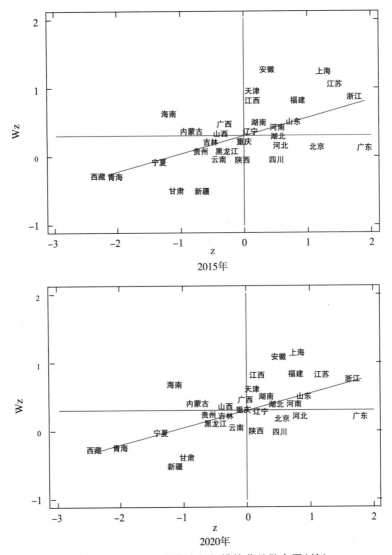

图 3-5 中国网络零售市场规模的莫兰散点图（续）

如图 3-5 所示,样本区间内网络零售的大部分散点分布在第一象限的
"高值—高值"区（High-High 区域）以及第三象限的"低值—低值"区
（Low-Low 区域）,这表明网络零售在地理空间上具有区域集聚的特点,且
呈现正向的空间依赖特征。以 2020 年为例,位于第一象限的省（区、市）有
11 个[①],属于 High-High 区域,这些网络零售市场规模大的省份周围均是网

络零售市场规模大的省份,这些省份网络零售发展差距相对较小。位于第三象限的省(区、市)有 11 个①,属于 Low-Low 区域,这些网络零售市场规模小的省份周围均是网络零售市场规模小的省份,这些省份网络零售发展差距也相对较小。位于第二象限的省(区)有 3 个②,属于 Low-High 区域,这些网络零售市场规模小的省份周围均是网络零售市场规模大的省份,这些省份网络零售发展差距较大。位于第四象限的省(市)有 6 个③,属于 High-Low 区域,这些网络零售市场规模大的省份周围均是网络零售市场规模小的省份,这些省份网络零售发展差距较大。

为了进一步了解网络零售不同地理位置的空间关联模式,并验证网络零售在地理空间上是否趋向集聚,我们基于局域空间相关性 LISA 聚类分析,列出 2007—2020 年网络零售市场规模(取对数)所有通过 10% 显著性检验的"高—高"集聚区和"低—低"集聚区,以考察样本区间内网络零售集聚区的时序变化特征。如表 3-3 所示,当前中国网络零售的"高—高"集聚区和"低—低"集聚区均形成了连片地带。河南、福建、上海、山东、江苏、浙江、安徽构成了网络零售的高水平集聚区域,甘肃、新疆、青海、西藏构成了网络零售的低水平集聚区域。从 2007—2020 年网络零售集聚区的时序变化来看,网络零售的"高—高"集聚区在 2007—2012 年主要由东部沿海地区的福建、上海、山东、江苏和浙江构成,随着时间的推移,湖北、河南、安徽分别在 2013 年、2015 年、2019 年加入"高—高"集聚区,使得网络零售的"高—高"集聚区域不断扩大。这表明网络零售的高水平集聚区域对周边地区具有显著的扩散效应和示范效应,即网络零售具有正向的空间溢出特征。网络零售的"低—低"集聚区长期以来一直比较稳定,主要为西部地区的甘肃、青海、新疆和西藏。

表 3-3　网络零售 LISA 聚类分布情况

年份	"高—高"集聚区	"低—低"集聚区
2007	福建、上海、山东、江苏、浙江	甘肃、新疆、青海、西藏
2008	福建、上海、山东、江苏、浙江	甘肃、新疆、青海、西藏
2009	福建、上海、山东、江苏、浙江	甘肃、新疆、青海、西藏

① 第三象限的 11 个省(区、市)为青海、西藏、宁夏、甘肃、新疆、云南、贵州、吉林、内蒙古、重庆市和黑龙江。

② 第二象限的 3 个省(区)为山西、海南和广西。

③ 第四象限的 6 个省(市)为北京、广东、四川、陕西、河北和辽宁。

（续表）

年份	"高—高"集聚区	"低—低"集聚区
2010	福建、上海、山东、江苏、浙江	甘肃、新疆、青海、西藏
2011	福建、上海、山东、江苏、浙江	甘肃、新疆、青海、西藏
2012	福建、上海、山东、江苏、浙江	新疆、青海、西藏
2013	湖北、福建、上海、山东、江苏、浙江	甘肃、新疆、青海、西藏
2014	湖北、福建、上海、山东、江苏、浙江	甘肃、新疆、青海、西藏
2015	河南、湖北、福建、上海、山东、江苏、浙江	甘肃、新疆、青海、西藏
2016	河南、湖北、福建、上海、山东、江苏、浙江	甘肃、新疆、青海、西藏
2017	河南、湖北、福建、上海、山东、江苏、浙江	甘肃、新疆、青海、西藏
2018	河南、湖北、福建、上海、山东、江苏、浙江	甘肃、新疆、青海、西藏
2019	河南、湖北、福建、上海、山东、江苏、浙江、安徽	甘肃、新疆、青海、西藏
2020	河南、福建、上海、山东、江苏、浙江、安徽	甘肃、新疆、青海、西藏

3.4 小结

本章基于 2007—2020 年中国 31 个省（区、市）的面板数据，探究了中国网络零售的时序演变特征和空间演变特征，考察了网络零售的空间相关性和不同地理位置的空间关联模式，主要得出以下结论：

其一，中国网络零售起步于 1999 年，呈现不断发展、进化和丰富的生态演进历程。中国网络零售的演进历程可以划分为萌芽期（1999—2002）、兴起期（2003—2006）、爆发期（2007—2012）、整合期（2013—2015）和升华期（2016 年至今）五个阶段。网络零售市场规模从 2007 年的 542 亿元增长到 2020 年的 123 279 亿元，增长 226.45 倍。中国网络零售市场规模在爆发期的年均增长率高达 88.74%，并在 2013 年首次超越美国，跃升为全球第一大网络零售国。从网络零售市场渗透率来看，中国网络零售市场渗透率逐年持续攀升，且攀升幅度不断变大。在网络零售爆发期，网络零售市场渗透率呈平稳提升趋势，而在网络零售的整合期和升华期，网络零售市场渗透率进入一个快速提升通道。从分类网络零售市场规模来看，服饰、母婴用品、美妆和生鲜四类商品的网络零售市场规模均呈上升趋势，其中生鲜网络零售市场规模增长最多，其次是母婴、美妆和服饰。服饰是中国网络零售商品的最热门类目,服饰网络零售市场规模占整体网络零售规模的比重最大,但这一数值呈逐年下降趋势。与之形成对比的是,母婴用品和生鲜网络零售市场占有率不断提升。

其二,中国各地区网络零售市场规模和市场渗透率均经历了快速增长的过程。网络零售市场规模在各省域分布不均匀,发展差异较大,基本呈现"东部强,中西部弱"的发展格局;但从 2007—2020 年各地区网络零售市场规模的增速来看,这种地区差距逐渐缩小。截至 2020 年,广东是网络零售市场规模最大的省份,其次是浙江、江苏、山东、河北和福建,这 6 个地区的网络零售市场规模占全国网络零售市场规模的 69.90%,为网络零售发展的第一层级。第二层级为上海、河南、北京、安徽、四川、湖北、湖南、江西、辽宁和天津,这 10 个地区的网络零售市场规模占全国网络零售市场规模的 23.56%。大多数中西部省区为第三层级,这些地区受基础设施、科技水平和地理条件等因素的制约,网络零售市场规模相对较小。2007—2020年,网络零售市场渗透率高水平区域经历了一个从西向东过渡的过程,当前呈现东部、中部、西部依次递减态势。网络零售市场渗透率在各省域的分布不均匀,发展差异较大。网络零售市场渗透率最高的省份为浙江省,达到 95.075%;而网络零售市场渗透率最低的地区为西藏,仅为 2.155%。中国网络零售市场渗透率也可以划分为三个层级:第一层级(2020 年网络零售市场渗透率超过 50%)主要包括浙江和广东,其网络零售市场渗透率遥遥领先,分别高达 95.075% 和 77.192%;第二层级(2020 年网络零售市场渗透率为 20%—50%)主要包括河北、天津、上海、江苏、福建、北京和山东,其网络零售市场渗透率分别为 41.113%、36.528%、29.781%、26.540%、25.994%、24.502% 和 20.026%;第三层级(2020 年网络零售市场渗透率在20% 以下)以西部省区为主,受基础设施、科技水平和地理条件等因素的制约,其网络零售市场渗透率相对较低。

其三,中国网络零售存在显著的空间相关性。中国省域的网络零售市场规模呈现正向的空间依赖特征,且空间依赖性不断增强。从网络零售市场规模的莫兰散点图来看,网络零售的大部分散点分布在第一象限的"高值—高值"区(High-High 区域)以及第三象限的"低值—低值"区(Low-Low 区域),这表明中国网络零售在地理空间上具有区域集聚的特点,且呈现正向的空间依赖特征。从网络零售市场规模的 LISA 聚类分布情况来看,中国网络零售的"高—高"集聚区和"低—低"集聚区均形成了连片地带。河南、福建、上海、山东、江苏、浙江、安徽构成了网络零售的高水平集聚区域,甘肃、新疆、青海、西藏构成了网络零售的低水平集聚区域。从

2007—2020 年网络零售集聚区的时序变化来看,网络零售的"高—高"集聚区在 2007—2012 年主要由东部沿海地区的福建、上海、山东、江苏和浙江构成,随着时间的推移,湖北、河南、安徽分别在 2013 年、2015 年、2019 年加入"高—高"集聚区,使得网络零售的"高—高"集聚区不断扩大。这表明网络零售的高水平集聚区域对周边地区具有显著的扩散效应和示范效应,即网络零售具有正向的空间溢出特征。网络零售的"低—低"集聚区长期以来一直比较稳定,主要为西部地区的甘肃、青海、新疆和西藏。

第4章　网络零售、空间溢出与居民消费支出

网络零售的快速发展带来了中国经济的新变化,在经济结构调整和新旧动能转换中起到了重要作用,也引发了一场居民消费变革。本章基于搜寻理论的微观基础,构建了网络零售与居民消费支出为 U 形关系的理论模型;采用动态空间面板模型,从时间和空间两个维度实证分析了网络零售的居民消费支出效应,并估计了网络零售对居民消费支出空间溢出效应的有效距离边界、城乡差异和地理区位差异。本章的主要结论如下:其一,网络零售对本地区和周边地区居民消费支出的影响均为 U 形态势;其二,从总效应看,网络零售降低了西部地区的居民消费支出,对东部地区的影响为 U 形态势,东部地区除海南外的其他省份均已进入居民消费支出随网络零售市场规模扩大而增长的阶段;其三,网络零售对居民消费支出的 U 形空间溢出效应存在有效距离边界,在有效边界范围内,空间溢出效应并没有随着地理距离的加长而衰减。本章的结论可以为中国的扩大内需政策和完善促进消费体制机制提供技术创新的思路。

4.1　网络零售对居民消费支出影响的相关文献综述

对于中国居民消费不足的问题,以往的大量研究侧重从不同角度予以解释,比如家庭财富(李涛和陈斌开,2014;尹志超等,2021)、经济波动(陈太明,2022;周少甫和孟雪珂,2022)、疫情冲击(刘洪波等,2022;朱菲菲等,2022)、社会保障(白重恩等,2012)、融资约束(汪伟等,2013;吴敏和熊鹰,2021)、财政政策(Ganelli & Tervala,2009;李永友和钟晓敏,2012)、人口结构(Modigliani & Cao,2004;臧旭恒和李晓飞,2020;杨继生和邹建文,2021;周广肃和杨旭宇,2022)、流动性约束(王慧玲和孔荣,2019;宋明月和臧旭恒,2020;张栋浩等,2020)、城镇化(雷潇雨和龚六堂,2014;易行健等,2020;郑得坤和李凌,2020)和传统文化(叶德珠等,2012)等。网络零售使

得人们的消费观念、消费模式和消费结构正发生着前所未有的改变(江小涓,2017),对此以往文献已经进行了初步探讨。网络零售市场作为第三方中介,在聚合商品服务、匹配买卖双方供求、传递产品相关信息、提高市场成交效率等方面的作用得到了普遍的肯定(Soh et al.,2006;黄浩,2014),但关于网络零售是否提高了居民的消费支出,目前还存在争论。

早期国外不少研究者认为,网络零售对实体零售造成巨大冲击,网络零售只是把居民消费从线下转移到线上,并没有产生实质性的消费促进作用。Bakos(2001)认为,网络零售能够降低消费者的信息搜寻成本、提高交易效率,但其只是推动线上消费替代线下消费。Sim & Koi(2002)对新加坡网购者的调查研究发现,12%的被调查者认为网络零售减少了他们的购物出行。Dixon & Marston(2002)对东英格兰市中心的调查研究发现,网络零售对传统的实体零售具有明显的替代效应,但这种替代效应是有限的,实体零售不会完全消失;并预测网络零售会对未来的房地产开发模式产生重要影响。

还有研究者认为,网络零售通过突破时空限制、扩大选择范围、降低交易成本(张红伟和向玉冰,2016;孙浦阳等,2017)来改善消费实现条件,有利于增强消费意愿和消费倾向,进而产生消费促进作用(刘长庚等,2017)。麦肯锡全球研究院(2013)基于中国多个城市调查数据的研究表明,网络零售市场规模每增加 1 元,其中大约 0.6 元是对线下消费支出的替代,0.4 元则是新增消费支出。方福前和邢炜(2015)强调网络零售对居民消费支出影响的阶段性特征,认为网络零售发展初期主要是对传统零售的替代,之后的成长期则是新消费市场的创造过程。此外,有研究者重点关注了网络零售对农村居民消费的促进作用。对于农村居民而言,网络零售最大的价值不在于农村居民可以购买便宜的商品,而在于能够购买不容易买到的商品(刘根荣,2017)。刘湖和张家平(2016)基于 2003—2013 年中国省级面板数据的实证研究表明,网络零售有助于提高农村居民消费支出。祝仲坤和冷晨昕(2017)基于 2015 年中国社会状况综合调查微观数据的实证分析也得出类似结论,并强调网络零售对年轻人的消费促进作用更明显。

综上所述,已有研究从不同的角度关注到网络零售对居民消费支出的影响,但这些文献忽视了居民消费支出本身的空间溢出效应,更没有考虑到本地区网络零售对周边地区居民消费支出的影响。一方面,网络零售打破了物理时间和空间的约束,使得消费不受时间和空间的限制,消费者可以随时在全国各地进行跨区域网购和消费。跨区域信息匹配成本的降低使得一个地区网络零售的发展会影响周边地区的居民消费支出,即网络零售对居民消费支出产生空间溢出效应。另一方面,网络零售和居民消费支出均不是孤立存在的,而是在地区之间呈现空间依赖性和空间异质性。因此,我们有必要将区域之间存在空间效应作为分析的前提。鉴于此,本章在空间溢出视角下,利用空间计量模型将区域间的空间效应纳入分析框架,实证分析网络零售对居民消费支出的影响。

本章的主要贡献可以归结如下:其一,在研究视角上,将区域间的空间效应考虑在内,在空间溢出视角下,研究网络零售对居民消费支出的影响,并估计网络零售对居民消费支出空间溢出效应的有效距离边界和地理区位差异。这补充了现有文献的研究视角。其二,在理论层面上,基于搜寻理论,构建了网络零售与居民消费支出为 U 形关系的理论模型,得出了网络零售居民消费支出效应的微观基础。这是对传统理论模型的一种拓展,丰富了现有的居民消费理论。其三,在实证层面上,除了反距离矩阵和经济-地理矩阵,还创新性地引入非对称互联网地理矩阵,在同时考虑居民消费支出的时间滞后效应、空间滞后效应和时空滞后效应的条件下,采用动态空间计量模型,从时间和空间两个维度考察网络零售的居民消费支出效应。这克服了传统计量方法的衡量偏误,强化了模型的解释能力,使实证结果更加准确。其四,在政策干预上,本章的结论可以引导网络零售进行合理空间布局,为中国的扩大内需政策和完善促进消费体制机制提供技术创新的思路。

4.2　网络零售与居民消费支出间 U 形关系的理论模型

网络零售在降低搜寻成本上的突出优势得到了普遍肯定。为了考察网络零售通过降低搜寻成本对居民消费支出产生的影响,本章基于 Salop(1979)的环形市场模型,借鉴 Bakos(1997)、黄浩(2014)、方福前和邢炜(2015)的研究,构建一个考虑搜寻成本和长尾商品的空间异质性模型(Spatial Differentiation Model)。

4.2.1　搜寻成本的空间异质性模型

假设在一个"单位圆"或"环湖城市"的市场里分布着数量为 m 的零售商以及数量为 n 的消费者(见图 4-1)。在这样的市场空间里,消费者要花费搜寻成本 c 来寻找他所需购买商品的零售商位置和商品价格,并决定是从已经找到的零售商那里购买商品,还是继续寻找其他零售商购买商品。

如果某个消费者购买了某种他不完全满意的商品,该消费者与卖给他商品的零售商之间每单位距离将产生效用损失成本 t。假设消费者的风险偏好都是中性的,并且在每个时期所有消费者都有相同的消费需求,相应的保留效用为 r。如果消费者预期购买商品的成本低于保留效用,他就会进入市场购买该商品。

● m 个零售商
□ n 个消费者

图 4-1 考虑搜寻成本的买卖双方市场空间分布

为简化模型,假设零售商的风险偏好也是中性的,并且出售每单位商品的成本均为 0,不能实施价格歧视政策。对于消费者而言,零售商之间都是可以相互替代的。单位圆上在长度为 $\mathrm{d}x$ 的范围内,有零售商的概率为 $m \cdot \mathrm{d}x$; f 为商品价格分布函数。零售商首先要决定在哪里、以什么价格出售商品。假设某消费者预期与其距离为 D 的地方,有零售商出售商品的价格 S,记为 (S,D)。此时 $[-D-S/t, D+S/t]$ 区间范围内的消费者都有可能会从该零售商那里购买商品。现实中如果某个消费者发现在距离 x 处有零售商以价格 p 出售商品,当消费者预期 $p+xt<S+Dt$ 时,他将会从该零售商那里购买商品。此时,消费者的预期收益为:

$$g(S,D) = 2\int_{x=0}^{D+S/t} \int_{p=0}^{S+Dt-x} (S + Dt - xt - p)f(p)\,\mathrm{d}p\mathrm{d}x \tag{4.1}$$

令 $R = S+Dt-xt$,则有:

$$\int_0^R (R-p)f(p)\,\mathrm{d}p = \left[(R-p)F(p)\right]_{p=0}^{p=R} + \int_0^R F(p)\,\mathrm{d}p = \int_0^R F(p)\,\mathrm{d}p$$

因此式(4.1)可改写为:

$$g(S,D) = 2\int_{x=0}^{D+S/t} \int_{p=0}^{S+Dt-x} F(p)\,\mathrm{d}p\mathrm{d}x \tag{4.2}$$

在区间 $S+Dt$,$g(S,D)$ 是严格递增的,消费者只有在 $g(S,D)>c$ 的情况下才会继续搜寻所需商品。

基于前面的假设,每个零售商面临向下的需求曲线和严格递减的边际收益曲线,从而形成实现最大利润的唯一均衡价格 p^*,并且每个零售商在单位圆上的区位选择都是对称的。

对于零售商来说,当 $p<p^*$ 时,$F(p)=0$;当 $p \geqslant p^*$ 时,$F(p)=1$。则式(4.2)意味着 $g(S,D) = 2\int_{x=0}^{D+S/t} (S + Dt - p^* - xt)\,\mathrm{d}x$。由于被积函数不能是

负值,并且 $x \leqslant D+(S-p^*)/t$,因此有:

$$g(S,D) = 2\int_{x=0}^{D+(S-p^*)/t}(S + Dt - p^* - xt)\mathrm{d}x$$

$$= \frac{1}{t}(S + Dt - p^*)^2$$

在均衡状态下,$g(S,D) = c$,即 $(S+Dt-p^*)^2 = c$,因此有:

$$S + Dt = p^* + \sqrt{ct} = p^* + \sqrt{c/t} \cdot t \tag{4.3}$$

由式(4.3)可知,每个零售商的"市场领土"区间为 $[-\sqrt{c/t}, \sqrt{c/t}]$,总长度为 $2\sqrt{c/t}$,这意味着每个消费者都将在该区间范围内寻找零售商购买商品。如果零售商的"市场领土"、消费者与其周边消费者的距离均为 l,那么每个零售商的市场容量为:

$$Q_i(p_i, p_{j\neq i}^*) = \frac{n}{m} \tag{4.4}$$

在均衡状态下,零售商 i 在价格 p^* 上可以获得最大利润:

$$\frac{\mathrm{d}[p_i Q_i(p_i, p_{j\neq i}^*)]_{p_i=p^*}}{\mathrm{d}p_i} = 0 \tag{4.5}$$

其中,$Q_i(p_i, p_{j\neq i}^*)$ 表示零售商 i 以价格 p_i 出售商品的数量,而其他零售商以价格 p^* 出售商品。式(4.5)可进一步改写为:

$$Q_i(p_i, p_{j\neq i}^*) + p^*\frac{\mathrm{d}[Q_i(p_i, p_{j\neq i}^*)]_{p_i=p^*}}{\mathrm{d}p_i} = 0 \tag{4.6}$$

零售商 i 为了吸引更多的顾客而设定一个更低的价格 $p^*-\delta$,此时 $\mathrm{d}p_i = -\delta$,这样会导致该零售商的"市场领土"范围增加 $2\delta/t$,对应的销售量为:

$$\frac{2\sqrt{c/t} + 2\delta/t}{2\sqrt{c/t}} \cdot \frac{n}{m} = \left(1 + \frac{\delta/t}{\sqrt{c/t}}\right) \cdot \frac{n}{m}$$

这意味着

$$\mathrm{d}Q_i(p_i^*, p_{j\neq i}^*) = \frac{\delta/t}{\sqrt{c/t}} \cdot \frac{n}{m} = -\frac{\mathrm{d}p_i/t}{\sqrt{c/t}} \cdot \frac{n}{m}$$

进一步有:

$$\frac{\mathrm{d}[Q_i(p_i^*, p_{j\neq i}^*)]}{\mathrm{d}p_i} = -\frac{1}{\sqrt{ct}} \cdot \frac{n}{m} \tag{4.7}$$

由式(4.4)、式(4.6)、式(4.7)可知:

$$\frac{n}{m} - p^*\frac{1}{\sqrt{ct}} \cdot \frac{n}{m} = 0$$

可求出均衡状态下零售商设定的价格为：

$$p^* = \sqrt{ct} \qquad (4.8)$$

考虑搜寻成本之后，消费者实际付出的价格为：

$$R = p^* + \sqrt{ct} = 2\sqrt{ct} \qquad (4.9)$$

当 $r \geq 2\sqrt{ct}$ 时，消费者的保留效用足够大，不存在零售商商品价高无销路的情况；当 $2\sqrt{ct} > r \geq \sqrt{ct}$ 时，若商品价格高于 $r-\sqrt{ct}$，则商品将卖不出去；当 $r < \sqrt{ct}$ 时，哪怕商品价格为 0，由于消费者觉得搜寻成本实在太高，也会放弃搜寻购买商品。这一推论体现了搜寻成本的重要性，即过高的搜寻成本会导致市场建立失败。相反，搜寻成本降低以后，之前因搜寻成本过高而建立失败的市场能够建立起来。

由以上分析可知，网络零售通过降低搜寻成本对居民消费产生两种效应：一种是价格降低效应。由 $p^* = \sqrt{ct}$ 可知，搜寻成本的下降降低了市场均衡价格，线上商品比线下商品更加便宜，居民消费会由线下转到线上。另一种是市场扩张效应。在传统市场上，搜寻成本过高使得一些商家和消费者被挤出市场，导致市场建立失败。而网络零售的一大优势就是降低了搜寻成本，网络零售通过互联网实现了联通，将更多的商家和消费者带入同一个市场，有效解决了市场建立失败的问题。网络零售的价格降低效应和市场扩张效应是同时出现的，只不过在网络零售的不同发展阶段，起主导作用的效应不同。

4.2.2 长尾商品的空间异质性模型

为了进一步分析网络零售如何通过价格降低效应和市场扩张效应影响居民消费量与居民消费支出，这里将网络零售市场的商品分为短头商品 x_1 和长尾商品 x_2。[①] 假设市场中仍存在唯一的均衡价格 p^*，此时短头商品 x_1 和长尾商品 x_2 的市场形成的差异主要体现在消费者对两种商品的保留效用不同（即 $r_1 \neq r_2$）上。假设短头商品 x_1 的需求函数为连续函数 $Q_1 = Q_1(p)$，长尾商品 x_2 的需求函数为非连续函数：

$$Q_2 = \begin{cases} 0 & p \geq p^* \\ Q_2^* & p < p^* \end{cases} \qquad (4.10)$$

---

① 参照黄浩（2014），短头商品匹配概率大、搜寻成本低，主要是大众化商品；与之对应的长尾商品匹配概率小、搜寻成本高，主要是品种少、个性化的商品。

为了便于分析,假设 x_2 在两个定义域上的需求价格弹性都为 0。总消费函数为:

$$X = x_1 + x_2 = \left[Q_1(c) + Q_2(c) \right] \cdot p(c) \tag{4.11}$$

当市场均衡时,$p^* = \sqrt{c^* t}$,$r_2 = 2 \sqrt{c^* t}$,可求出 $c^* = \dfrac{r_2^2}{4t}$。总消费函数

(4.11)在定义域上是非连续的,需要分别在 $c \in \left[0, \dfrac{r_2^2}{4t} \right)$,$c = \dfrac{r_2^2}{4t}$ 以及

$c \in \left(\dfrac{r_2^2}{4t}, +\infty \right)$ 三个区间讨论搜寻成本(c)下降对居民消费量和居民消费支

出的影响。

(1)当 $c \in \left(\dfrac{r_2^2}{4t}, +\infty \right)$ 时,总消费函数为连续函数,可以直接求导。居民

消费量为:

$$Q(c) = Q_1(c) + Q_2(c) = Q_1(c)$$

$$\frac{\partial Q}{\partial c} = \frac{\partial Q_1}{\partial P} \frac{\partial P}{\partial c} = \frac{1}{2} t \left(ct \right)^{-\frac{1}{2}} \frac{\partial Q_1}{\partial p} < 0 \tag{4.12}$$

居民消费支出为:

$$X(c) = \left[Q_1(c) + Q_2(c) \right] p(c) = Q_1(c) p(c)$$

$$\frac{\partial X}{\partial c} = \frac{\partial Q_1}{\partial p} \frac{\partial p}{\partial c} p + Q_1 \frac{\partial p}{\partial c} = Q_1 \frac{\partial p}{\partial c} (1 - e_1)$$

$$= \frac{1}{2} t \left(ct \right)^{-\frac{1}{2}} Q_1 (1 - e_1) \tag{4.13}$$

当 $e_1 > 1$ 时,$\dfrac{\partial X}{\partial c} < 0$,随着搜寻成本($c$)下降,居民消费量增加,居民消费

支出也增加;当 $e_1 = 1$ 时,$\dfrac{\partial X}{\partial c} = 0$,随着搜寻成本($c$)下降,居民消费量增加,

居民消费支出不变;当 $e_1 < 1$ 时,$\dfrac{\partial X}{\partial c} > 0$,随着搜寻成本($c$)下降,居民消费量

增加,居民消费支出减少。

(2)当 $c = \dfrac{r_2^2}{4t}$ 时,总消费函数为非连续函数。假设搜寻成本 c 下降 Δc,

则居民消费量为:

$$\lim_{\Delta c \to 0} \left[Q_1(c + \Delta c) + Q_2(c + \Delta c) - Q_1(c) \right] = Q_2 > 0 \tag{4.14}$$

居民消费支出为:

$$X(c) = [Q_1(c) + Q_2(c)]p(c) = Q_1(c)$$

$$X(c + \Delta c) = [Q_1(c + \Delta c) + Q_2(c + \Delta)]p(c + \Delta c)$$

$$\lim_{\Delta c \to 0}[X(c + \Delta c) - X(c)] = Q_2(c)p(c) > 0 \qquad (4.15)$$

此时,搜寻成本(c)下降会导致居民消费量和居民消费支出均产生一个跳跃式的增加。这是由于搜寻成本降到临界点以下时,$r_2 > 2\sqrt{ct}$,从而导致长尾商品 x_2 新市场的形成。

(3)当 $c \in [0, \dfrac{r_2^2}{4t})$ 时,总消费函数为连续函数,可直接求导。居民消费量为:

$$Q(c) = Q_1(c) + Q_2$$

$$\frac{\partial Q}{\partial c} = \frac{\partial Q_1}{\partial p}\frac{\partial p}{\partial c} = \frac{1}{2}t(ct)^{-\frac{1}{2}}\frac{\partial Q_1}{\partial p} < 0 \qquad (4.16)$$

居民消费支出为:

$$X(c) = [Q_1(c) + Q_2(c)]p(c) = Q_1(c)p(c) + Q_2p(c)$$

$$\frac{\partial X}{\partial c} = \frac{1}{2}t(ct)^{-\frac{1}{2}}Q_1(1 - e_1) + \frac{1}{2}t(ct)^{-\frac{1}{2}}Q_2$$

$$= \frac{1}{2}t(ct)^{-\frac{1}{2}}[Q_1(1 - e_1) + Q_2] \qquad (4.17)$$

当 $e_1 < 1$ 时,$\dfrac{\partial X}{\partial c} > 0$,随着搜寻成本 c 下降,居民消费量增加,居民消费支出减少。其中,居民消费量增加是由价格下降引起的,而居民消费支出减少包括 x_1、x_2 两种商品的消费支出减少。当 $e_1 = 1$ 时,$\dfrac{\partial X}{\partial c} = \dfrac{1}{2}t(ct)^{-\frac{1}{2}}Q_2 > 0$,随着搜寻成本($c$)下降,居民消费量增加,居民消费支出减少。其中,商品 x_1 的消费支出不变,商品 x_2 的消费支出减少。当 $e_1 > 1$ 时,应区分以下三种情况:

(1)若 $1 < e_1 < 1 + \dfrac{Q_2}{Q_1}$,则 $\dfrac{\partial X}{\partial c} > 0$,表明随着搜寻成本($c$)下降,居民消费量增加,商品 x_1 的消费支出增加部分小于商品 x_2 的消费支出减少部分,总的居民消费支出减少。

(2)若 $e_1 = 1 + \dfrac{Q_2}{Q_1}$,则 $\dfrac{\partial X}{\partial c} = 0$,表明随着搜寻成本($c$)下降,居民消费量增加,商品 x_1 的消费支出增加部分刚好抵消商品 x_2 的消费支出减少部分,总的居民消费支出不变。

（3）若 $e_1 > 1 + \dfrac{Q_2}{Q_1}$，则 $\dfrac{\partial X}{\partial c} < 0$，表明随着搜寻成本（$c$）下降，居民消费量增加，商品 x_1 的消费支出增加部分大于商品 x_2 的消费支出减少部分，总的居民消费支出增加。

4.2.3 小结

综上所述，网络零售通过降低搜寻成本产生了价格降低效应和市场扩张效应，使得居民消费量增加，但居民消费支出的变化取决于商品需求弹性。在网络零售发展初期，网上卖家和买家数量都较少，不少平台甚至以"赔本赚吆喝"的方式吸引卖家和买家入场，此时的线上商家主要通过价格降低效应来增加消费量，消费者逐步从线下向线上转移，追求以更低的价格买到和线下一样的商品。这个阶段主要是网络零售市场对传统市场的替代，进入市场的基本上是需求价格弹性较小的短头商品，如食品、衣物和生活用品等，因此居民消费量增加，居民消费支出减少。随着网络零售的深入发展，越来越多的卖家和买家进入市场，各种品牌化、精细化、个性化和定制化商品出现在网络零售市场上，大量的长尾商品开始出现。这个阶段不仅仅是网络零售市场对传统市场的替代，更是一种新市场的创造过程，此时网络零售主要通过市场扩张效应增加居民消费量和居民消费支出。由此可知，网络零售对居民消费支出的影响呈先下降后上升的 U 形态势（见图 4-2）。基于以上分析，本章提出以下研究假设：

假设 1 网络零售对居民消费支出的影响呈先下降后上升的 U 形态势。

假设 2 网络零售对居民消费支出具有空间溢出效应，且空间溢出效应不受地理距离的限制。

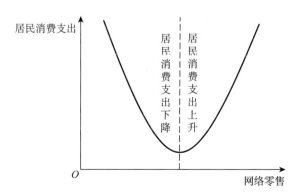

图 4-2 网络零售和居民消费支出的 U 形关系

4.3   网络零售与居民消费支出的空间相关性

4.3.1   指标构建与变量选择

中国网络零售的发展历程较短,同时考虑到数据的可得性,本章选取 2007—2020 年我国各省、自治区和直辖市数据作为样本。由于各地区的网络零售市场规模数据无法直接获得,考虑到网络零售商品主要通过快递的形式从卖家转移到买家手中,本章借鉴方福前和邢伟(2015)的研究,用各地区的快递业务数量①乘以一个权重来反映各地区的网络零售市场规模。该权重为全国网络零售交易额与全国快递业务数量之比,即平均每件快递所代表的网络零售交易额。表 4-1 列出了本章所涉及相关变量的定义、基本统计量和数据来源。

表 4-1   变量的统计性描述和数据来源

变量名称	均值	标准差	最小值	最大值	定义及数据来源
lnCon	8.243	1.049	4.509	10.218	居民消费支出(单位:亿元)取对数
lnOr	14.222	2.068	8.814	19.173	网络零售市场规模(单位:万元)取对数
lnInc	9.501	0.465	8.430	10.807	人均可支配收入(单位:元)取对数
Infla	0.093	0.766	−0.023	9.280	通货膨胀率
Uer	0.034	0.007	0.012	0.046	城镇登记失业率
Gdr	0.371	0.070	0.193	0.578	总抚养比:小于 15 岁和大于 65 岁人口数/总就业人口数
lnTra	8.832	0.926	5.852	10.424	交通基础设施取对数:铁路和公路运营里程/各省(区、市)行政区土地面积
Intr	0.470	0.201	0.060	0.956	互联网普及率:互联网使用人口/地区人口数
Urb	0.552	0.142	0.215	0.896	城镇化率:城镇常住人口占当地总人口的比重

---

① 各地区的快递业务数量指当地寄出的快递数量。

（续表）

变量名称	均值	标准差	最小值	最大值	定义及数据来源
lnRpex	7.807	0.713	5.488	9.385	地方政府财政支出（单位：亿元）取对数
Socr	0.130	0.035	0.055	0.276	社会保障：社会保障支出占政府总支出的比重

资料来源：网络零售市场规模数据来自各年《中国网络零售市场数据监测报告》，其余变量数据来自各年《中国统计年鉴》。

注：各变量的样本数均为434。

1. 被解释变量

被解释变量为居民消费支出[①]取对数（lnCon）。网络零售突破了物理时空限制，不仅可以影响本地居民消费，还可能在很大程度上影响异地居民消费。本章用居民消费支出反映各地区的居民消费水平，为了消除通货膨胀因素的影响，该变量以 2007 年不变价来衡量。

2. 核心解释变量

核心解释变量为网络零售市场规模取对数（lnOr）。为了消除通货膨胀因素的影响，该变量以 2007 年不变价来衡量。此外，模型中还引入网络零售市场规模取对数的平方项，以考察网络零售与居民消费支出之间可能存在的非线性关系。

3. 控制变量

参考以往文献，本章选取以下与居民消费支出相关的变量作为控制变量：

（1）人均可支配收入取对数（lnInc）。经典的居民消费理论均强调居民消费支出与收入水平之间的密切关系。其中，绝对收入理论认为居民消费支出会随着收入的增加而增加，生命周期理论认为居民收入对消费支出的影响取决于其所处的生命周期阶段，而预防性储蓄理论则认为居民收入对消费支出的影响取决于其所面临的不确定性，等等。为了消除通货膨胀因素的影响，该变量以 2007 年不变价来衡量。

（2）通货膨胀率（Infla）。该指标用消费者物价指数年增长率来衡量。有研究者认为，通货膨胀水平的温和上升有利于促进经济增长，并形成高

---

① 与社会消费品零售总额相比，居民消费支出将"服务型消费"纳入统计范围且以各地居民为统计主体，能更全面地反映消费现状和空间溢出效应。

收入和高消费（Edward，1996）；还有研究者认为，通货膨胀水平上升会抑制消费者信心，导致储蓄上升、消费下降（Katona，1976；杨继东，2012）。

（3）城镇登记失业率（Uer）。预防性储蓄理论认为，失业率上升会使风险厌恶的消费者增加预防性储蓄，从而降低居民消费支出。

（4）总抚养比（Gdr）。该指标用0—15岁及大于65岁人口之和与16—64岁工作人口数的比值来衡量。生命周期理论认为，总抚养比对居民消费支出的影响应该为正，但由于我国老年人通常非常节俭（范红忠等，2013），因此该指标对居民消费支出的影响有待实证检验。

（5）交通基础设施取对数（lnTra）。该指标用铁路和公路运营里程加总后的数值除以各省（区、市）行政区土地面积来衡量。申洋等（2021）指出，交通基础设施是促进商品流通、扩大消费空间、提振消费内需的重要推动力。

（6）互联网普及率（Intr）。该指标用互联网使用人口除以地区人口总数来衡量。程名望和张家平（2019）的研究表明，互联网普及率能显著影响城乡居民消费。

（7）城镇化率（Urb）。该指标用城镇常住人口占当地总人口的比重来衡量。城镇化对居民消费的促进作用，得到不少国外研究者的肯定（Glaeser et al.，2001；George & Waldfogel，2003）。其作用机理在于，城镇化推动人口向城市的集聚，可以推动城市生产力进步，有利于提高居民收入和居民消费水平，并增大居民消费的多样性和可能性。但中国的城镇化进程异常复杂，城市中存在大量以农民工为代表的非市民群体。这一群体在城市工作但将大部分收入转移回农村，并且他们无法享受与市民同等的福利待遇。因此，中国城镇化率对居民消费支出的影响结果有待实证检验。

（8）地方政府财政支出取对数（lnRpex）。该指标反映地方政府对经济活动的参与度，以2007年不变价来衡量。地方政府不仅是实行收入再分配的主体，还直接影响收入初次分配（陈斌开和林毅夫，2013）。地方政府对居民消费支出的影响既可能有挤出作用也可能有挤入作用，其最终结果有待实证检验。

（9）社会保障（Socr）。该指标用社会保障支出占政府总支出的比重来衡量。理论上，社会保障具有财富效应且有利于降低居民对未来不确定性的预期，社会保障支出的增加有利于增加居民消费支出。

4.3.2 空间权重矩阵设计

首先,在借鉴以往文献的基础上,根据地理学第一定律的思想——"空间单元的相关性随着地理距离的加长而降低",构建反距离空间权重矩阵 $\boldsymbol{W}_1$。

$$\boldsymbol{W}_{1,ij} = \begin{cases} 1/d_{ij} & i \neq j \\ 0 & i = j \end{cases} \tag{4.18}$$

其中,d_{ij} 为地区 i 和地区 j 之间的地理距离。

其次,由于现实中个体间的空间关联可能并不是仅仅来自地理因素,而是受地理距离和经济行为的双重影响,因此我们借鉴侯新烁等(2013)的方法,综合考虑不同空间个体在地理距离和经济行为两方面的特征,基于引力模型,构建经济-地理空间权重矩阵 $\boldsymbol{W}_2$。

$$\boldsymbol{W}_{2,ij} = \begin{cases} (\overline{Q_i} \cdot \overline{Q_j})/d_{ij}^2 & i \neq j \\ 0 & i = j \end{cases} \tag{4.19}$$

其中,$\overline{Q_i}$ 和 $\overline{Q_j}$ 表示地区 i 和地区 j 在 2007—2020 年的实际人均 GDP 均值,d_{ij} 为地区 i 和地区 j 之间的地理距离。

最后,由于不同地区存在网络关联特征,且互联网发展水平较高(低)的地区对互联网发展水平较低(高)的地区产生更强(弱)的空间影响,因此我们构建非对称互联网地理权重矩阵 $\boldsymbol{W}_{3,ij}$:

$$\boldsymbol{W}_{3,ij} = \begin{cases} \boldsymbol{W}_1 \operatorname{diag}\left(\dfrac{\overline{Y_1}}{\overline{Y}}, \dfrac{\overline{Y_2}}{\overline{Y}}, \cdots, \dfrac{\overline{Y_{31}}}{\overline{Y}}\right) & i \neq j \\ 0 & i = j \end{cases} \tag{4.20}$$

其中,$\boldsymbol{W}_1$ 为反距离空间权重矩阵;$\overline{Y_1}, \overline{Y_2}, \cdots, \overline{Y_{31}}$ 表示观测期内第 1,第 2,$\cdots$,第 31 个省份的互联网渗透率均值;$\overline{Y}$ 表示观测期内所有省份的互联网渗透率均值;互联网渗透率用互联网使用人数占当地人口的比重来衡量。

4.3.3 空间相关性检验

为了判断网络零售和居民消费支出是否各自具有空间相关性,本章采用全局空间自相关指数(Moran's I)进行检验,表 4-2 为基于反距离矩阵、经济-地理矩阵和非对称互联网地理矩阵的空间相关性检验结果。在三种空间权重矩阵下,网络零售市场规模取对数(lnOr)和居民消费支出取对数(lnCon)的 Moran's I 指数均至少在 5% 的显著水平上大于 0,这说明网络零售和居民消费支出在空间上均不是随机分布的,而是呈现显著的正向空间依赖特征。

表 4-2　网络零售和居民消费支出的空间相关性检验

	反距离矩阵 W_1	经济-地理矩阵 W_2	非对称互联网地理矩阵 W_3
	Moran's I	Moran's I	Moran's I
lnOr	0.401***	0.571***	0.578***
	(21.426)	(19.155)	(19.738)
lnCon	0.044**	0.217***	0.231***
	(2.495)	(7.356)	(7.966)

注：**、***分别表示在5%、1%的统计水平上显著，括号内为 z 值。

　　为了进一步分析网络零售和居民消费支出在不同地理位置上的空间关联模式，本章分别绘制了居民消费支出取对数和网络零售市场规模取对数在2020年的莫兰散点图。① 图 4-3 和图 4-4 显示，居民消费支出和网络零售市场规模的大部分散点分布在第一象限的"高值—高值"区（High-High 区域）和第三象限的"低值—低值"区（Low-Low 区域），这表明居民消费支出和网络零售市场规模在地理空间上均具有区域集聚的特点，且呈现正向的空间依赖特征。进一步地，基于局域空间相关性的 LISA 聚类分析，表 4-3 列出了非对称互联网地理矩阵下 2007—2020 年居民消费支出取对数和网络零售市场规模取对数所有通过 10% 显著性检验的"高—高"集聚区和"低—低"集聚区。

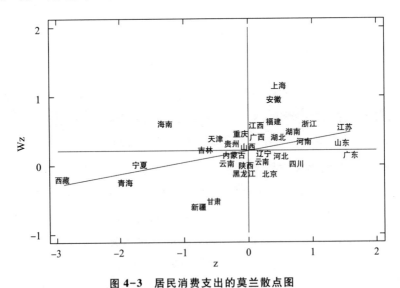

图 4-3　居民消费支出的莫兰散点图

---

① 居民消费支出、网络零售市场规模的莫兰散点图均基于非对称互联网地理矩阵 W_3 绘制。

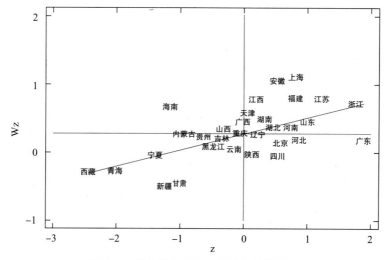

图 4-4　网络零售市场规模的莫兰散点图

表 4-3　居民消费支出和网络零售 LISA 聚类分布情况

指标	年份	"高—高"集聚区	"低—低"集聚区
网络零售市场规模	2007	福建、上海、山东、江苏、浙江	甘肃、新疆、青海、西藏
	2008	福建、上海、山东、江苏、浙江	甘肃、新疆、青海、西藏
	2009	福建、上海、山东、江苏、浙江	甘肃、新疆、青海、西藏
	2010	福建、上海、山东、江苏、浙江	甘肃、新疆、青海、西藏
	2011	福建、上海、山东、江苏、浙江	甘肃、新疆、青海、西藏
	2012	福建、上海、山东、江苏、浙江	新疆、青海、西藏
	2013	湖北、福建、上海、山东、江苏、浙江	甘肃、新疆、青海、西藏
	2014	湖北、福建、上海、山东、江苏、浙江	甘肃、新疆、青海、西藏
	2015	河南、湖北、福建、上海、山东、江苏、浙江	甘肃、新疆、青海、西藏
	2016	河南、湖北、福建、上海、山东、江苏、浙江	甘肃、新疆、青海、西藏
	2017	河南、湖北、福建、上海、山东、江苏、浙江	甘肃、青海、新疆、西藏
	2018	河南、湖北、福建、上海、山东、江苏、浙江	甘肃、新疆、青海、西藏
	2019	河南、湖北、福建、上海、山东、江苏、浙江、安徽	甘肃、新疆、青海、西藏
	2020	河南、福建、上海、山东、江苏、浙江、安徽	甘肃、新疆、青海、西藏

（续表）

指标	年份	"高—高"集聚区	"低—低"集聚区
居民消费支出	2007	上海、湖北、湖南、江苏、山东、河南、浙江	甘肃、新疆、青海、西藏
	2008	上海、湖北、湖南、江苏、山东、河南、浙江	甘肃、新疆、青海、西藏
	2009	上海、湖南、江苏、山东、河南、浙江	甘肃、新疆、青海、西藏
	2010	上海、湖南、江苏、山东、河南、浙江	甘肃、新疆、青海、西藏
	2011	上海、湖南、江苏、山东、河南、浙江	甘肃、新疆、青海、西藏
	2012	江苏、山东、河南、浙江	甘肃、新疆、青海、西藏
	2013	江苏、山东、河南、浙江	甘肃、新疆、青海、西藏
	2014	上海、湖北、江苏、山东、河南、浙江	甘肃、新疆、青海、西藏
	2015	上海、湖北、湖南、江苏、山东、河南、浙江	甘肃、新疆、青海、西藏
	2016	湖北、湖南、江苏、山东、河南、浙江	甘肃、新疆、青海、西藏
	2017	湖北、湖南、江苏、山东、河南、浙江	甘肃、新疆、青海、西藏
	2018	湖北、湖南、江苏、山东、河南、浙江	甘肃、新疆、青海、西藏
	2019	湖北、湖南、江苏、山东、河南、浙江	甘肃、新疆、青海、西藏
	2020	湖北、湖南、江苏、山东、河南、浙江	甘肃、新疆、青海、西藏

如表 4-3 所示,当前中国网络零售的"高—高"集聚区和"低—低"集聚区均形成了连片地带。河南、福建、上海、山东、江苏、浙江、安徽构成了网络零售的高水平集聚区域,甘肃、新疆、青海、西藏构成了网络零售的低水平集聚区域。从 2007—2020 年网络零售集聚区的时序变化来看,网络零售的"高—高"集聚区在 2007—2012 年主要由东部沿海地区的福建、上海、山东、江苏和浙江构成,随着时间的推移,湖北、河南、安徽分别在 2013 年、2015 年、2019 年加入"高—高"集聚区,使得网络零售的"高—高"集聚区域不断扩大。这表明网络零售的高水平集聚区域对周边地区具有显著的扩散效应和示范效应,即网络零售具有正向的空间溢出特征。网络零售的"低—低"集聚区长期以来一直比较稳定,主要为西部地区的甘肃、青海、新疆和西藏。居民消费支出的"高—高"集聚区主要为湖北、湖南、江苏、山东、河南和浙江,"低—低"集聚区为甘肃、新疆、青海和西藏。需要注意的是,在"高—高"集聚区和"低—低"集聚区,网络零售市场规模和居民消费支出呈现大致相同的集聚区域,说明二者具有较强的空间关联关系。

4.4　网络零售对居民消费支出影响的空间溢出效应

4.4.1　空间计量模型设定与适用性检验

网络零售能有效打破物理时间和空间的约束,使得消费不受时间和空间的限制,消费者可以随时在全国各地进行跨区域网购和消费。跨区域信息匹配成本的降低使得一个地区网络零售的发展会对周边地区的居民消费支出产生重要影响,即网络零售对居民消费支出可能存在空间溢出效应。本章构建空间计量模型,分析网络零售对居民消费支出的影响。包含所有空间效应的广义嵌套空间模型(GNS)为:

$$\ln\mathrm{Con}_{it} = \rho\boldsymbol{W}_{ij}\ln\mathrm{Con}_{it} + \sum\beta X_{it} + \theta\boldsymbol{W}_{ij}\sum X_{it} + u_i + \gamma_t + \varepsilon_{it}$$

$$\varepsilon_{it} = \lambda\boldsymbol{W}_{ij}\varepsilon_{it} + \mu_{it} \tag{4.21}$$

其中,$\boldsymbol{W}_{ij}$ 为空间权重矩阵,u_i 和 γ_t 分别为空间效应和时间效应,ρ、θ、λ 分别为空间自回归系数、解释变量空间滞后项系数和空间自相关系数,X_{it} 为包含核心解释变量在内的所有解释变量,β 为对应的回归系数,$\mu_{it} \sim \mathrm{IID}$ $(0, \sigma_\varepsilon^2 I)$。

广义嵌套空间模型可以梳理出不同形式的空间计量模型。若 $\rho \neq 0$、$\theta = 0$、$\lambda = 0$,则式(4.21)为空间自回归模型(SAR),该模型可以测度内生交互效应产生的空间溢出效应;若 $\rho = 0$、$\theta = 0$、$\lambda \neq 0$,则式(4.21)为空间误差模型(SEM),该模型可以测度误差项之间的空间依赖关系;若 $\rho \neq 0$、$\theta \neq 0$、$\lambda = 0$,则式(4.21)为空间滞后解释变量模型(SLX),该模型只包含外生的空间交互效应;若 $\rho \neq 0$、$\theta = 0$、$\lambda \neq 0$,则式(4.21)为广义空间自回归模型(SAC),该模型只包含内生的空间交互效应;若 $\rho \neq 0$、$\theta \neq 0$、$\lambda = 0$,则式(4.21)为空间杜宾模型(SDM),该模型可以一并考察内生交互效应和外生交互效应产生的空间溢出效应。

式(4.21)隐含地假设被解释变量不存在时间滞后效应。但实际上,像居民消费支出这类宏观经济变量往往存在路径依赖特征,即当期结果受到前期水平的影响。基于此,我们将式(4.21)扩展为动态空间计量模型:

$$\ln\mathrm{Con}_{it} = \varphi\ln\mathrm{Con}_{it-1} + \rho\boldsymbol{W}_{ij}\ln\mathrm{Con}_{it} + \eta\boldsymbol{W}_{ij}\ln\mathrm{Con}_{it-1} + \sum\beta X_{it} +$$

$$\theta\boldsymbol{W}_{ij}\sum X_{it} + u_i + \gamma_t + \varepsilon_{it}$$

$$\varepsilon_{it} = \lambda\boldsymbol{W}_{ij}\varepsilon_{it} + \mu_{it} \tag{4.22}$$

其中,φ 和 η 为被解释变量滞后一期及其空间滞后项的系数。选择最优的空间计量模型有助于准确考察空间依赖关系产生的原因以及空间关联机制的作用效果。本章借鉴 Elhorst(2014)的检验思路,采用"从具体到一般"和"从一般到具体"相结合的思路,对空间计量模型的适用性进行检验,检验结果如表4-4所示。

表4-4　空间计量模型的适用性检验

项目	反距离矩阵 W_1		经济-地理矩阵 W_2		非对称互联网地理矩阵 W_3	
	χ^2	P 值	χ^2	P 值	χ^2	P 值
从具体到一般						
LM-lag	42.37	0.000	1.02	0.311	2.92	0.087
R-LM-lag	135.22	0.000	27.41	0.000	20.46	0.000
LM-err	107.99	0.000	71.08	0.000	83.28	0.000
R-LM-err	200.84	0.000	97.46	0.000	100.82	0.000
从一般到具体						
LR test for SAR	49.07	0.000	90.01	0.000	86.59	0.000
Wald test for SAR	38.93	0.000	92.65	0.000	87.44	0.000
LR test for SEM	76.87	0.000	105.29	0.000	102.96	0.000
Wald test for SEM	48.79	0.000	110.03	0.000	105.62	0.000
Hausman 检验	87.83	0.000	96.65	0.000	99.68	0.000
LR test for 静态 SDM	193.02	0.000	189.57	0.000	191.11	0.000

其一,在进行 OLS 回归后,经济-地理矩阵下的 LM-err 统计量、反距离矩阵和非对称互联网地理矩阵下的 LM-lag 和 LM-err 统计量均显著拒绝了非空间效应模型。

其二,三种矩阵下的 Hausman 检验值均在 1% 的显著水平上拒绝随机效应的原假设,因此选择固定效应模型更合理。

其三,估计 SDM,三种矩阵下的 Wald 和 LR 统计量均在 1% 的显著水平上拒绝了 $\theta=0$ 和 $\theta+\rho\beta=0$ 的原假设,表明 SDM 不需要简化为 SAR 或 SEM;三种矩阵下 SDM 模型的 AIC 值和 BIC 值均小于 SAC 模型,说明 SDM 优于 SAC。

其四,使用 LR 统计量检验 lnCon(-1) 和 WlnCon(-1) 系数的联合显著性,判断静态 SDM 是否扩展为动态 SDM,结果表明三种矩阵下的 LR 统计量均在 1% 的水平上显著,说明动态 SDM 更具有解释力。

根据以上检验结果,本章选取动态 SDM 作为最优估计模型。

4.4.2　网络零售对居民消费支出的时空效应

静态 SDM 中的解释变量中包括被解释变量的空间滞后项,而动态 SDM 的解释变量中不仅包括被解释变量的空间滞后项,还包括被解释变量的时间滞后项和时空滞后项。SDM 中居民消费支出的空间、时间、时空的滞后项均为内生变量。由于最大似然估计方法可以有效避免这类内生性问题(Blonigen et al.,2019),本章采用最大似然估计方法以得到模型的一致性参数估计。在动态 SDM 的回归结果(见表 4-5)中,非对称互联网地理矩阵下估计的 R^2 和 $\mathrm{Log}L$ 值均优于经济-地理矩阵和反距离矩阵,故本章重点关注非对称互联网地理矩阵下的动态 SDM 回归结果。

表 4-5　网络零售对居民消费支出影响的 SDM 基准回归结果

变量	FE (1)	反距离矩阵 W_1		经济-地理矩阵 W_2		非对称互联网地理矩阵 W_3		
		静态 SDM (2)	动态 SDM (3)	静态 SDM (4)	动态 SDM (5)	静态 SDM (6)	动态 SDM (7)	动态 SDM (8)
lnCon(−1)			0.890***		0.763***		0.791***	0.766***
			(17.30)		(15.67)		(16.26)	(15.79)
WlnCon		0.353*	0.290*	0.122*	0.220**	0.163*	0.153*	0.210**
		(1.81)	(1.73)	(1.86)	(2.14)	(1.90)	(1.71)	(2.02)
WlnCon(−1)			0.165*		0.241**		0.357***	0.299**
			(1.80)		(2.00)		(2.88)	(2.41)
lnOr	−0.150***	−0.119***	−0.168***	−0.091**	−0.147***	−0.090**	−0.048***	−0.144***
	(−3.55)	(−2.71)	(−4.11)	(−2.15)	(−3.71)	(−2.12)	(−4.13)	(−3.66)
(lnOr)^2	0.004***	0.002	0.004***	0.001	0.003**	0.001		0.003**
	(3.39)	(1.49)	(3.27)	(0.51)	(2.49)	(0.46)		(2.39)
lnInc	0.898***	0.106	0.109	0.388***	0.147*	0.356***	0.010	0.121*
	(12.77)	(0.89)	(1.11)	(3.85)	(1.67)	(3.51)	(0.12)	(1.67)
Infla	−0.006	−0.003	−0.001	−0.003	0.000	−0.003	0.001	0.001
	(−1.51)	(−0.80)	(−0.42)	(−0.51)	(0.10)	(−0.43)	(0.16)	(0.12)
Uer	2.440	1.987	−0.107	2.120	0.908	2.045	0.845	0.962
	(1.47)	(1.39)	(−0.09)	(1.56)	(0.81)	(1.49)	(0.73)	(0.85)

（续表）

变量	FE (1)	反距离矩阵 W_1		经济-地理矩阵 W_2		非对称互联网地理矩阵 W_3		
		静态 SDM (2)	动态 SDM (3)	静态 SDM (4)	动态 SDM (5)	静态 SDM (6)	动态 SDM (7)	(8)
lnTra	0.193	0.233	0.146**	0.375**	0.061	0.343**	0.035	0.051**
	(0.00)	(1.31)	(2.12)	(0.31)	(0.42)	(2.11)	(0.25)	(2.10)
Intr	0.102***	0.172***	0.121**	0.014*	0.052**	0.075	0.016*	0.023**
	(5.22)	(3.55)	(2.03)	(1.82)	(2.44)	(1.57)	(1.80)	(2.24)
Taxr	−0.964	−0.554	0.848*	−0.087	0.844*	−0.098	0.907*	0.850*
	(−1.54)	(−0.98)	(1.73)	(−0.15)	(1.71)	(−0.17)	(1.85)	(1.73)
Urb	0.150	1.152***	0.616**	1.078***	0.813***	1.194***	0.940***	0.898***
	(0.49)	(3.79)	(2.34)	(3.67)	(3.21)	(4.03)	(3.58)	(3.50)
lnRpex	0.294***	0.175***	0.101**	0.086*	0.099**	0.075	0.075*	0.091**
	(5.83)	(3.62)	(2.36)	(1.82)	(2.44)	(1.57)	(1.80)	(2.24)
Socr	0.147	−0.380	−0.149	−0.179	−0.275	−0.170	−0.172	−0.276
	(0.57)	(−1.62)	(−0.75)	(−0.83)	(−1.51)	(−0.78)	(−0.94)	(−1.52)
WlnOr		−0.086	−0.028	−0.332***	−0.206**	−0.311***	−0.030*	−0.194**
		(−0.69)	(−0.20)	(−4.01)	(−2.18)	(−3.84)	(−1.68)	(−2.13)
W(lnOr)^2		0.006	0.002	0.011***	0.005**	0.010***		0.005*
		(1.28)	(0.46)	(4.29)	(1.97)	(4.20)		(1.86)
WlnInc		0.547*	−0.160	0.704***	0.117	0.696***	−0.095	0.081
		(1.75)	(−0.52)	(4.49)	(0.82)	(4.36)	(−0.66)	(0.56)
WInfla		−0.000	−0.004	−0.002	−0.003	−0.003	−0.003	−0.003
		(−0.04)	(−0.44)	(−0.19)	(−0.36)	(−0.33)	(−0.33)	(−0.37)
WUer		3.149	−0.248	3.828	6.771**	2.158	5.974	7.081**
		(0.41)	(−0.04)	(0.90)	(1.96)	(0.49)	(1.63)	(1.97)
WGdr		2.141***	0.057	−0.290***	−1.034***	−1.151***	−0.432	−1.016***
		(3.22)	(0.09)	(−3.05)	(−2.77)	(−2.64)	(−1.28)	(−2.68)
WlnTra		1.047*	0.354*	0.404**	0.752*	0.083	0.701	0.568**
		(1.75)	(1.73)	(2.44)	(1.73)	(0.07)	(0.73)	(2.01)
WIntr		0.130	0.223**	0.231***	0.120***	0.222***	0.264***	0.333***
		(0.96)	(2.12)	(4.63)	(4.22)	(4.66)	(3.56)	(4.43)

（续表）

变量	FE (1)	反距离矩阵 W_1		经济-地理矩阵 W_2		非对称互联网地理矩阵 W_3		
		静态 SDM (2)	动态 SDM (3)	静态 SDM (4)	动态 SDM (5)	静态 SDM (6)	动态 SDM (7)	动态 SDM (8)
WUrb		2.308**	−1.228	−3.336***	−1.185***	−3.510***	−1.116**	−1.309***
		(1.97)	(−1.02)	(−6.82)	(−2.65)	(−6.74)	(−2.33)	(−2.78)
WlnRpex		0.140	0.266**	0.432***	0.340***	0.434***	0.264***	0.353***
		(0.96)	(2.12)	(4.63)	(4.22)	(4.66)	(3.56)	(4.43)
WSocr		−1.550	0.332	0.873	0.0230	0.802	0.549	0.070
		(−1.38)	(0.34)	(1.24)	(0.04)	(1.16)	(0.92)	(0.11)
时间固定	包括	包括	包括	包括	包括	包括	包括	包括
省份固定	包括	包括	包括	包括	包括	包括	包括	包括
LogL	456.685	495.203	514.229	509.375	529.499	508.208	523.566	530.331
R^2	0.963	0.970	0.977	0.973	0.980	0.973	0.979	0.980
AIC	−891.370	−946.406	−980.459	−974.750	−1 010.998	−972.416	−1 003.131	−1 012.660
BIC	−850.267	−864.202	−893.310	−892.545	−923.849	−890.211	−923.245	−925.512
观测值	434	434	403	434	403	434	403	403

注：*、**、***分别表示 10%、5%和 1%的显著性水平。

　　为了比较，首先构建非空间面板模型，表 4-5 第（1）列为普通面板模型的固定效应（FE）回归结果。结果显示，网络零售（lnOr）及其平方项的系数分别显著为负和正，表明网络零售对居民消费支出的影响呈先下降后上升的 U 形态势。由于这一结果无法反映各地区之间的空间依赖性，表 4-5 第（2）—（8）列进一步列出反距离矩阵、经济-地理矩阵和非对称互联网地理矩阵下的静态 SDM 和动态 SDM 的回归结果。

　　如表 4-5 所示，单从空间滞后效应来看，无论是静态 SDM 还是动态 SDM，三种空间权重矩阵下的回归结果均显示，空间滞后项 WlnCon 的系数均显著为正，再次证明省域居民消费支出存在明显的空间集聚特征。本地区的居民消费支出和周边地区的居民消费支出密切相关，表现出"你消费，我也消费"的特征。以非对称互联网地理矩阵下的动态 SDM 第（8）列回归结果为例，周边地区的居民消费支出增加 1%，本地区的居民消费支出将增加 0.210%。单从时间滞后效应来看，三种空间权重矩阵下居民消费支出的时间滞后项 lnCon(-1) 的系数均显著为正，这意味着居民消费支出具有明显的路径依赖特征,上期的居民消费支出增加会提升本期的居民消费支出。非对称互联网地理矩阵下的动态 SDM 第(8)列回归结果显示,上期居民消费支出增加1%,本期居民消费支出将增加0.766%。这一结果说明前期为增加居民消费支出所做的努力会对本期的居民消费支出产生积极影响,反之亦然。从时空滞后效应来看,三种空间权重矩阵下居民消费支出的时空滞后项 WlnCon(-1) 的系数均显著为正,这表明周边地区的居民消费支出对本地区的居民消费支出产生了"示范效应",即周边地区上期的居民消费支出的增加会对本地区本期的居民消费支出产生正向影响。以非对称互联网地理矩阵下的动态 SDM 第(8)列回归结果为例,周边地区上期的居民消费支出增加1%,本地区本期的居民消费支出将增加0.299%。

在非对称互联网地理矩阵下的动态 SDM 模型第(7)列中,lnOr 和 WlnOr 的系数均显著为负,模型第(8)列引入网络零售的平方项后,lnOr 和 $(\ln Or)^2$ 的系数分别显著为负和正,WlnOr 和 $W(\ln Or)^2$ 的系数也分别显著为负和正,但这无法代表网络零售对居民消费支出的边际影响。Pace & Lesage(2009)认为,通过点估计来计算空间溢出效应会产生偏误,而对空间模型中不同变量变化进行偏微分分解可作为计算空间溢出效应更有效的方式。基于此,在表4-5的基础上,本章进一步对回归结果进行偏微分分解,得到各解释变量对被解释变量的直接效应、间接效应和总效应。直接效应表示本地区解释变量对本地区被解释变量的影响,包含空间反馈效应,即本地区某解释变量会影响周边地区的居民消费支出,周边地区的居民消费支出又会反过来影响本地区的居民消费支出的过程。间接效应表示周边地区解释变量对本地区被解释变量的影响,反映空间溢出效应。总效应为直接效应和间接效应之和,表示一个地区的解释变量对所有地区被解释变量的平均影响。由于本章的最优估计模型为动态 SDM,因此还可以把直接效应、间接效应和总效应进一步分解为时间维度上的短期效应和长期效应,分别反映网络零售等解释变量对居民消费支出的即时短期影响和考虑时滞效应的长期影响。表4-6汇报了反距离矩阵、经济-地理矩阵和非对称互联网地理矩阵下各变量对居民消费支出的效应分解结果。

如表4-6所示,三种空间权重矩阵下网络零售对居民消费支出的长期直接效应、长期间接效应和长期总效应均不显著,这表明网络零售对居民消费支出不存在长期影响。从网络零售对居民消费支出的短期直接效应来看,三种矩阵下的回归结果均显示,网络零售的系数显著为负,其二次项

表4-6　网络零售等变量对居民消费支出的直接效应、间接效应和总效应

矩阵	效应	lnOr	(lnOr)²	lnInc	Infla	Uer	Gdr	lnTra	Intr	Urb	lnRpex	Socr
	短期直接效应	-0.168*** (-4.36)	0.004*** (3.37)	0.113 (1.09)	-0.001 (-0.40)	-0.041 (-0.03)	0.139 (0.86)	0.855* (1.83)	0.113* (1.85)	0.634** (2.39)	0.097** (2.37)	-0.154 (-0.80)
	短期间接效应	0.014 (0.11)	0.001 (0.19)	-0.156 (-0.57)	-0.003 (-0.43)	0.069 (0.01)	0.033 (0.06)	0.478* (1.80)	0.156* (1.81)	-1.121 (-1.08)	0.196** (2.00)	0.237 (0.27)
	短期总效应	-0.154 (-1.25)	0.005 (1.10)	-0.043 (-0.17)	-0.004 (-0.58)	0.029 (0.01)	0.172 (0.30)	1.333* (1.95)	0.269* (1.82)	-0.487 (-0.46)	0.293*** (3.09)	0.083 (0.09)
反距离矩阵	长期直接效应	-5.274 (-0.06)	0.119 (0.06)	5.983 (0.05)	-0.034 (-0.06)	35.460 (0.03)	4.781 (0.04)	1.710 (0.05)	5.983 (0.05)	31.430 (0.05)	-0.835 (-0.03)	-11.010 (-0.04)
	长期间接效应	5.089 (0.05)	-0.118 (-0.06)	-6.542 (-0.06)	0.010 (0.02)	-35.800 (-0.03)	-3.035 (-0.02)	-3.080 (-0.05)	-6.542 (-0.06)	-33.150 (-0.05)	2.121 (0.07)	10.900 (0.04)
	长期总效应	-0.185 (-0.02)	0.001 (0.00)	-0.559 (-0.07)	-0.024 (-0.11)	-0.331 (-0.00)	1.746 (0.06)	-1.370 (-0.03)	-0.559 (-0.07)	-1.720 (-0.03)	1.287 (0.08)	-0.113 (-0.00)
	短期直接效应	-0.141*** (-3.72)	0.003** (2.39)	0.147* (1.96)	0.001 (0.10)	0.766 (0.70)	-0.038 (-0.25)	0.722* (1.95)	0.101* (1.85)	0.851*** (3.25)	0.090** (2.28)	-0.274 (-1.52)
	短期间接效应	-0.152* (-1.76)	0.004* (1.67)	0.071 (0.56)	-0.003 (-0.34)	5.670* (1.96)	-0.863** (-2.50)	0.456* (1.80)	0.122* (1.81)	-1.154*** (-2.93)	0.276*** (3.99)	0.053 (0.10)
	短期总效应	-0.293*** (-3.51)	0.007*** (2.95)	0.218 (1.51)	-0.002 (-0.59)	6.436** (2.03)	-0.901*** (-2.63)	1.278* (1.95)	0.223* (1.83)	-0.303 (-0.80)	0.366*** (5.31)	-0.221 (-0.40)
经济-地理矩阵	长期直接效应	-0.662 (-1.57)	0.013 (1.40)	0.666 (1.57)	0.001 (0.07)	5.068 (0.81)	-0.418 (-0.48)	1.650 (0.05)	5.111 (0.05)	3.394*** (2.81)	0.478* (1.80)	-1.168 (-1.34)
	长期间接效应	-1.449 (-0.42)	0.036 (0.44)	0.959 (0.28)	-0.023 (-0.28)	40.800 (0.47)	-6.154 (-0.54)	-3.050 (-0.05)	-6.542 (-0.06)	-5.752 (-0.79)	2.215 (0.50)	-0.023 (-0.00)
	长期总效应	-2.111 (-0.59)	0.049 (0.59)	1.624 (0.46)	-0.021 (-0.28)	45.860 (0.51)	-6.573 (-0.56)	-1.400 (-0.03)	-1.431 (-0.07)	-2.358 (-0.31)	2.693 (0.59)	-1.191 (-0.12)

（续表）

矩阵	效应	lnOr	(lnOr)²	lnInc	Infla	Uer	Gdr	lnTra	Intr	Urb	lnRpex	Socr
	短期直接效应	-0.139***	0.003**	0.122*	0.001	0.821	-0.030	0.835*	0.113*	0.938***	0.082**	-0.277
		(-3.70)	(2.31)	(1.86)	(0.12)	(0.75)	(-0.20)	(1.83)	(1.85)	(3.54)	(2.08)	(-1.53)
	短期间接效应	-0.144*	0.004*	0.045	-0.003	5.982**	-0.854**	0.428*	0.116*	-1.276***	0.291***	0.090
		(-1.72)	(1.68)	(0.35)	(-0.36)	(1.97)	(-2.42)	(1.80)	(1.81)	(-3.05)	(4.21)	(0.17)
	短期总效应	-0.283***	0.007***	0.167	-0.002	6.803**	-0.884**	1.258*	0.229*	-0.338	0.373***	-0.187
		(-3.46)	(2.80)	(1.13)	(-0.58)	(2.04)	(-2.53)	(1.95)	(1.82)	(-0.87)	(5.56)	(-0.33)
非对称互联网地理矩阵	长期直接效应	-0.803	0.016	0.593	0.001	8.786	-0.836	1.500	5.983	3.536	0.642	-1.272
		(-0.69)	(0.59)	(0.78)	(0.06)	(0.39)	(-0.25)	(0.05)	(0.05)	(1.55)	(0.47)	(-0.49)
	长期间接效应	-3.310	0.077	1.353	-0.017	93.000	-11.450	-3.000	-6.540	-8.411	4.579	-2.870
		(-0.11)	(0.11)	(0.10)	(-0.09)	(0.15)	(-0.13)	(-0.02)	(-0.06)	(-0.15)	(0.14)	(-0.05)
	长期总效应	-4.114	0.093	1.946	-0.015	101.800	-12.290	-1.500	-0.557	-4.876	5.221	-4.141
		(-0.13)	(0.13)	(0.14)	(-0.08)	(0.16)	(-0.13)	(-0.03)	(-0.06)	(-0.09)	(0.15)	(-0.06)

注：*、**、*** 分别表示 10%、5% 和 1% 的显著性水平。

的系数则显著为正,这表明网络零售对本地区的居民消费支出的影响呈 U 形态势。从网络零售对居民消费支出的短期间接效应和总效应来看,反距离矩阵下网络零售及其平方项的系数不显著,而经济-地理矩阵和非对称互联网地理矩阵下网络零售的系数显著为负,其二次项的系数显著为正,这表明在同时考虑经济(或互联网)和地理距离两方面的影响因素后,网络零售对居民消费支出产生 U 形的空间溢出效应和总效应。综上所述,从短期效应来看,当网络零售市场规模小于临界值时,网络零售对本地区、周边地区以及总体的居民消费支出均产生抑制作用;当网络零售市场规模大于临界值时,网络零售对本地区、周边地区以及总体的居民消费支出均产生促进作用。

　　网络零售对居民消费支出的间接效应的估计系数(绝对值)大于直接效应,说明网络零售对周边地区的居民消费支出的空间溢出效应大于对本地区的居民消费支出的影响。这是由于网络零售克服了物理时空的限制,其空间溢出效应的有效距离较大,会对周边多个省份的居民消费支出产生影响,加总后的空间溢出效应必然大于对本地区一个省份的直接效应。网络零售与居民消费支出为 U 形关系的原因在于:网络零售通过降低搜寻成本产生了价格降低效应和市场扩张效应。在网络零售发展初期,网上卖家和买家数量都较少,线上商家主要通过价格降低效应来增加消费量,消费者逐步从线下向线上转移,追求以更低的价格买到和线下一样的商品。这个阶段主要是网络零售市场对传统市场的替代,此时进入市场的基本上是需求价格弹性较小的短头商品,如食品、衣物和生活用品等,由此会出现居民消费量增加、居民消费支出减少的现象。随着网络零售的深入发展,越来越多的卖家和买家进入市场,大量的长尾商品开始出现,如种类繁多的非畅销书、进口食品酒水等。这个阶段不仅仅是网络零售市场对传统市场的替代,更是一种新市场的创造过程,此时网络零售主要通过市场扩张效应增加居民消费量和居民消费支出。

　　从控制变量的参数估计来看,以非对称互联网地理矩阵下的回归结果为例,各控制变量对居民消费支出的长期直接效应、长期间接效应和长期总效应均不显著,这表明各控制变量对居民消费支出不存在长期影响。从短期效应来看,人均可支配收入($\ln Inc$)提高了本地区的居民消费支出,对周边地区的居民消费支出没有明显影响。失业率(Uer)没有对本地区的居民消费支出产生明显影响,但通过空间溢出效应提高了周边地区的居民消费支出,进而提高了总体的居民消费支出。总抚养比(Gdr)对本地区的居民消费支出没有明显影响,但显著降低了周边地区的居民消费支出,从而降低了总体的居民消费支出。城镇化率(Urb)提高了本地区的居民消费支出,但通过空间溢出效应降低了周边地区的居民消费支出。地方政府财政支出(lnRpex)、交通基础设施(lnTra)、互联网普及率(Intr)同时提高了本地区和周边地区的居民消费支出,从而提高了总体的居民消费支出。

4.4.3　稳健性检验与内生性处理

网络零售和居民消费支出之间可能存在互为因果的关系。网络零售可以通过降低搜寻成本影响居民消费支出;反过来,居民消费支出的扩张也可能会推动网络零售市场规模的扩张。为了处理互为因果关系带来的内生性问题,本章采用 Vega & Elhorst(2015)提出的只包含外生交互效应的空间滞后解释变量模型(SLX),借鉴黄群慧等(2019)的做法,将 1984 年各省份万人电话机数量与各省份每年互联网接入用户数的交乘项及其空间滞后项作为网络零售及其空间滞后项的工具变量。一方面,网络零售的发展依赖于互联网技术应用,而通信基础设施的建设能够影响后续互联网技术的普及。另一方面,历史邮电数据几乎不会对居民消费支出产生影响。考虑到 1984 年万人电话机数量是截面数据,借鉴 Nunn & Qian(2014)的做法,本章对 1984 年万人电话机数量与每年互联网接入用户数进行交乘。表 4-7 为反距离矩阵、经济-地理矩阵和非对称互联网地理矩阵下 SLX 模型的工具变量估计结果。

表 4-7　网络零售对居民消费支出的影响的 SLX 工具变量回归结果

变量	反距离矩阵	经济-地理矩阵	非对称互联网地理矩阵
lnOr	-0.298^{**}	-0.223^{*}	-0.227^{*}
	(-2.37)	(-1.94)	(-1.97)
$(lnOr)^2$	0.005^{*}	0.003^{*}	0.003^{*}
	(1.68)	(1.96)	(1.99)
WlnOr	-0.050	-0.201^{*}	-0.184^{*}
	(-0.13)	(-1.98)	(-1.96)
$W(lnOr)^2$	0.010	0.008^{*}	0.008^{*}
	(0.87)	(1.73)	(1.83)
其他控制变量	控制	控制	控制
时间固定	控制	控制	控制

（续表）

变量	反距离矩阵	经济－地理矩阵	非对称互联网地理矩阵
省份固定	控制	控制	控制
R^2	0.9589	0.9656	0.9653
Kleibergen-Paap rk	36.215	46.417	44.922
LM 统计量	[0.000]	[0.000]	[0.000]
Kleibergen-Paap rk	79.802	89.366	80.345
Wald F 统计量	{7.030}	{7.030}	{7.030}
观测值	434	434	434

注：*、**分别表示 10%和 5%的显著性水平；[ ]内为 P 值；{ }内为 Stock-Yogo 弱工具变量检验 10%水平上的临界值。

从表 4-7 可以看出，在三种空间权重矩阵下，对于工具变量识别不足的检验，Kleibergen-Paap rk 的 LM 统计量均拒绝原假设；对于工具变量弱识别的检验，Kleibergen-Paap rk 的 Wald F 统计量大于 Stock-Yogo 10%水平上的临界值。这表明不存在弱工具变量问题，以上检验证明了本章工具变量选取的合理性。在考虑内生性问题之后，三种空间权重矩阵下，网络零售对居民消费支出的直接效应均为先下降后上升的 U 形态势，经济－地理矩阵和非对称互联网地理矩阵下的网络零售对居民消费支出的间接效应均为先下降后上升的 U 形态势，反距离矩阵下的间接效应则不显著，与表 4-6 的估计结果高度一致，这表明本章的实证结果具有稳健性。

4.4.4　网络零售对居民消费支出空间溢出效应的有效距离边界

实证结果表明，网络零售对居民消费支出产生先下降后上升的 U 形空间溢出效应，但前文的分析并没有考虑地理距离的差异。地理学第一定律认为，经济活动的空间依赖性会随着地理距离的加长而衰减。那么，网络零售对居民消费支出的空间溢出效应是否也具有这一特征呢？为了更深入地考察网络零售对居民消费支出的空间溢出效应如何随地理距离的变化而变化，本章基于非对称互联网地理矩阵，以省际的最短距离 200 公里开始，每增加 100 公里对式（4.21）进行一次 SDM 回归，以考察随着参与回归的空间单元之间的距离逐步加长，空间溢出效应如何变化。由于 2 100 公里之外，参与回归的空间单元过少而出现较多噪声，因此本章仅考察 2 100 公里范围内网络零售对居民消费支出的空间溢出效应的变化情况，回归结果汇报在表 4-8 中。

表 4-8　不同地理距离网络零售对居民消费支出空间溢出效应的 SDM 估计结果

地理距离（公里）	lnOr	$(lnOr)^2$	地理距离（公里）	lnOr	$(lnOr)^2$
200	−0.0448	0.0046*	1 200	−0.2503**	0.0083***
300	−0.1333	0.0070**	1 300	−0.1732*	0.0063*
400	−0.0530	0.0013	1 400	−0.1461*	0.0040*
500	0.0132	−0.0020	1 500	−0.1230*	0.0044**
600	0.1310	−0.0053	1 600	−0.1487**	0.0048**
700	−0.0307	0.0007	1 700	−0.2185***	0.0080***
800	−0.0639	0.0000	1 800	−0.2179***	0.0083***
900	0.0204	−0.0020	1 900	−0.0019	0.0018
1 000	−0.0513	0.0009	2 000	−0.0459	0.0027
1 100	−0.2071**	0.0062**	2 100	−0.0539	0.0028

注：*、**、***分别表示在 10%、5%和 1%的统计水平上显著。

表 4-8 显示，在 300 公里内，网络零售平方项显著为正，但网络零售的系数并不显著；在 1 100—1 800 公里，网络零售及其平方项的系数分别显著为负和正；距离超过 1 900 公里（含），网络零售及其平方项的系数不再显著。这表明网络零售对居民消费支出产生的 U 形空间溢出效应的有效距离边界为 1 100—1 800 公里。在 1 200 公里处，空间溢出效应的估计系数处于最高水平，空间溢出效应达到最大值，这表明网络零售对居民消费支出空间溢出效应的最强作用距离为 1 200 公里。需要注意的是，从有效距离边界范围内空间溢出效应的估计系数的变化来看，网络零售对居民消费支出的空间溢出效应并没有随着地理距离的加长而出现空间衰减特征，与地理学第一定律相悖。这是因为网络零售的交易过程依托互联网进行，打破了物理时间和空间的约束，从而大大降低了网络零售对居民消费支出的空间溢出效应的地理距离限制。

4.4.5　网络零售居民消费支出效应的城乡差异

为了进一步考察网络零售对农村和城镇居民消费支出的影响的差异，本章将居民消费支出划分为农村居民消费支出（lnRcon）和城镇居民消费支出（lnUcon），采用非对称互联网地理矩阵下的静态 SDM 和动态 SDM 进行回归，结果汇报于表 4-9 中。

表 4-9　网络零售对城镇和农村居民消费支出的影响的 SDM 基准回归结果

变量	农村居民消费支出 lnRcon			城镇居民消费支出 lnUcon		
	FE	静态 SDM	动态 SDM	FE	静态 SDM	动态 SDM
lnOr	-0.353***	-0.220***	-0.126**	-0.084*	-0.056	-0.157***
	(-6.51)	(-4.29)	(-2.37)	(-1.83)	(-1.18)	(-3.47)
(lnOr)^2	0.010***	0.004***	0.001*	0.002*	-0.000	0.003**
	(6.06)	(2.89)	(1.84)	(1.83)	(-0.26)	(2.17)
lnInc	1.248***	0.205	-0.010	0.777***	0.420***	0.209**
	(13.79)	(1.63)	(-0.08)	(10.16)	(3.70)	(2.11)
Infla	-0.004	0.008	0.010	-0.007	-0.008	-0.004
	(-0.84)	(1.04)	(1.58)	(-1.63)	(-1.04)	(-0.66)
Uer	3.642*	3.564**	-1.498	2.313	1.793	1.820
	(1.70)	(2.13)	(-0.95)	(1.28)	(1.15)	(1.41)
Gdr	-0.309	-0.571***	0.006	-0.136	-0.226	-0.127
	(-1.25)	(-2.88)	(0.03)	(-0.65)	(-1.23)	(-0.80)
lnTra	1.154*	0.477*	0.290*	0.786	0.170	0.726
	(1.76)	(1.77)	(1.80)	(1.15)	(0.26)	(1.30)
Intr	1.248***	0.205	0.010	0.753***	0.450***	0.352**
	(13.79)	(1.63)	(0.08)	(10.16)	(3.70)	(2.11)
Urb	-1.668***	-0.575	0.245	0.721**	1.673***	1.164***
	(-4.26)	(-1.61)	(0.73)	(2.18)	(4.99)	(3.97)
lnRpex	0.358***	0.082	0.114**	0.284***	0.086	0.087*
	(5.53)	(1.40)	(2.07)	(5.19)	(1.59)	(1.87)
Socr	0.003	-0.462*	-0.497**	0.219	-0.048	-0.159
	(0.01)	(-1.74)	(-2.04)	(0.79)	(-0.19)	(-0.77)
lnRcon(-1)			0.672***			
			(12.63)			
WlnRcon		0.119	0.049			
		(1.42)	(0.50)			
WlnRcon(-1)			-0.047			
			(-0.40)			
lnUcon(-1)						0.657***
						(13.81)

（续表）

变量	农村居民消费支出 lnRcon			城镇居民消费支出 lnUcon		
	FE	静态 SDM	动态 SDM	FE	静态 SDM	动态 SDM
WlnUcon					0.069	0.119
					(0.71)	(1.08)
WlnUcon(−1)						0.282**
						(2.04)
WlnOr		−0.174*	−0.189*		−0.366***	−0.210**
		(−1.73)	(−1.77)		(−4.01)	(−2.02)
W(lnOr)²		0.004	0.006*		0.013***	0.005*
		(1.26)	(1.70)		(4.76)	(1.78)
WlnInc		1.257***	0.174		0.550***	0.226
		(6.39)	(0.80)		(3.09)	(1.40)
WInfla		−0.023*	−0.021**		0.004	0.004
		(−1.83)	(−1.97)		(0.34)	(0.42)
WUer		−1.556	0.459		3.210	8.613**
		(−0.29)	(0.09)		(0.64)	(2.08)
WGdr		−0.024	−0.223		−1.599***	−1.343***
		(−0.04)	(−0.43)		(−3.23)	(−3.09)
WlnTra		2.691*	2.350*		1.249	1.149
		(1.88)	(1.74)		(0.92)	(0.99)
WIntr		1.247***	0.174		0.230***	0.256
		(6.39)	(0.80)		(3.09)	(1.40)
WUrb		−2.446***	−0.737		−3.639***	−1.934***
		(−3.82)	(−1.17)		(−6.14)	(−3.62)
WlnRpex		0.410***	0.291***		0.457***	0.363***
		(3.63)	(2.72)		(4.33)	(4.00)
WSocr		0.740	0.410		0.990	0.239
		(0.88)	(0.49)		(1.26)	(0.34)
时间固定	包括	包括	包括	包括	包括	包括
省份固定	包括	包括	包括	包括	包括	包括
LogL	378.735	446.751	448.481	430.798	469.661	493.995
R^2	0.931	0.955	0.963	0.959	0.968	0.975
观测值	434	403	403	434	403	403

注：*、**、***分别表示在 10%、5%和 1%的统计水平上显著。

如表 4-9 所示,非空间面板模型的固定效应(FE)回归结果显示,网络零售对农村和城镇居民消费支出的影响均为先下降后上升的 U 形态势;从系数的绝对值来看,网络零售对农村居民消费支出的影响力度要大于对城镇居民消费支出的影响。由于这一结果忽略了各地区之间的空间依赖关系,表 4-9 进一步列出了考虑空间效应的 SDM 回归结果。单从空间滞后效应来看,无论是静态 SDM 还是动态 SDM,农村和城镇居民消费支出的空间滞后项系数均不显著,说明各地区农村和城镇居民消费支出在内生性的交互作用下均不存在明显的空间依赖关系。单从时间滞后效应来看,农村和城镇居民消费支出的时间滞后项系数均显著为正,意味着农村和城镇居民消费支出均存在明显的路径依赖特征,前期农村和城镇居民消费支出的增加均会提升当期农村和城镇居民消费支出。动态 SDM 的回归结果显示,上期农村居民消费支出增加 1%,本期农村居民消费支出将增加 0.672%;上期城镇居民消费支出增加 1%,本期城镇居民消费支出将增加 0.657%。这表明前期为增加农村和城镇居民消费支出所做的努力会对本期农村和城镇居民消费支出产生积极影响,反之亦然。从时空滞后效应来看,城镇居民消费支出的时空滞后项 WlnUcon(-1)的系数显著为正,而农村居民消费支出的时空滞后项 WlnRcon(-1)的系数并不显著。这表明周边地区城镇居民消费支出的提升对本地区产生了"示范效应",即周边地区上期城镇居民消费支出的增加会对本地区本期城镇居民消费支出产生正向影响。动态 SDM 回归结果显示,周边地区上期城镇居民消费支出增加 1%,本地区本期城镇居民消费支出将增加 0.282%。表 4-9 中动态 SDM 的回归结果显示,无论是农村居民消费支出还是城镇居民消费支出,网络零售及其空间滞后项的系数均显著为负,网络零售平方项及其空间滞后项的系数均显著为正,这与非空间面板模型的固定效应(FE)回归结果一致。

借鉴 Pace & Lesage(2009)的研究贡献,动态 SDM 的回归结果可以进一步进行偏微分分解,得到各解释变量对被解释变量短期与长期的直接效应、间接效应和总效应。表 4-10 汇报了非对称互联网地理矩阵下各变量对农村和城镇居民消费支出的效应分解结果。

如表 4-10 所示,网络零售对农村和城镇居民消费支出影响的长期直接效应、间接效应和总效应均不显著,这表明网络零售对农村和城镇居民消费支出不存在长期影响。从短期效应来看,无论是农村居民消费支出还是城镇居民消费支出,其一,网络零售的直接效应、间接效应和总效应均呈先下降后上升的 U 形态势。这表明:当网络零售市场规模小于临界值时,网络零售对本地区的农村和城镇居民消费支出均产生抑制作用,并通过空

表 4-10　网络零售等变量对农村和城镇居民消费支出的直接效应、间接效应和总效应

	效应	lnOr	(lnOr)²	lnInc	Infla	Uer	Gdr	lnTra	Intr	Urb	lnRpex	Socr
农村居民消费支出	短期直接效应	-0.126** (-2.54)	0.002* (1.67)	-0.005 (-0.04)	0.010 (1.54)	-1.404 (-0.89)	-0.007 (-0.03)	0.300* (1.76)	0.744 (0.96)	0.234 (0.70)	0.116** (2.24)	-0.492** (-2.02)
	短期间接效应	-0.209* (-1.80)	0.006* (1.66)	0.179 (0.76)	-0.022** (-1.98)	0.590 (0.11)	-0.221 (-0.38)	2.543* (1.77)	1.024 (097)	-0.744 (-1.14)	0.320*** (2.92)	0.380 (0.43)
	短期总效应	-0.336** (-2.37)	0.009** (2.24)	0.174 (0.61)	-0.012* (-1.83)	-0.814 (-0.14)	-0.227 (-0.38)	2.843* (1.95)	1.852 (0.12)	-0.510 (-0.73)	0.435*** (3.85)	-0.112 (-0.12)
	长期直接效应	-0.386 (-1.62)	0.008 (1.63)	-0.019 (-0.05)	0.032 (1.53)	-4.260 (-0.87)	-0.021 (-0.03)	0.892 (0.47)	1.832 (0.68)	0.723 (0.70)	0.353** (2.13)	-1.515** (-2.00)
	长期间接效应	-0.646 (-0.83)	0.020 (0.92)	0.517 (0.48)	-0.069* (-1.66)	1.857 (0.09)	-0.659 (-0.28)	8.040 (1.36)	2.146 (-0.14)	-2.285 (-0.84)	1.013 (1.21)	1.253 (0.35)
	长期总效应	-1.031 (-1.30)	0.027 (1.24)	0.498 (0.41)	-0.037 (-1.17)	-2.402 (-0.11)	-0.680 (-0.29)	8.933 (1.45)	6.322 (0.10)	-1.562 (-0.54)	1.366 (1.56)	-0.262 (-0.07)
城镇居民消费支出	短期直接效应	-0.153*** (-3.58)	0.003** (2.16)	0.208** (2.04)	-0.004 (-0.66)	1.747 (1.40)	-0.114 (-0.69)	0.741 (0.96)	0.300* (1.76)	1.195*** (3.98)	0.081* (1.82)	-0.161 (-0.78)
	短期间接效应	-0.180* (-1.76)	0.004* (1.77)	0.181 (1.21)	0.004 (0.42)	7.785** (2.09)	-1.205*** (-2.81)	1.066 (0.97)	2.543* (1.77)	-1.886*** (-3.74)	0.329*** (3.92)	0.212 (0.32)
	短期总效应	-0.333*** (-3.29)	0.007** (2.47)	0.389** (2.28)	-0.000 (-0.01)	9.531** (2.32)	-1.319*** (-3.04)	1.807 (0.12)	2.843* (1.95)	-0.691 (-1.43)	0.410*** (4.87)	0.051 (0.07)
	长期直接效应	-0.581 (-1.31)	0.011 (1.13)	0.757 (1.17)	-0.011 (-0.64)	9.206 (0.68)	-0.917 (-0.53)	1.824 (0.68)	0.892 (0.47)	2.957* (1.83)	0.418 (0.79)	-0.487 (-0.38)
	长期间接效应	-2.773 (-0.24)	0.060 (0.24)	2.969 (0.19)	0.014 (0.10)	81.71 (0.22)	-11.34 (-0.24)	8.146 (0.14)	8.040 (1.36)	-10.05 (-0.26)	3.628 (0.26)	-1.651 (-0.06)
	长期总效应	-3.354 (-0.28)	0.071 (0.28)	3.726 (0.23)	0.004 (0.02)	90.92 (0.24)	-12.25 (-0.26)	6.322 (0.10)	8.933 (1.45)	-7.093 (-0.18)	4.046 (0.28)	-2.138 (-0.07)

注：* 、 ** 、 *** 分别表示在 10%、5%和 1%的统计水平上显著。

间溢出效应降低周边地区的农村和城镇居民消费支出;当网络零售市场规模大于临界值时,网络零售对本地区的农村和城镇居民消费支出均产生促进作用,并通过空间溢出效应提高周边地区的农村和城镇居民消费支出。其二,从估计系数大小(绝对值)来看,网络零售的间接效应均大于直接效应。这说明网络零售对周边地区的农村和城镇居民消费支出的空间溢出效应均大于对本地区农村和城镇居民消费支出的影响。

从控制变量的参数估计来看,人均可支配收入(lnInc)、通货膨胀率(Infla)、失业率(Uer)、总抚养比(Gdr)、交通基础设施(lnTra)、互联网普及率(Intr)对农村和城镇居民消费支出的影响只存在短期效应。具体地,人均可支配收入(lnInc)提高了本地区的城镇居民消费支出,对农村居民消费支出和周边地区的城镇居民消费支出均没有明显影响。通货膨胀率(Infla)降低了周边地区的农村居民消费支出,对城镇居民消费支出和本地区的农村居民消费支出均没有明显影响。失业率(Uer)通过空间溢出效应提高了周边地区的城镇居民消费支出,对农村居民消费支出和本地区的城镇居民消费支出均没有明显影响。总抚养比(Gdr)降低了周边地区的城镇居民消费支出,对农村居民消费支出和本地区的城镇居民消费支出均没有明显影响。交通基础设施(lnTra)提高了本地区和周边地区的农村居民消费支出。互联网普及率(Intr)提高了本地区和周边地区的城镇居民消费支出。城镇化率(Urb)、地方政府财政支出(lnRpex)和社会保障(Socr)不但对农村和城镇居民消费支出存在短期影响,还具有显著的长期效应,且长期效应的系数值(绝对值)均大于短期效应,表明其对农村和城镇居民消费支出存在深远的长期影响。具体来看,在短期,城镇化率(Urb)提高了本地区的城镇居民消费支出,并通过空间溢出效应降低了周边地区的城镇居民消费支出;在长期,城镇化率对本地区的城镇居民消费支出也有明显的促进作用。在短期,地方政府财政支出(lnRpex)提高了本地区的农村和城镇居民消费支出,并通过空间溢出效应提高了周边地区的农村和城镇居民消费支出;在长期,地方政府财政支出只对农村居民消费支出具有明显的促进作用。社会保障(Socr)在短期和长期都降低了本地区的农村居民消费支出,对城镇居民消费支出和周边地区的农村居民消费支出则没有明显影响。

4.4.6　网络零售居民消费支出效应的地理区位差异

由中国各省份居民消费支出和网络零售的空间分布情况可知,中国居民消费支出和网络零售在空间上存在显著的异质性分布,二者均呈现东部、中部、西部依次递减态势,因此有必要对中国东部、中部、西部三大区域①分别进行空间计量估计,进而考察网络零售对居民消费支出影响的地理区位差异。表4-11汇报了非对称互联网地理矩阵下分地区网络零售对居民消费支出SDM估计的效应分解结果。

表4-11　分地区网络零售对居民消费支出的直接效应、间接效应和总效应

效应	变量	东部地区		中部地区		西部地区	
		(1)	(2)	(3)	(4)	(5)	(6)
直接效应	lnOr	-0.125***	-0.269***	-0.073*	-0.229	-0.050***	0.027
		(-5.20)	(-2.88)	(-1.86)	(-1.24)	(-2.59)	(0.37)
	(lnOr)²		0.005*		0.006		-0.003
			(1.77)		(0.87)		(-1.06)
	其他控制变量	控制	控制	控制	控制	控制	控制
间接效应	lnOr	0.061*	-0.230*	0.023	0.051	-0.011	-0.094
		(1.79)	(-1.78)	(0.43)	(0.23)	(-0.34)	(-0.82)
	(lnOr)²		0.012**		-0.000		0.003
			(2.17)		(-0.04)		(0.74)
	其他控制变量	控制	控制	控制	控制	控制	控制
总效应	lnOr	-0.064*	-0.500***	-0.050	-0.179	-0.061**	-0.068
		(-1.77)	(-2.63)	(-1.08)	(-1.09)	(-1.97)	(-0.66)
	(lnOr)²		0.017**		0.005		0.000
			(3.38)		(0.83)		(0.13)
	其他控制变量	控制	控制	控制	控制	控制	控制

注:*、**、***分别表示在10%、5%和1%的统计水平上显著。

如表4-11所示,东部、中部、西部三个区域的网络零售对居民消费支出的影响存在显著差异。从直接效应来看,东部地区网络零售对居民消费支出的影响呈先下降后上升的U形态势,中部地区和西部地区的网络零售对居民消费支出的影响均显著为负。从间接效应来看,东部地区网络零售对居民消费支出的影响呈先下降后上升的U形态势,中部地区和西部地区的网络零售对居民消费支出的间接效应均不显著。其原因可能在于:东部

① 根据国家统计局的划分方法,东部地区包括北京、天津、上海、辽宁、河北、山东、江苏、浙江、福建、广东和海南,中部地区包括黑龙江、吉林、山西、河南、安徽、江西、湖北和湖南,西部地区包括新疆、西藏、青海、宁夏、内蒙古、甘肃、陕西、云南、贵州、四川、重庆和广西。

地区的经济市场化程度高于中部地区和西部地区,网络零售渠道和物流配送等基础设施的完善使东部地区的信息、商品更易流通,本地区居民可以方便地参与周边地区的消费等经济活动,进而使得东部地区的网络零售对居民消费支出产生空间溢出效应。从总效应来看,网络零售对居民消费支出的影响在东部地区呈先下降后上升的 U 形态势,西部地区显著为负,中部地区则不显著。本章进一步计算了东部地区网络零售对居民消费支出 U 形总效应的拐点值[①]。在控制其他因素的前提下,东部地区网络零售对居民消费支出总效应的拐点值为 244.61 亿元(2007 年为基年不变价)。这说明在东部地区,当网络零售市场规模小于 244.61 亿元时,其会降低居民消费支出;当网络零售市场规模大于 244.61 亿元时,其会提高居民消费支出。从 2020 年的数据来看,中国东部地区网络零售市场规模均值为 5 659.85 亿元,远远超过网络零售对居民消费支出 U 形总效应的拐点值。具体来看,东部地区除了海南的网络零售市场规模处于左半段,其余的广东、浙江、江苏、上海、北京、福建、山东、河北、天津和辽宁 10 个省市的网络零售市场规模均已进入右半段,即这些省市已进入网络零售提高居民消费支出的阶段。

4.5　小结

本章基于搜寻理论的微观基础构建了网络零售对居民消费支出影响的理论模型,提出了网络零售通过降低搜寻成本对居民消费产生价格降低效应和市场扩张效应。在网络零售的不同发展阶段,起主导作用的效应不同。网络零售发展初期主要是网络零售市场对传统市场的替代,价格降低效应起主导作用;网络零售成长期是不断创造新市场的过程,市场扩张效应起主导作用。这使得网络零售对居民消费支出的影响呈先下降后上升的 U 形态势。进一步地,本章基于 2007—2020 年中国 31 个省(区、市)的面板数据,构建反距离空间权重矩阵、经济-地理空间权重矩阵和非对称互联网地理权重矩阵,考察网络零售和居民消费支出的空间相关性以及不同地理位置的空间关联模式,采用动态空间杜宾模型从时间和空间两个维度实证分析网络零售的居民消费支出效应,并估计网络零售对居民消费支出

---

① 根据非对称互联网地理矩阵下总效应的估计系数,对回归方程求一阶偏导并令其为 0 求得 lnOr 拐点值(与数学中的意义不同)等于 14.71,得到拐点处的网络零售市场规模为 244.61 亿元。

的空间溢出效应的有效距离边界、城乡差异和地理区位差异,得出以下主要结论:

其一,中国网络零售和居民消费支出均呈现正向的空间依赖特征,二者在空间分布上均呈现东部、中部、西部地区依次递减态势,且具有区域集聚的特点。居民消费支出和网络零售的"高—高"集聚区和"低—低"集聚区域均形成了连片地带,且"高—高"集聚区主要位于东部地区,"低—低"集聚区主要位于西部地区。居民消费支出的"高—高"集聚区主要为湖北、湖南、江苏、山东、河南和浙江,"低—低"集聚区为甘肃、新疆、青海和西藏。河南、福建、上海、山东、江苏、浙江、安徽构成了网络零售的高水平集聚区域,甘肃、新疆、青海、西藏构成了网络零售的低水平集聚区域。

其二,网络零售对居民消费支出的动态 SDM 估计结果显示:首先,本地区居民消费支出和周边地区居民消费支出密切相关,表现出"你消费,我也消费"的特征;其次,居民消费支出具有明显的路径依赖特征,上期居民消费支出的增加会提升本期居民消费支出;再次,周边地区居民消费支出对本地区产生"示范效应",即周边地区上期居民消费支出的增加会对本地区本期居民消费支出产生正向影响;最后,网络零售对居民消费支出仅存在短期效应,网络零售对居民消费支出的直接效应、空间溢出效应和总效应均呈先下降后上升的 U 形态势。

其三,将地理距离的差异因素考虑在内,网络零售对居民消费支出的 SDM 估计结果显示:网络零售对居民消费支出产生的 U 形空间溢出效应的有效距离边界为 1 100—1 800 公里;在 1 200 公里处,空间溢出效应达到最大值,这表明网络零售对居民消费支出空间溢出效应的最强作用距离为 1 200 公里。需要注意的是,在有效距离边界范围内,网络零售对居民消费支出的空间溢出效应并没有随着地理距离的加长而出现空间衰减特征,与地理学第一定律相悖。

其四,网络零售对农村和城镇居民消费支出的动态 SDM 估计结果显示:首先,农村和城镇居民消费支出均存在明显的路径依赖特征,前期农村和城镇居民消费支出的增加均会提升当期农村和城镇居民消费支出;其次,周边地区城镇居民消费支出的提升对本地区产生"示范效应",即周边地区上期城镇居民消费支出的增加会对本地区本期城镇居民消费支出产生正向影响,农村居民消费支出的这种效应则不显著;最后,网络零售对农村和城镇居民消费支出均只存在短期效应,网络零售对农村和城镇居民消费支出的直接效应、空间溢出效应和总效应均呈先下降后上升的 U 形态势。

　　其五,东部、中部、西部三个区域的网络零售对居民消费支出的影响存在显著差异。从直接效应来看,东部地区网络零售对居民消费支出的影响呈先下降后上升的 U 形态势,中部地区和西部地区的网络零售对居民消费支出的影响均显著为负。从间接效应来看,东部地区网络零售对居民消费支出的影响呈先下降后上升的 U 形态势,中部地区和西部地区的网络零售对居民消费支出的间接效应均不显著。从总效应来看,网络零售对居民消费支出的总效应在东部地区呈先下降后上升的 U 形态势,西部地区显著为负,中部地区则不显著。中国东部地区网络零售市场规模均值远远超过网络零售对居民消费支出 U 形总效应的拐点值。具体来看,东部地区除了海南的网络零售市场规模处于左半段,其余的广东、浙江、江苏、上海、北京、福建、山东、河北、天津和辽宁 10 个省市的网络零售市场规模均已进入右半段,即这些省市已进入网络零售提高居民消费支出的阶段。

第5章　网络零售、空间溢出与城乡居民
消费差距

网络零售对城乡居民消费差距的影响关乎电商经济发展的公平性,对缩小城乡居民消费差距、实现城乡一体化协调发展具有重要的参考意义。本章构建了网络零售与城乡居民消费差距为 U 形关系的理论模型,探究了中国城乡居民消费差距的演变趋势,利用空间面板模型实证分析了网络零售的城乡居民消费差距效应及其中介效应,并估计了网络零售对城乡居民消费差距空间溢出效应的有效距离边界和地理区位差异。本章的主要结论为:其一,网络零售对城乡居民消费差距的直接效应、空间溢出效应和总效应均呈 U 形态势,中国绝大部分省份已越过直接效应、空间溢出效应和总效应的拐点,处于城乡居民消费差距随网络零售市场规模增加而扩大的阶段;其二,网络零售主要通过网络零售企业渗透率这一中介变量扩大城乡居民消费差距;其三,网络零售对城乡居民消费差距的空间溢出效应具有明显的有效距离边界和地理区位差异。

5.1　城乡居民消费差距的相关文献综述

改革开放以来,中国高速的经济增长伴随着城乡差距的持续变化。城乡差距的相关研究大多选择城乡收入差距作为代理变量。由于居民收入具有多元化、隐性化的特点,而居民消费可以产生个人的实际效用,因此越来越多的研究者认为城乡居民消费差距能直接反映城乡居民福利的差异,是衡量城乡差距更为理想的代理变量(徐振宇等,2014)。目前关于城乡居民消费差距的研究,主要集中在城乡居民消费差距的衡量和影响因素两个方面。

5.1.1　城乡居民消费差距的衡量

在城乡居民消费差距的衡量方面,已有研究采用多种衡量方法和指

标,常用的有城乡居民人均消费水平比、城乡居民消费倾向比、城乡居民恩格尔系数比(或差额)和城乡居民消费泰尔指数。

(1)城乡居民人均消费水平比。高帆(2014)采用城镇居民人均消费水平与农村居民人均消费水平的比值衡量城乡居民消费差距。前者认为中国城乡居民消费差距大约有 16 年;后者则发现中国城乡居民消费差距先扩大后缩小,拐点出现在实际人均 GDP 为 7 410 元的位置。

(2)城乡居民消费倾向比。李颖(2010)基于中国城乡居民消费倾向的比较来分析城乡居民消费差距,发现农村居民消费倾向低于城镇居民消费倾向。这与凯恩斯消费理论预期的"低收入者的消费倾向高于高收入者的消费倾向"不符。

(3)城乡居民恩格尔系数比(或差额)。李超和张超(2015)采用城乡居民家庭恩格尔系数比、徐振宇等(2014)采用城乡居民家庭恩格尔系数差额来衡量城乡居民消费结构差距,发现中国城乡居民消费差距先扩大后缩小,时间拐点出现在 2004 年前后。

(4)城乡居民消费泰尔指数。为了能更准确地衡量城乡居民消费差距,有研究者将城乡人口比重的变化考虑在内,测算泰尔指数来衡量城乡居民消费差距(吕承超等,2018;刘飞等,2018)。彭定赟和陈玮仪(2014)对1978—2011 年中国城乡居民消费泰尔指数进行的测算结果表明,中国城乡居民消费差距先扩大后缩小。

(5)城乡居民消费差距的其他衡量方法。孙豪等(2017)通过估计分布参数来估算城乡居民消费基尼系数,认为城乡居民消费差距是中国居民消费不平等的主要来源。唐升和孙皓(2022)通过计算 Bray-Curtis 指数来分析城乡居民消费差距的趋同性,更侧重从时间趋势来分析城乡居民消费差距的时间趋势特征。

5.1.2　城乡居民消费差距的影响因素

在城乡居民消费差距的影响因素方面,已有研究从城乡居民收入差距、财政支出类型、人口年龄结构、互联网和数字经济发展水平等角度对城乡居民消费差距进行解释。

(1)城乡居民收入差距。林毅夫和陈斌开(2009)的理论和实证研究表明,中国的重工业优先发展战略使单位资本吸纳的劳动力减少,农业从业人员增加,农村居民收入水平下降,进而导致城乡居民消费差距扩大。范秀荣和贺本岚(2009)、朱琛(2012)、高帆和汪亚楠(2016)基于中国经验数据的实证研究也得出类似的结论。王子敏(2012)进一步考虑空间溢出作用的研究发现,城乡居民收入差距的空间溢出会显著拉大城乡居民消费差距,而经济增长的空间溢出却会缩小城乡居民消费差距。李国正和艾小青(2017)基于中国综合社会调查数据的研究表明,城乡人均收入差距是导致城乡人均消费差距的主要原因,其中城镇居民收入增加对消费的拉升力度要大于农村。葛晶等(2019)从心理账户的视角分析分类收入对居民消费的影响,认为消费支出对工资性收入和经营性收入的变动并不敏感,房价上涨会减少居民的生产性消费支出。葛继红等(2022)认为,农村"三产"融合能够缩小城乡居民的收入差距和消费差距。

(2)财政支出类型。李颖(2010)认为长期以来义务教育、医疗卫生和社会保障等财政支出向城市的倾斜造成城乡居民消费差距不断扩大。有研究进一步分析不同类型财政支出对城乡居民消费差距的影响。陆远权和张德钢(2015)认为,民生财政支出能够有效缩小城乡居民消费差距,而以间接税为主体的税制结构不利于缩小城乡居民消费差距。梁海兵(2014)认为,农业补贴有利于缩小城乡居民消费差距,并推动农村居民消费从生存型向发展型转变。刘昌吉和申经宇(2017)、焦健和罗鸣令(2018)的研究表明,医疗卫生财政支出会扩大城乡居民消费差距,教育和社会保障财政支出会缩小城乡居民消费差距。张建平和葛扬(2021)认为,土地融资引起的城市房价上涨、城乡交通基础设施差距扩大会显著扩大城乡居民消费差距。张建平和朱雅锡(2022)认为,土地管控政策通过房地产泡沫和土地利用效率的作用使得城乡居民消费差距扩大,在房地产泡沫期增加土地供给有利于缩小城乡居民消费差距。

(3)人口年龄结构。近几年,有研究者重点关注人口老龄化对城乡居民消费差距的影响,但目前关于此问题仍存在争论。吴海江等(2014)基于中国经验数据的实证研究表明,少儿抚养比的提高会缩小城乡居民消费差距,老年人口抚养比的提高则会扩大城乡居民消费差距。该研究认为这是由城乡老年人口社会保障水平的巨大差异造成的。王笳旭(2015)基于中国省级面板数据的实证分析却得出相反的结论,认为城乡人口老龄化有利于提高居民消费率,其中农村人口老龄化的影响程度高于城市人口老龄化的影响,农村人口老龄化缩小了城乡居民消费差距。

(4)互联网和数字经济发展水平。程名望和张家平(2019)采用空间联立方程对省级面板数据进行分析,认为互联网的发展能够显著缩小城乡居民消费差距,具体包括生存型消费、享受型消费和发展型消费差距的缩小;但是,这种城乡居民消费差距缩小效用随着时间的推移而边际递减。陈鑫等(2020)针对城乡居民文化消费的研究也表明,互联网的发展对增加农村居民文化消费的影响大于对城镇居民的影响,互联网的发展有利于缩小城乡居民文化消费差距。魏君英等(2022)对中国省级面板数据的实证分析表明,数字经济能够显著缩小城乡居民消费差距,这种影响在东部地区体现得尤为显著,其中消费信贷便利性的提升是重要的传导路径。张彤进和蔡宽宁(2021)、张远等(2022)、张海洋和韩晓(2022)关于数字普惠金融对城乡居民消费差距的影响分析也得出类似的结论。

从上述文献来看,研究者们对城乡居民消费差距的研究已取得较为丰硕的成果,但没有考虑到网络零售这一新变量对城乡居民消费差距的冲击,而且部分相关研究也只是分析网络零售对某一群体消费水平的影响,如刘湖和张家平(2016)、祝仲坤和冷晨昕(2017)等。实际上,网络零售的快速崛起带来了生产模式、管理模式和营销模式以及产业链、供应链、价值链的深刻变革,随之对收入分配和消费都产生了重要影响(程名望和张家平,2019)。近年来,中国政府制定了"互联网+""智慧城市"和"数字中国"等一系列信息化发展战略,为网络零售的高质量发展提供了强大的政策支持。网络零售对中国城乡居民消费可能会产生以下几方面的影响:第一,网络零售具有较强的收入分配效应(裴长洪,2000;张磊和韩雷,2017),不同个体从网络零售发展中获得的收益不同,而这种收益分配中的城乡差距又会引起城乡居民消费差距。第二,网络零售改善了中国城乡分割的局面,使城乡之间的要素流动性得到提高,促进了要素的帕累托最优配置,引发了消费模式的创新和变革。江小娟(2017)指出,网络零售引发了广泛的资源重组与聚合,促进了经济、社会等诸多领域的高度互联互通,为释放中国消费需求提供了强大引力。第三,网络零售带来农村传统产业的优化升级,有利于促进农村居民消费水平的提高和消费结构的升级。近年来,国家出台了一揽子旨在促进"互联网+农业"的政策。2015 年中央 1 号文件《中共中央 国务院关于加大改革创新力度加快农业现代化建设的若干意见》明确提出"创新农产品流通方式。支持电商、物流、商贸、金融等企业参与涉农电子商务平台建设。开展电子商务进农村综合示范"等政策。目前,在"互联网+农业"和农村网络零售的带动下,农村传统产业焕发出新的活力,农村居民消费流通效率显著提高,居民消费潜力得到极大释放(祝仲坤和冷晨昕,2017)。

考察网络零售对城乡居民消费差距的影响,有必要将区域间存在空间效应作为分析的前提。一方面,网络零售打破了物理时间和空间的约束,跨区域信息匹配成本的降低使得本地区网络零售会影响周边地区的城乡居民消费差距,即网络零售对城乡居民消费差距产生空间溢出效应;另一方面,网络零售和城乡居民消费差距都不是孤立存在的,而是在地区之间呈现出空间依赖性和空间异质性。鉴于此,本章在空间溢出的视角下,通过空间计量模型将区域间的空间效应纳入分析框架,实证分析网络零售对城乡居民消费差距的影响。

基于上述背景,本章的主要贡献可以归结如下:其一,在研究视角上,将区域间的空间效应考虑在内,在空间溢出视角下,探讨网络零售对城乡居民消费差距的影响,并估计网络零售对城乡居民消费差距空间溢出效应的有效距离边界和地理区位差异,这补充了现有文献的研究视角;其二,在理论层面上,基于搜寻理论的微观基础构建网络零售与城乡居民消费差距间 U 形关系的理论模型,这是对传统理论模型的一种拓展,丰富了现有的居民消费理论;其三,在实证层面上,除了反距离矩阵和经济-地理矩阵,还创新性地引入非对称互联网地理矩阵,构建空间计量模型实证分析网络零售的城乡居民消费差距效应及其中介效应,这克服了传统计量方法的衡量偏误,强化了模型的解释能力,使实证结果更加准确;其四,在政策干预上,本章结论可以为网络零售的高质量发展以及缩小城乡居民消费差距、实现城乡一体化协调发展提供技术创新的思路。

5.2 网络零售与城乡居民消费差距间 U 形关系的理论模型

网络零售在降低搜寻成本上的突出优势得到了普遍肯定。本部分参考 Duarte & Restuccia(2010)、李连梦等(2020)的研究,在柯布-道格拉斯生产函数和跨期消费模型框架下分析网络零售通过降低搜寻成本对城乡居民消费差距产生的影响。

5.2.1 生产部门

在农业部门 r 和非农业部门 u 两部门经济中,假设劳动力总数 L 不变,其中,非农业部门的劳动力数量为 L_u,农业部门的劳动力数量为 L_r。在不考虑技术进步且农业部门只有劳动投入的情况下,非农业部门和农业部门的生产函数分别为:

$$Y_u = K_u^\alpha L_u^{1-\alpha}$$

其中,

$$K_u > 0, \quad L_u > 0, \quad 0 < \alpha < 1 \tag{5.1}$$

$$Y_r = L_r^{\beta}$$

其中,

$$L_r > 0, \quad 0 < \beta < 1 \tag{5.2}$$

式(5.1)、式(5.2)中,α、β 分别表示非农业部门的资本产出弹性和农业部门的劳动产出弹性。为选择最优的劳动投入数量以实现产出最大化,令劳动者的收入等于其边际收益,则非农业部门和农业部门的工资收入水平分别为:

$$I_u = \frac{\partial Y_u}{\partial L_u} = (1 - \alpha) K_u^{\alpha} L_u^{1-\alpha} \tag{5.3}$$

$$I_r = \frac{\partial Y_r}{\partial L_r} = \beta (L - L_u)^{\beta-1} \tag{5.4}$$

由于非农业部门的生产效率较高,因此不断有农业部门的劳动力向非农业部门转移。假设劳动力从农业部门向非农业部门转移的程度为 $T(\cdot)$,其中 $0<T(\cdot)<1$。网络零售的发展对农业部门劳动力转移的影响主要体现在两个方面。

一方面,网络零售的发展为农业部门的劳动力转移提供了信息交流平台,有利于降低劳动力转移过程中的信息不对称程度,即网络零售发展带来的信息流通效应使得农业部门劳动力向非农业部门转移的程度提高。

$$T'(\cdot) = \frac{\partial T(\cdot)}{\partial Or} > 0 \tag{5.5}$$

其中,Or 为网络零售发展水平。

另一方面,网络零售的发展增加了农业部门的创业就业机会,有利于吸引更多劳动力留在农业部门,即网络零售发展带来的就业创造效应使得劳动力从农业部门向非农业部门转移的程度降低。

$$T'(\cdot) = \frac{\partial T(\cdot)}{\partial Or} < 0 \tag{5.6}$$

假设最初在非农业部门的劳动力数量为 L_{u0},在农业部门的劳动力数量为 L_{r0},则农业部门向非农业部门转移的劳动力数量为:

$$L^{''} = (L - L_{u0}) T(\cdot) \tag{5.7}$$

转移后非农业部门和农业部门的劳动力数量分别为:

$$L_u = L_{u0} + (L - L_{u0}) T(\cdot) \tag{5.8}$$

$$L_r = (L - L_{u0}) - (L - L_{u0}) T(\cdot) = (L - L_{uo})[1 - T(\cdot)] \tag{5.9}$$

将式(5.8)、式(5.9)代入式(5.3)、式(5.4),可得劳动力转移后非农业部门和农业部门的工资收入水平分别为:

$$I_u = \frac{\partial Y_u}{\partial L_u} = (1 - \alpha) K_u^\alpha [L_{u0} + (L - L_{u0}) T(\cdot)]^{-\alpha} \tag{5.10}$$

$$I_r = \frac{\partial Y_r}{\partial L_r} = \beta (L - L_{u0})^{\beta-1} [1 - T(\cdot)]^{\beta-1} \tag{5.11}$$

5.2.2 家庭部门

两期居民跨期消费模型假设居民只在第一期有收入,收入仅来源于劳动工资而不考虑其他收入,非农业部门和农业部门的居民家庭基于其劳动工资收入以及利率水平 q 分别在第一期消费 C_{u1}、C_{r1} 和第二期消费 C_{u2}、C_{r2} 之间进行分配。非农业部门和农业部门的居民家庭跨期消费预算约束分别为:

$$C_{u1} + \frac{C_{u2}}{1 + q} = I_u \tag{5.12}$$

$$C_{r1} + \frac{C_{r2}}{1 + q} = I_r \tag{5.13}$$

基于弗里德曼的持久收入理论(Friedman,1957),非农业部门和农业部门的居民家庭在第一期的消费分别为:

$$C_{u1} = c_u(q) I_u \tag{5.14}$$

$$C_{r1} = c_r(q) I_r \tag{5.15}$$

其中,$0<c_u(q)<1,0<c_r(q)<1$。

5.2.3 均衡状态

基于式(5.10)、式(5.11)和式(5.14)、式(5.15),可得出非农业部门和农业部门的居民家庭消费差距为:

$$\text{Cgap} = \frac{C_{u1}}{C_{r1}} = \frac{c_u(q)(1 - \alpha) K_u^\alpha [L_{u0} + (L - L_{u0}) T(\cdot)]^{-\alpha}}{c_r(q) \beta (L - L_{u0})^{\beta-1} [1 - T(\cdot)]^{\beta-1}} \tag{5.16}$$

为了分析网络零售对城乡居民消费差距的影响,基于式(5.16)对网络零售发展水平求导:

$$\frac{\partial \text{Cgap}}{\partial Or} = \frac{c_u(q)(1-\alpha) K_u^\alpha}{c_r(q) \beta (L-L_{u0})^{\beta-1}} \cdot$$

$$\frac{-\alpha(L-L_{u0})[L_{u0}+(L-L_{u0})T(\cdot)]^{-\alpha-1}[1-T(\cdot)]^{\beta-1}T'(\cdot)+(\beta-1)[1-T(\cdot)]^{\beta-2}[L_{u0}+(L-L_{u0})T(\cdot)]^{-\alpha}T'(\cdot)}{[1-T(\cdot)]^{2(\beta-1)}}$$

$$\tag{5.17}$$

由此可知式(5.17)的符号取决于 $T'(\cdot)$：

$$若\ T'(\cdot)>0,\quad 则\frac{\partial\mathrm{Cgap}}{\partial\mathrm{Or}}<0 \tag{5.18}$$

$$若\ T'(\cdot)<0,\quad 则\frac{\partial\mathrm{Cgap}}{\partial\mathrm{Or}}>0 \tag{5.19}$$

式(5.18)、式(5.19)意味着,网络零售发展带来的信息流通效应使得农业部门劳动力向非农业部门转移的程度提高,城乡居民消费差距会缩小;反之,网络零售发展带来的就业创造效应使得农业部门劳动力向非农业部门转移的程度降低,城乡居民消费差距会扩大。在网络零售发展初期,网络零售发展为农业部门劳动力转移提供了信息交流平台,有利于降低劳动力转移过程中的信息不对称程度,网络零售发展带来的信息流通效应占主导地位,有利于促进劳动力从农业部门向非农业部门转移,从而缩小城乡居民消费差距。随着网络零售的进一步发展,网络零售发展带来的信息流通边际效应递减,而越来越多的农业劳动力尤其是返乡青年意识到网络零售带来的农业创业就业机会,有利于吸引更多的劳动力留在农业部门;加上同期的经济下行压力,导致城市就业供给收紧、城市高房价高租金等多重因素影响下,网络零售发展带来的就业创造效应占主导地位,劳动力从农业部门向非农业部门转移的程度降低,进而城乡居民消费差距扩大。基于以上分析,本章提出以下研究假设:

假设　网络零售对城乡居民消费差距的影响呈先下降后上升的 U 形态势。

5.3　中国城乡居民消费差距的现状

5.3.1　中国城乡居民消费支出及其结构的演变

本章分别采用历年城市和农村居民消费价格指数,以 2007 年为基期不变价,计算得到 2007—2020 年城乡居民消费总支出及各类消费支出①,如表 5-1 所示。第一,从居民人均消费支出来看,2007—2020 年城镇居民和农村居民的各项消费支出都有较大幅度的增加,表明中国城乡居民各项生活水平不断得到较大幅度的提高。第二,从各类消费支出增长幅度和城乡

---

①　将居民消费支出划分为生存型消费支出(包括食品支出、衣着支出和居住支出)、享受型消费支出(包括家庭设备用品及服务支出和交通通信支出)和发展型消费支出(包括教育文化娱乐服务支出和医疗保健支出)三种类型。

差异来看,农村居民无论是人均总消费支出还是各类消费支出,其增长幅度都明显小于城镇居民。而从各类消费支出增长幅度来看,城乡居民的人均享受型消费支出的增长幅度最大。十多年来,中国居民收入水平不断提高,而与此同时中国大力建设通信和交通等基础服务设施,为提增中国居民享受型消费支出注入强大动力。结合表5-1中城乡居民各类消费支出占总支出的比重也可以发现,在此期间农村居民生存型消费支出占比不断下降,而享受型消费支出和发展型消费支出的占比总体上都有不同程度的上升,这表明农村居民消费结构正在不断升级。而与之形成对比的是,2007—2020年,城镇居民发展型消费支出占比呈现下降趋势。按照经济发展的一般规律,随着居民收入水平的提高,居民恩格尔系数会不断降低,用于教育、休闲娱乐等方面的高级消费支出将会增加,但城镇居民之所以表现出截然相反的消费支出结构的现象,可能的原因是近年来城镇居民生存型消费支出成本上升,特别是房价上涨过快,从而挤出了居民的发展型消费支出(唐琦等,2018)。

表 5-1　城乡居民人均消费支出及其结构的演变

年份	城镇居民人均消费支出(元)					农村居民人均消费支出(元)				
	总消费	生存型消费	享受型消费	发展型消费	其他消费	总消费	生存型消费	享受型消费	发展型消费	其他消费
2007	6 332.20	3 760.55	855.36	1 512.00	204.29	3 223.85	2 156.24	477.53	515.90	74.19
2008	6 957.74	4 141.82	977.46	1 601.25	237.20	3 159.40	1 988.47	533.75	560.50	76.67
2009	7 991.87	4 761.01	1 108.36	1 849.81	272.69	3 993.45	2 673.55	607.72	628.10	84.10
2010	8 922.09	5 238.20	1 792.34	1 595.18	296.38	4 381.82	2 899.89	695.16	692.76	94.02
2011	10 317.24	6 063.82	2 043.81	1 852.16	357.46	5 221.13	3 410.13	855.91	833.11	101.99
2012	11 567.86	6 719.99	2 349.25	2 083.18	415.44	5 908.02	3 506.63	994.51	959.30	107.58
2013	13 220.42	8 152.39	2 433.57	2 309.78	324.68	6 125.53	3 767.40	1 083.10	1 100.20	114.90
2014	15 191.00	9 218.01	2 944.53	2 623.03	405.41	6 377.17	3 870.08	1 155.68	1 227.42	124.00
2015	16 259.50	9 718.70	3 193.69	2 908.13	438.93	7 009.71	4 199.09	1 298.71	1 379.73	132.25
2016	17 329.50	10 223.31	3 454.58	3 205.06	446.55	7 606.27	4 496.72	1 468.42	1 501.39	139.66
2017	17 650.60	10 341.89	3 499.43	3 338.77	470.42	7 909.73	4 607.06	1 547.43	1 610.18	145.06
2018	18 187.90	10 658.36	3 554.30	3 496.42	478.79	8 444.88	4 843.56	1 678.97	1 770.36	152.05
2019	19 298.30	11 239.73	3 686.31	3 858.30	513.83	9 165.01	5 214.45	1 788.42	1 996.03	166.07
2020	18 456.70	11 264.41	3 495.09	3 255.63	441.61	9 371.68	5 572.82	1 782.36	1 863.07	153.35
增长倍数	2.91	3.00	4.09	2.15	2.16	2.91	2.58	3.73	3.61	2.07
年均增长率(%)	20.82	21.40	29.19	15.38	15.44	20.76	18.46	26.66	25.80	14.76

（续表）

年份	城镇居民消费占比（%）				农村居民消费占比（%）			
	生存型消费	享受型消费	发展型消费	其他消费	生存型消费	享受型消费	发展型消费	其他消费
2007	59.39	13.51	23.88	3.23	66.88	14.81	16.00	2.30
2008	59.53	14.05	23.01	3.41	62.94	16.89	17.74	2.43
2009	59.57	13.87	23.15	3.41	66.95	15.22	15.73	2.11
2010	58.71	20.09	17.88	3.32	66.18	15.86	15.81	2.15
2011	58.77	19.81	17.95	3.46	65.31	16.39	15.96	2.34
2012	58.09	20.31	18.01	3.59	64.43	16.83	16.24	2.50
2013	61.67	18.41	17.47	2.46	62.90	17.86	16.61	2.64
2014	60.68	19.38	17.27	2.67	60.69	18.12	19.25	1.94
2015	59.77	19.64	17.89	2.70	59.90	18.53	19.68	1.89
2016	58.99	19.93	18.49	2.58	59.12	19.31	19.74	1.84
2017	58.59	19.83	18.92	2.67	58.25	19.56	20.36	1.83
2018	58.60	19.54	19.22	2.63	57.36	19.88	20.96	1.80
2019	58.24	19.10	19.99	2.66	56.90	19.51	21.78	1.81
2020	61.03	18.94	17.64	2.39	59.46	19.02	19.88	1.64

资料来源：中国经济与社会发展统计数据库，经作者消除价格因素后计算得到。

5.3.2 中国城乡居民消费差距及其演变趋势

图 5-1 至图 5-4 描绘了 2007—2020 年全国及东部、中部、西部三大区域①的城乡居民消费差距及变化趋势。这些图表明，无论是从全国和三大区域，还是从总体城乡居民消费差距以及生存型消费、享受型消费和发展型消费等结构性城乡居民消费差距来看，2007—2020 年中国城乡居民消费差距均呈现下降趋势。这表明中国城乡居民消费差距现状在此期间有所改善，与表 5-1 中城乡居民各类消费支出增长幅度的差异一致。从地区分布看，西部地区的城乡居民消费差距最大，其次是中部，最后是东部，这表明经济越发达地区的城乡居民消费差距越小。生存型消费、享受型消费和发展型消费等结构性城乡居民消费差距也表现出类似的特征。从结构性城乡居民消费差距来看，差距最大的是享受型消费，其次是发展型消费，最后是生存型消费。而 2007—2020 年间，下降最快的是发展型消费，其次是享受型消费，最后是生存型消费。由此可见，各类城乡居民消费差距具有明显的收敛性特征。

---

① 根据国家统计局的划分方法，东部地区包括北京、天津、上海、辽宁、河北、山东、江苏、浙江、福建、广东和海南，中部地区包括黑龙江、吉林、山西、河南、安徽、江西、湖北和湖南，西部地区包括新疆、西藏、青海、宁夏、内蒙古、甘肃、陕西、云南、贵州、四川、重庆和广西。

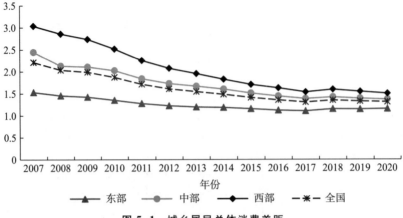

图 5-1 城乡居民总体消费差距

资料来源:各年《中国统计年鉴》。

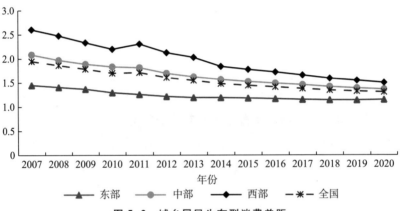

图 5-2 城乡居民生存型消费差距

资料来源:各年《中国统计年鉴》。

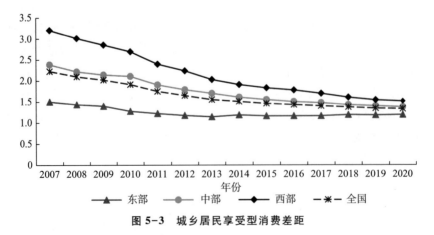

图 5-3 城乡居民享受型消费差距

资料来源:各年《中国统计年鉴》。

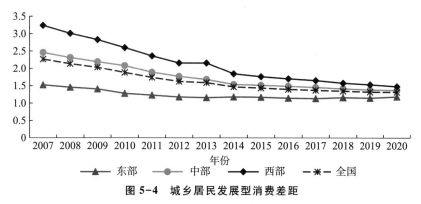

图 5-4　城乡居民发展型消费差距

资料来源:各年《中国统计年鉴》。

5.4　网络零售与城乡居民消费差距的空间相关性

5.4.1　指标构建与变量选择

中国网络零售发展的历程较短,同时考虑到数据的可得性,本章选取 2007—2020 年我国各省、自治区和直辖市数据作为样本。表 5-2 列示了各变量的计算方法、基本统计量和数据来源。

表 5-2　变量的统计性描述和数据来源

变量	均值	标准差	最小值	最大值	定义及数据来源
lnTheilcon	0.442	0.384	−0.273	1.761	城乡居民消费差距泰尔指数取对数
lnTheilinc	0.448	0.395	−0.308	1.747	城乡居民收入差距泰尔指数取对数
lnOr	14.222	2.068	8.814	19.173	网络零售市场规模(单位:万元)取对数
lnInc	9.501	0.465	8.430	10.807	人均可支配收入(单位:元)取对数
Infla	0.093	0.766	−0.023	9.280	通货膨胀率
Uer	0.034	0.007	0.012	0.046	城镇登记失业率
Gdr	0.371	0.070	0.193	0.578	总抚养比:小于 15 岁和大于 65 岁人口数/总就业人口数
lnTra	8.832	0.926	5.852	10.424	交通基础设施取对数:铁路和公路运营里程/各省(区、市)行政区土地面积

（续表）

变量	均值	标准差	最小值	最大值	定义及数据来源
Intr	0.470	0.201	0.060	0.956	互联网普及率:互联网使用人口/地区人口总数
Urb	0.552	0.142	0.215	0.896	城镇化率:城镇常住人口占当地总人口的比重
lnRpex	7.807	0.713	5.488	9.385	地方政府财政支出(单位:亿元)取对数
Socr	0.130	0.035	0.055	0.276	社会保障:社会保障支出占政府总支出的比重

资料来源:网络零售市场规模数据来自各年《中国网络零售市场数据监测报告》,其余变量数据来自各年《中国统计年鉴》。

注:各变量的样本数均为434。

1. 被解释变量

被解释变量为城乡居民消费差距取对数(lnTheilcon),本章用泰尔指数(Theilcon)衡量城乡居民消费差距。与城乡人均消费支出之比不同,泰尔指数考虑了城乡人口比重的变化,符合中国城乡二元经济结构的现实状况,能更准确地衡量城乡居民消费差距。其计算公式为:

$$\text{Theilcon}_{it} = \sum_{j=1}^{2} \left[\left(\frac{P_{jt}}{P_t} \right) \ln \left(\frac{P_{jt}}{P_t} \Big/ \frac{Z_{jt}}{Z_t} \right) \right] = \left(\frac{P_{1t}}{P_t} \right) \ln \left(\frac{P_{1t}}{P_t} \Big/ \frac{Z_{1t}}{Z_t} \right) + \left(\frac{P_{2t}}{P_t} \right) \ln \left(\frac{P_{2t}}{P_t} \Big/ \frac{Z_{2t}}{Z_t} \right)$$

(5.20)

其中,$j=1$ 代表城镇,$j=2$ 代表农村;P_{1t} 和 P_{2t} 分别为第 t 期城镇和农村的居民人均消费支出,P_t 为第 t 期的总人均消费支出;Z_{1t} 和 Z_{2t} 分别为第 t 期城镇和农村的人口数量,Z_t 为第 t 期的总人口数量。

2. 核心解释变量

核心解释变量为网络零售市场规模取对数(lnOr)。由于无法直接获得各地区的网络零售市场规模数据,考虑到网络零售商品主要通过快递的方式从卖家转移到买家手中,因此本章借鉴方福前和邢伟(2015)的研究,用各地区的快递业务数量[①]乘以一个权重来反映各地区的网络零售市场规模。该权重为全国网络零售交易额与全国快递业务数量之比,即平均每件快递所代表的网络零售交易额。为了消除通货膨胀因素的影响,该变量以2007年不变价进行衡量。此外,模型中还引入网络零售市场规模取对数的

———————

① 各地区的快递业务数量指当地寄出的快递数量。

平方项,以考察网络零售与城乡居民消费差距间可能存在的非线性关系。

3. 控制变量

参考以往文献,本章选取以下变量作为控制变量:

(1)城乡居民收入差距泰尔指数取对数(lnTheilinc)。根据凯恩斯的绝对收入假说,城乡居民收入差距的扩大会拉大城乡居民消费差距。

(2)人均可支配收入取对数(lnInc)。人均可支配收入与地方经济发展水平密切相关,一般人均可支配收入水平越高,地方经济越发达。朱诗娥和杨汝岱(2012)的研究表明,经济发达地区城镇经济的迅速发展带动了周边农村地区的经济发展,从而促进了当地农村居民消费水平的提升,城乡居民消费差距反而缩小了。

(3)通货膨胀率(Infla)。该指标用消费者价格年增长率来衡量,可以反映物价水平。夏晓平和罗凤金(2012)的研究表明,物价上涨带来的低收入阶层居民消费支出增加额小于高收入阶层居民消费支出增加额,从而会扩大城乡居民消费差距。

(4)城镇登记失业率(Uer)。城镇登记失业率可以反映失业风险的严重程度。温兴祥(2015)基于城乡流动人口调查数据的分析表明,失业风险对低收入家庭消费的负面影响比对高收入家庭的影响更大,尤其对农民工家庭的影响最显著,城镇登记失业率的上升会扩大城乡人口消费差距。

(5)总抚养比(Gdr)。该指标用 0—15 岁和大于 65 岁人口与 16—64 岁工作人口数的比值来衡量。生命周期理论认为,人口年龄结构是居民消费量的重要影响因素,少儿和老年人口抚养比的上升会使城乡居民消费量增加,从而有利于缩小城乡居民消费差距。吴海江等(2014)则认为,由于中国教育和医疗服务水平在城乡间存在巨大差距,人口抚养比对城乡居民消费差距的影响与生命周期理论的预期不一致。因此,总抚养比对城乡居民消费差距的影响结果有待实证检验。

(6)交通基础设施取对数(lnTra)。该指标用铁路和公路运营里程加总后的数值除以各省(区、市)行政区土地面积来衡量。申洋等(2021)指出,交通基础设施是促进商品流通、扩大消费空间、提振消费内需的重要推动力。

(7)互联网普及率(Intr)。该指标用互联网使用人口除以地区人口总数来衡量。程名望和张家平(2019)的研究表明,互联网普及率能显著影响城乡居民消费。

(8)城镇化率(Urb)。该指标用城镇常住人口占当地总人口的比重来衡量。城镇化发展不仅仅是农村人口向城市的转移,而且带来转移人口生活方式的转变。城镇化发展水平的提高有助于形成便利的消费市场,为农村居民提供更多的就业和增收机会,有利于增加农村居民的消费、缩小城乡居民消费差距。

(9)地方政府财政支出取对数(lnRpex)。该指标反映了地方政府对经济活动的参与度,以 2007 年不变价来衡量。地方政府对地方经济活动的干预往往具有城市化倾向,这种干预力度的增大会扩大城乡居民收入差距(陆铭和陈钊,2004),从而进一步扩大城乡居民消费差距。

(10)社会保障(Socr)。该指标用社会保障支出占政府总支出的比重来衡量。社会保障通过影响居民收入预期,进而影响居民的储蓄和消费选择。社会保障水平的提升使居民得以降低未来的不确定性,预期收入增加,消费也随之增加。有研究表明,由于我国城乡间的社会保障资源分配严重失衡,农村居民对于未来不确定性的预期更大,其消费受限,偏向城市的社会保障制度反而会扩大城乡居民消费差距(纪江明等,2011)。

5.4.2 空间权重矩阵设计

不同地区存在网络关联特征,而且互联网发展水平较高(低)地区对互联网发展水平较低(高)地区会产生更强(弱)的空间影响。基于此,本章构建以下非对称互联网地理权重矩阵 $W_{3,ij}$:

$$W_{3,ij} = \begin{cases} W_1 \mathrm{diag}\left(\dfrac{\overline{Y_1}}{\overline{Y}}, \dfrac{\overline{Y_2}}{\overline{Y}}, \cdots, \dfrac{\overline{Y_{31}}}{\overline{Y}}\right) & i \neq j \\ 0 & i = j \end{cases} \tag{5.21}$$

其中,W_1 为反距离空间权重矩阵;$\overline{Y_1}, \overline{Y_2}, \cdots, \overline{Y_{31}}$ 表示观测期内第 1,第 2,…,第 31 个省份的互联网渗透率均值;$\overline{Y}$ 表示观测期内所有省份的互联网渗透率均值。互联网渗透率用互联网使用人数占当地人口的比重来衡量。

5.4.3 空间相关性检验

为了判断网络零售和城乡居民消费差距各自是否具有空间相关性,本章采用 Moran(1950)提出的空间自相关 Moran's I 指数进行检验,计算公式为:

$$\text{Moran's I} = \frac{n}{\sum\limits_{i=1}^{n}\sum\limits_{j=1}^{n} W_{ij}} \cdot \frac{\sum\limits_{i=1}^{n}\sum\limits_{j=1}^{n} W_{ij}(X_i - \overline{X})(X_j - \overline{X})}{\sum\limits_{i=1}^{n}(X_i - \overline{X})^2} \tag{5.22}$$

其中,X_i 为地区 i 的观测值;W_{ij} 为行标准化的空间权重矩阵。

在给定显著水平下，Moran's I 的绝对值越大表示空间相关性越强，Moran's I 大于 0 表示正相关，Moran's I 小于 0 表示负相关，Moran's I 接近于 0 表示观测值在空间上随机分布或不具有空间相关性。

表 5-3 为基于非对称互联网地理矩阵的中国网络零售市场规模和城乡居民消费差距 Moran's I 空间自相关的检验结果。结果显示，lnOr 和 lnTheilcon 的 Moran's I 指数均至少在 5% 的显著性水平上大于 0。这说明网络零售和城乡居民消费差距在空间上均不是随机分布的，而是呈现显著的正向空间依赖特征。

表 5-3　网络零售市场规模和城乡居民消费差距的 Moran's I 空间自相关检验

变量	2007 年	2009 年	2011 年	2013 年	2015 年	2017 年	2018 年	2019 年	2020 年
lnOr	0.229***	0.236***	0.248***	0.236***	0.254***	0.247***	0.240***	0.239***	0.236***
lnTheilcon	0.300***	0.294***	0.263***	0.182***	0.153**	0.138**	0.196***	0.185***	0.161***

注：*、**、***分别表示在 10%、5% 和 1% 的统计水平上显著。

为了进一步揭示网络零售和城乡居民消费差距不同地理位置的空间关联模式，本章分别绘制了城乡居民消费差距泰尔指数取对数和网络零售市场规模取对数在 2020 年的莫兰散点图（见图 5-5 和图 5-6）。图 5-5 和图 5-6 显示，城乡居民消费差距和网络零售市场规模的大部分散点分布在第一象限的"高—高"集聚区以及第三象限的"低—低"集聚区，这表明城乡居民消费差距和网络零售在地理空间上均具有区域集聚的特点，且呈现正

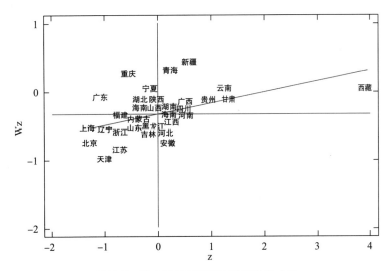

图 5-5　城乡居民消费差距的莫兰散点图

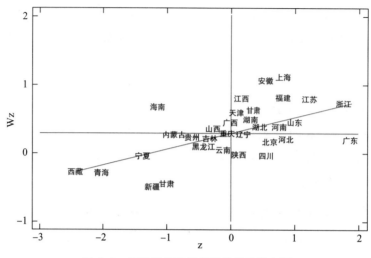

图5-6 网络零售市场规模的莫兰散点图

向的空间依赖特征。进一步基于局域空间相关性的 LISA 聚类分析,表5-4
列出了非对称互联网地理矩阵下 2007—2020 年网络零售市场规模取对数
和城乡居民消费差距泰尔指数取对数所有通过 10% 显著性检验的"高—
高"集聚区和"低—低"集聚区。

表5-4 网络零售和城乡居民消费差距 LISA 聚类分布情况

指标	年份	"高—高"集聚区	"低—低"集聚区
网络零售市场规模	2007	福建、上海、山东、江苏、浙江	甘肃、新疆、青海、西藏
	2008	福建、上海、山东、江苏、浙江	甘肃、新疆、青海、西藏
	2009	福建、上海、山东、江苏、浙江	甘肃、新疆、青海、西藏
	2010	福建、上海、山东、江苏、浙江	甘肃、新疆、青海、西藏
	2011	福建、上海、山东、江苏、浙江	甘肃、新疆、青海、西藏
	2012	福建、上海、山东、江苏、浙江	新疆、青海、西藏
	2013	湖北、福建、上海、山东、江苏、浙江	甘肃、新疆、青海、西藏
	2014	湖北、福建、上海、山东、江苏、浙江	甘肃、新疆、青海、西藏
	2015	河南、湖北、福建、上海、山东、江苏、浙江	甘肃、新疆、青海、西藏
	2016	河南、湖北、福建、上海、山东、江苏、浙江	甘肃、新疆、青海、西藏
	2017	河南、湖北、福建、上海、山东、江苏、浙江	甘肃、青海、新疆、西藏
	2018	河南、湖北、福建、上海、山东、江苏、浙江	甘肃、新疆、青海、西藏

（续表）

指标	年份	"高—高"集聚区	"低—低"集聚区
网络 零售 市场 规模	2019	河南、湖北、福建、上海、山东、 江苏、浙江、安徽	甘肃、新疆、青海、西藏
	2020	河南、福建、上海、山东、江苏、 浙江、安徽	甘肃、新疆、青海、西藏
城乡 居民 消费 差距	2007	云南、西藏	江苏、浙江、黑龙江、吉林、天津、 上海、北京、辽宁
	2008	云南、新疆、西藏	江苏、浙江、黑龙江、吉林、天津、 上海、北京、辽宁
	2009	云南、新疆、西藏	江苏、浙江、黑龙江、吉林、天津、 上海、北京、辽宁
	2010	云南、西藏	江苏、浙江、天津、上海、北京、辽宁
	2011	新疆、西藏	江苏、浙江、天津、上海、北京、辽宁
	2012	新疆、西藏	江苏、浙江、天津、上海、北京、辽宁
	2013	新疆、西藏	福建、浙江、天津、上海、北京、辽宁
	2014	新疆、西藏	福建、浙江、天津、上海、北京、辽宁
	2015	新疆、西藏	江苏、福建、浙江、天津、上海、 北京、辽宁
	2016	新疆、西藏	江苏、天津、上海、北京、辽宁
	2017	新疆、西藏	天津、上海、北京、辽宁
	2018	新疆、西藏	江苏、天津、上海、北京、辽宁、浙江
	2019	新疆、西藏	天津、上海、北京、辽宁、浙江
	2020	新疆	江苏、天津、上海、北京、辽宁、浙江

如表 5-4 所示，当前中国网络零售的"高—高"集聚区和"低—低"集聚区均形成了连片地带。河南、福建、上海、山东、江苏、浙江、安徽构成了网络零售的高水平集聚区域，甘肃、新疆、青海、西藏构成了网络零售的低水平集聚区域。从 2007—2020 年网络零售集聚区的时序变化来看，网络零售的"高—高"集聚区在 2007—2012 年主要由东部沿海地区的福建、上海、山东、江苏和浙江构成；随着时间的推移，湖北、河南、安徽分别在 2013 年、2015 年、2019 年加入"高—高"集聚区，使得网络零售的"高—高"集聚区域不断扩大。这表明网络零售的高水平集聚区域对周边地区具有显著的扩散效应和示范效应，即网络零售具有正向的空间溢出特征。网络零售的

"低—低"集聚区长期以来一直比较稳定,主要为西部地区的甘肃、青海、新疆和西藏。城乡居民消费差距的"高—高"集聚区主要为西部地区的新疆和西藏;"低—低"集聚区以东部地区为主,包括江苏、天津、上海、北京、辽宁和浙江。从2007—2020年城乡居民消费差距集聚区的时序变化来看,长期以来,新疆和西藏构成了城乡居民消费差距的"高—高"集聚区,城乡居民消费差距的"低—低"集聚区主要为东部地区经济发达省份。需要注意的是,网络零售的"高—高"集聚区与城乡居民消费差距的"低—低"集聚区呈现大致相同的集聚区域,网络零售的"低—低"集聚区与城乡居民消费差距的"高—高"集聚区包含范围也基本相同。这表明网络零售和城乡居民消费差距具有较强的空间关联关系。

5.5 网络零售对城乡居民消费差距影响的空间溢出效应

5.5.1 空间计量模型的设定与适用性检验

网络零售能有效打破物理时间和空间的约束,不仅可以改变本地区城乡居民消费差距,也可能对周边地区城乡居民消费差距产生影响,即网络零售对城乡居民消费差距可能存在空间溢出效应。因此,本章通过构建空间计量模型来分析网络零售对城乡居民消费差距的影响,包含所有空间效应的广义嵌套空间模型(GNS)为:

$$\ln\text{Theilcon}_{it} = \rho W_{ij} \ln\text{Theilcon}_{it} + \sum \beta X_{it} + \theta W_{ij} \sum X_{it} + \mu_i + \gamma_t + \varepsilon_{it}$$

$$\varepsilon_{it} = \lambda W_{ij} \varepsilon_{it} + \mu_{it} \tag{5.23}$$

其中,W_{ij} 为空间权重矩阵;u_i 和 γ_t 分别为空间效应和时间效应;ρ、θ、λ 分别为空间自回归系数、解释变量空间滞后项系数和空间自相关系数;X_{it} 为包含核心解释变量在内的所有解释变量;β 为对应的回归系数;$\mu_{it} \sim \text{IID}(0, \sigma_\varepsilon^2 I)$。

广义嵌套空间模型可以梳理出不同形式的空间计量模型。若 $\rho \neq 0$、$\theta = 0$、$\lambda = 0$,则式(5.23)为空间自回归模型(SAR),可以测度内生交互效应产生的空间溢出效应;若 $\rho = 0$、$\theta = 0$、$\lambda \neq 0$,则式(5.9)为空间误差模型(SEM),可以测度误差项之间的空间依赖关系;若 $\rho \neq 0$、$\theta \neq 0$、$\lambda = 0$,则式(5.9)为空间滞后解释变量模型(SLX),只包含外生的空间交互效应;若 $\rho \neq 0$、$\theta = 0$、$\lambda \neq 0$,则式(5.9)为广义空间自回归模型(SAC),只包含内生的空间交互效应;若 $\rho \neq 0$、$\theta \neq 0$、$\lambda = 0$,则式(5.9)为空间杜宾模型(SDM),可以一并考察内生交互效应和外生交互效应产生的空间溢出效应。

选择最优的空间计量模型有助于准确揭示空间依赖关系的产生原因以及空间关联机制的作用效果。本章借鉴 Elhorst(2014)的检验思路,采用"从具体到一般"和"从一般到具体"相结合的思路,对空间面板模型的适用性进行检验,检验结果报告在表 5-5 中。

表 5-5 空间面板模型的适用性检验

从具体到一般	χ^2	P 值	从一般到具体	χ^2	P 值
LM-lag	0.27	0.603	LR test for SAR	76.83	0.000
R-LM-lag	3.023	0.082	Wald test for SAR	66.02	0.000
LM-err	5.403	0.020	LR test for SEM	106.46	0.000
R-LM-err	8.156	0.004	Wald test for SEM	118.24	0.000
Hausman 检验	55.27	0.000			

如表 5-5 所示:其一,OLS 回归后,LM-err 统计量显著拒绝了非空间效应模型;其二,Hausman 检验值在 1% 的显著水平上拒绝了随机效应的原假设,因此选择固定效应模型(FE)更合理;其三,估计 SDM, Wald 和 LR 的统计量均在 1% 的显著水平上拒绝了 $\theta=0$ 和 $\theta+\rho\beta=0$ 的原假设,表明 SDM 无须简化为 SAR 或 SEM。此外,SDM 的 AIC 和 BIC 值均小于 SAC 模型,说明 SDM 优于 SAC。根据以上检验结果,本章选取 SDM 作为最优估计模型。

5.5.2 网络零售对城乡居民消费差距的直接效应、空间溢出效应和总效应

SDM 中的解释变量包括被解释变量的空间滞后项,城乡居民消费差距的空间滞后项为内生变量。最大似然估计方法可以有效避免这类内生性问题(Blonigen et al.,2019),本章采用最大似然估计方法以得到模型的一致性参数估计。表 5-6 的第(2)—(3)列为非对称互联网地理矩阵下网络零售对城乡居民消费差距的 SDM 基准回归结果。

如表 5-6 所示,非空间面板模型的固定效应(FE)回归结果显示,网络零售(lnOr)及其平方项的系数分别显著为负和正,表明网络零售对城乡居民消费差距的影响呈先下降后上升的 U 形态势。由于该结果忽略了各地区间的空间依赖关系,表 5-6 进一步列出了考虑空间效应的 SDM 回归结果。从空间滞后效应来看,第(3)列 SDM 的估计结果显示,城乡居民消费差距的空间滞后项 ρ 不显著,说明各地区的城乡居民消费差距在内生性的交互作用下不存在明显的空间依赖关系。

表 5-6　网络零售对城乡居民消费差距影响的 SDM 基准回归结果

变量	城乡居民消费差距		
	FE （1）	SDM （2）	SDM （3）
lnOr	−0.179***	0.021*	−0.082*
	（−3.89）	（1.66）	（−1.90）
(lnOr)²	0.008***		0.003**
	（5.71）		（2.37）
lnTheilinc	0.552***	0.794***	0.716***
	（8.33）	（8.21）	（7.36）
lnInc	−0.172**	−0.214*	−0.114
	（−2.24）	（−1.73）	（−0.90）
Infla	−0.004	−0.010	−0.010
	（−0.96）	（−1.54）	（−1.53）
Uer	−0.377	−1.654	−1.311
	（−0.21）	（−1.18）	（−0.96）
Gdr	0.020	−0.052	−0.151
	（0.09）	（−0.31）	（−0.93）
lnTra	1.740**	0.329*	0.477*
	（2.54）	（1.69）	（1.70）
Intr	1.230**	0.149*	0.557*
	（2.50）	（1.66）	（1.67）
Urb	−4.958***	−1.936***	−2.311***
	（−14.94）	（−5.03）	（−5.92）
lnRpex	0.151***	−0.004	0.029
	（2.75）	（−0.08）	（0.60）
Socr	−0.091	−0.136	−0.220
	（−0.33）	（−0.62）	（−1.02）
ρ		0.061	0.016
		（0.64）	（0.16）
WlnOr		0.030*	−0.135*
		（1.66）	（−1.65）
W(lnOr)²			0.006**
			（2.21）
WlnTheilinc		0.417**	0.245*
		（2.44）	（1.69）

（续表）

变量	城乡居民消费差距		
	FE	SDM	SDM
	(1)	(2)	(3)
WlnInc		0.136	0.133
		(0.72)	(0.71)
WInfla		0.021*	0.019*
		(1.90)	(1.76)
WUer		0.105	2.812
		(0.02)	(0.64)
WGdr		0.021	−0.553
		(0.05)	(−1.28)
WlnTra		0.346*	0.356*
		(1.69)	(1.70)
WIntr		0.139*	0.556*
		(1.68)	(1.67)
WUrb		−0.276	−1.464**
		(−0.40)	(−1.96)
WlnRpex		0.019	0.134
		(0.23)	(1.46)
WSocr		0.318	−0.092
		(0.46)	(−0.13)
时间固定	包括	包括	包括
省份固定	包括	包括	包括
$\log L$	430.088	503.762	511.1967
R^2	0.8631	0.9146	0.9189
AIC	−838.176	−963.525	−974.393
BIC	−797.074	−881.320	−884.716
观测值	434	434	434

注：*、**、***分别表示在 10%、5% 和 1% 的统计水平上显著；括号内为 z 值。

表 5-6 第（2）列的 SDM 回归结果显示，网络零售（lnOr）及其空间滞后项（WlnOr）对城乡居民消费差距的影响均显著为正。第（3）列在第（2）列的基础上加入网络零售的平方项，SDM 回归结果显示，网络零售（lnOr）及其空间滞后项（WlnOr）的系数均显著为负，网络零售的空间滞后项（WlnOr）以及网络零售平方项的空间滞后项[W(lnOr)²]均显著为正，但这

无法代表网络零售对居民消费支出的边际影响。

　　Lesage & Pace(2009)认为,通过点估计来计算空间溢出效应会产生偏误,而对空间模型中不同变量变化进行偏微分分解是计算空间溢出效应更有效的方式。基于此,在表5-6的基础上,本章进一步对回归结果进行偏微分分解,得到各解释变量对被解释变量的总效应、直接效应和间接效应。直接效应表示本地区解释变量对本地区被解释变量的影响,包含空间反馈效应,即本地区某解释变量会影响周边地区的城乡居民消费差距,周边地区的城乡居民消费差距又反过来会影响本地区的城乡居民消费差距的过程。间接效应表示周边地区解释变量对本地区被解释变量的影响,反映空间溢出效应。总效应为直接效应和间接效应之和,表示一个地区的解释变量对所有地区被解释变量的平均影响。表5-7汇报了网络零售等变量对城乡居民消费差距的效应分解结果。

表5-7　网络零售对城乡居民消费差距的效应分解及作用机制

效应	变量	城乡居民消费差距		作用机制分析			
		(1)	(2)	网络零售企业渗透率①		城乡居民消费差距	
				(3)	(4)	(5)	(6)
总效应	lnOr	0.129***	-0.398***	0.055***	-0.178***	0.054**	-0.223***
		(3.96)	(-4.14)	(3.51)	(-3.51)	(2.14)	(-2.68)
	(lnOr)²		0.016***		0.007***		0.009***
			(5.65)		(4.81)		(3.48)
	lnOer					1.295***	0.971***
						(7.65)	(5.59)
	其他控制变量	控制	控制	控制	控制	控制	控制
直接效应	lnOr	0.042***	-0.110**	0.016**	-0.009	0.021*	-0.083*
		(2.92)	(-2.51)	(2.07)	(-0.36)	(1.56)	(-1.96)
	(lnOr)²		0.004***		0.001		0.003**
			(3.29)		(0.78)		(2.39)
	lnOer					0.798***	0.719***
						(8.23)	(7.86)
	其他控制变量	控制	控制	控制	控制	控制	控制

　　① 借鉴李洁和邢炜(2020)的研究,网络零售企业渗透率方程的控制变量主要包括经济发展水平、邮政基础设施、互联网上网人数。

（续表）

效应	变量	城乡居民消费差距		作用机制分析			
				网络零售企业渗透率		城乡居民消费差距	
		(1)	(2)	(3)	(4)	(5)	(6)
间接效应	lnOr	0.087**	-0.287***	0.039**	-0.169***	0.034*	-0.140*
		(2.39)	(-2.90)	(2.18)	(-3.24)	(1.67)	(-1.97)
	$(\ln Or)^2$		0.011***		0.006***		0.006**
			(3.89)		(4.18)		(2.21)
	lnOer					0.497***	0.252*
						(3.43)	(1.96)
	其他控制变量	控制	控制	控制	控制	控制	控制

注：*、**、***分别表示在 10%、5% 和 1% 的统计水平上显著；括号内为 z 值。

表 5-7 第（1）、（2）列为网络零售对城乡居民消费差距的影响。第（1）列的总效应结果显示，网络零售不但没有缩小反而扩大了城乡居民消费差距，这与刘长庚等（2017）的研究发现一致。第（2）列在第（1）列的基础上加入网络零售的平方项，结果显示网络零售对城乡居民消费差距的直接效应、间接效应（即空间溢出效应）和总效应均呈先下降后上升的 U 形态势。这表明当网络零售市场规模小于拐点值时，网络零售会缩小本地区的城乡居民消费差距，并通过空间溢出效应缩小周边地区的城乡居民消费差距；当网络零售市场规模大于拐点值时，网络零售会扩大本地区的城乡居民消费差距，并通过空间溢出效应扩大周边地区的城乡居民消费差距。

本章进一步计算了网络零售对城乡居民消费差距 U 形直接效应、空间溢出效应和总效应的拐点值①。在控制其他因素的前提下，网络零售对城乡居民消费差距直接效应、空间溢出效应和总效应的拐点值分别为 93.66 亿元、46.51 亿元和 25.27 亿元（2007 年为基年的不变价）。从 2020 年的数据来看，中国各地区网络零售市场规模均值为 3 789.83 亿元，远远超过网络零售对城乡居民消费差距 U 形直接效应、空间溢出效应和总效应的拐点值。具体来看，只有青海和西藏的网络零售市场规模处于 U 形直接效应、空间溢出效应和总效应的左半段，其余 29 个省份的网络零售市场规模已

① 根据非对称互联网地理矩阵下的直接效应、空间溢出效应和总效应的估计系数，对回归方程求一阶偏导并令其为 0 求得 lnOr 拐点值（与数学中的意义不同）分别等于 13.75、13.05 和 12.44，得到拐点处的网络零售市场规模分别为 93.66 亿元、46.51 亿元和 25.27 亿元。

经进入右半段。这意味着随着网络零售市场规模的不断扩张,中国绝大部分省份的城乡居民消费差距呈现扩大趋势。鉴于中国网络零售快速发展的事实,其对城乡居民消费差距的拉大作用不容忽视。

5.5.3　网络零售对城乡居民消费差距的中介效应

网络零售除了能向消费者端渗透,还可以向企业端渗透。网络零售可以优化企业的销售环境,扩大企业的销售规模,提高企业(主要是城镇企业)的收入水平,进而影响城乡居民消费差距。实际上,网络零售可以通过引领农产品上行和工业品下行两条渠道作用于城乡居民收入差距,进而影响城乡居民消费差距。当前我国存在网络零售促进工业品下行为主、农产品上行为辅的格局,且这一局面短期内很难改变。一方面,城镇的商品分销体系和相关基础设施更加完善,网络零售向企业端渗透可以更好地改善农村的销售环境,更有利于促进工业品下行;另一方面,现有网络零售体系是基于标准化工业品的流通而形成的,无法完全满足标准化农产品流通的需要,农产品上行很难通过现有的网络零售体系持续快速扩大。

由此可见,网络零售可能通过作用于网络零售企业渗透率间接地影响城乡居民消费差距。网络零售企业渗透率(lnOer)用有电商交易活动的企业占比来衡量,数据来自《中国统计年鉴》。为了验证这一作用机制,本章引用温忠麟等(2004)提出的中介效应检验方法,结合研究构建以下三个模型:

$$\ln\text{Theilcon}_{it} = \rho_1 W_{ij} \ln\text{Theilcon}_{it} + \beta_1 \sum X_{it} + \theta_1 W_{ij} \sum X_{it} + \mu_i + \gamma_t + \varepsilon_{it} \tag{5.24}$$

$$\ln\text{Oer}_{it} = \rho_2 W_{ij} \ln\text{Oer}_{it} + \beta_2 \sum Z_{it} + \theta_2 W_{ij} \sum Z_{it} + \mu_i + \gamma_t + \varepsilon_{it} \tag{5.25}$$

$$\ln\text{Theilcon}_{it} = \rho_3 W_{ij} \ln\text{Theilcon}_{it} + \pi \ln\text{Oer}_{it} + \nu W_{ij} \ln\text{Oer}_{it} +$$
$$\beta_3 \sum X_{it} + \theta_3 W_{ij} \sum X_{it} + u_i + \gamma_t + \varepsilon_{it} \tag{5.26}$$

网络零售对城乡居民消费差距的影响的中介效应检验程序如图 5-7 所示。根据检验程序,借鉴 Pace & Lesage(2009)的研究,本章在表 5-6 的基础上,进一步对回归结果进行偏微分分解,得到各解释变量对被解释变量的总效应、直接效应和间接效应。表 5-7 汇报了网络零售等变量对网络零售企业渗透率的效应分解结果。

表 5-7 第(3)、(4)列为网络零售对网络零售企业渗透率的影响。第(3)列的结果显示,网络零售扩大了本地区、周边地区和总体的网络零售企

业渗透率,这一结果与李洁和邢炜(2020)的研究发现一致。第(4)列在第(3)列的基础上加入网络零售的平方项,结果显示,网络零售对网络零售企业渗透率的间接效应和总效应均呈先下降后上升的 U 形态势,而直接效应不显著。表 5-7 第(5)列和第(6)列分别在第(1)列和第(2)列的基础上加入网络零售企业渗透率,回归结果显示,网络零售企业渗透率对城乡居民消费差距的直接效应、间接效应和总效应均显著为正,这表明网络零售企业渗透率的提升不但会扩大本地区城乡居民消费差距,还会扩大周边地区城乡居民消费差距,进而拉大总体城乡居民消费差距。

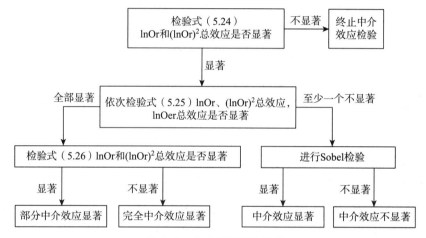

图 5-7　中介效应检验程序

表 5-7 第(2)、(4)、(6)列汇报了中介效应的检验结果。根据图 5-7 所示的中介效应检验程序和表 5-7 的回归结果,第(2)列的结果显示,式(5.24)中 lnOr 和(lnOr)^2 的总效应均显著;第(4)列的结果显示,式(5.25)中 lnOr 和(lnOr)^2 的总效应均显著;第(6)列的结果显示,式(5.26)中 lnOer 的总效应显著;第(6)列的结果显示,式(5.26)中 lnOr 和(lnOr)^2 的总效应均显著。由此可见,网络零售企业渗透率的中介效应机制成立,且是部分中介效应而非完全中介效应。进一步地,木章根据 Mackinnon et al.(1995)提出的方法对网络零售企业渗透率的部分中介效应进行测算。经计算,部分中介效应占比为 56.88%[①],即网络零售对城乡居民消费差距的影响有56.88%是通过作用于网络零售企业渗透率这一中介机制实现的。综上所

[①]　在式(5.24)、式(5.25)、式(5.26)中仅放入网络零售的一次项(lnOr)作为核心解释变量,根据表 5-7 第(1)、(3)、(5)列的总效应回归结果,部分中介效应 = 1.295×0.055/(1.295×0.055+0.054) = 56.88%。

述,网络零售在相当大程度上通过网络零售企业渗透率这一中介变量扩大了城乡居民消费差距。当前中国网络零售的发展模式并没有充分兼顾城乡发展的公平性,这为中国网络零售的高质量发展指明了方向,网络零售发展带来的城乡居民消费差距扩大效应亟待纠偏。

5.5.4 稳健性检验与内生性处理

1. 基于不同空间权重矩阵的稳健性检验

为了检验空间计量估计结果的稳健性,本章另行构建反距离空间权重矩阵 W_1 和经济地理空间权重矩阵 W_2 进行估计。空间权重矩阵构建方法如下:

$$W_{1,ij} = \begin{cases} 1/d_{ij} & i \neq j \\ 0 & i = j \end{cases} \tag{5.27}$$

$$W_{2,ij} = \begin{cases} (\overline{Q}_i \cdot \overline{Q}_j)/d_{ij}^2 & i \neq j \\ 0 & i = j \end{cases} \tag{5.28}$$

其中,$\overline{Q}_i$ 和 $\overline{Q}_j$ 分别表示地区 i 和地区 j 在 2007—2020 年的实际人均 GDP 均值,d_{ij} 为地区 i 和地区 j 间的地理距离。

基于反距离矩阵和经济-地理矩阵的 SDM 估计结果汇报在表 5-8 中。如表 5-8 所示,反距离矩阵和经济-地理矩阵下,网络零售对城乡居民消费差距的直接效应、间接效应和总效应均呈先下降后上升的 U 形态势,与表 5-7 的估计结果高度一致。这表明不同空间权重矩阵下的估计结果具有稳健性。

表 5-8　不同空间矩阵下网络零售对城乡居民消费差距的直接效应、间接效应和总效应

变量	反距离矩阵			经济-地理矩阵		
	直接效应	间接效应	总效应	直接效应	间接效应	总效应
lnOr	−0.117***	−0.025*	−0.142*	−0.082*	−0.151*	−0.233***
	(−2.74)	(−1.68)	(−1.74)	(−1.92)	(−1.74)	(−2.76)
(lnOr)²	0.005***	0.001*	0.004*	0.003**	0.006**	0.009***
	(3.83)	(−1.69)	(1.68)	(2.40)	(2.31)	(3.57)
其他控制变量	控制	控制	控制	控制	控制	控制
LogL		504.5142			511.0835	
R^2		0.9150			0.9188	
观测值		434			434	

注:*、**、***分别表示在 10%、5% 和 1% 的统计水平上显著。

2. 基于 SLX 的稳健性检验与内生性处理

网络零售和城乡居民消费差距之间可能互为因果关系。网络零售可以通过降低搜寻成本影响城镇和农村的居民消费支出;反过来,城乡居民消费差距的改变也可能会影响网络零售市场规模。为了处理互为因果关系带来的内生性问题,本章采用 Vega & Elhorst(2015)提出的只包含外生交互效应的空间滞后解释变量模型(SLX),借鉴黄群慧等(2019)的做法,将1984 年各省份万人电话机数量与各省份每年互联网接入用户数的交乘项及其空间滞后项作为网络零售及其空间滞后项的工具变量。一方面,网络零售的发展依赖于互联网技术的应用,而通信基础设施的建设能够影响到后续互联网技术的普及;另一方面,历史邮电数据几乎不会对城乡居民消费差距产生影响。考虑到 1984 年万人电话机数量是截面数据,借鉴 Nunn & Qian(2014)的做法,本章对 1984 年万人电话机数量与每年互联网接入用户数进行交乘。表 5-9 为反距离矩阵、经济-地理矩阵和非对称互联网地理矩阵下 SLX 模型的工具变量估计结果。

表 5-9　网络零售对城乡居民消费差距的影响的 SLX 工具变量回归结果

变量	反距离矩阵	经济-地理矩阵	非对称互联网地理矩阵
$\ln Or$	-0.197^{*}	-0.075^{*}	-0.076^{*}
	(-1.69)	(-1.94)	(-1.97)
$(\ln Or)^{2}$	0.007^{**}	0.004^{*}	0.004^{*}
	(2.52)	(1.96)	(1.99)
$W\ln Or$	-0.588^{*}	-0.066^{*}	-0.056^{*}
	(-1.67)	(-1.98)	(-1.96)
$W(\ln Or)^{2}$	0.021^{**}	0.006^{*}	0.005^{*}
	(1.97)	(1.73)	(1.83)
其他控制变量	控制	控制	控制
时间固定	控制	控制	控制
省份固定	控制	控制	控制
R^{2}	0.8909	0.9177	0.9178
Kleibergen-Paap rk	37.225	45.367	43.272
LM 统计量	$[0.000]$	$[0.000]$	$[0.000]$
Kleibergen-Paap rk	79.884	89.255	80.355

（续表）

变量	反距离矩阵	经济－地理矩阵	非对称互联网地理矩阵
Wald F 统计量	{7.030}	{7.030}	{7.030}
观测值	434	434	434

注：*、**分别表示在 10% 和 5% 的统计水平上显著；[ ]内为 P 值；{ }内为 Stock-Yogo 弱工具变量检验 10% 水平上的临界值。

表 5-9 显示，在三种空间权重矩阵下，对于工具变量识别不足的检验，Kleibergen-Paap rk 的 LM 统计量均拒绝原假设；对于工具变量弱识别的检验，Kleibergen-Paap rk 的 Wald F 统计量大于 Stock-Yogo 10% 水平上的临界值，表明不存在弱工具变量问题。以上检验证明了工具变量选取的合理性。在考虑了内生性之后，反距离矩阵、经济－地理矩阵和非对称互联网地理矩阵下，网络零售对城乡居民消费差距的直接效应、间接效应和总效应均呈先下降后上升的 U 形态势，与表 5-7 的估计结果高度一致，表明本章的实证结果具有稳健性。

5.5.5　网络零售对城乡居民消费差距空间溢出效应的有效距离边界

本章的实证结果表明，网络零售对城乡居民消费差距产生了先下降后上升的 U 形空间溢出效应，但前文的分析并没有考虑地理距离差异。地理学第一定律认为，经济活动的空间依赖性会随着地理距离的加长而衰减。那么，网络零售对城乡居民消费差距的空间溢出效应是否也具有这一特征呢？为了更深入地考察网络零售对城乡居民消费差距的空间溢出效应如何随地理距离的变化而变化，本章基于非对称互联网地理矩阵，从省际的最短距离 200 公里开始，每增加 100 公里对式（5.23）进行一次 SDM 回归，考察当参与回归的空间单元间距离逐步加长时，空间溢出效应如何变化。由于 2 100 公里之外，参与回归的空间单元过少且出现较多噪声，因此本章考察 2 100 公里范围内网络零售对居民消费支出空间溢出效应的变化情况。

表 5-10 显示，网络零售及其平方项的系数在 1 000 公里以内并不显著；在 1 100—1 800 公里内，网络零售及其平方项的系数分别显著为负和正；距离超过 1 900 公里，网络零售及其平方项的系数不再显著。这表明网络零售对城乡居民消费差距产生的 U 形空间溢出效应的有效距离边界为 1 100—1 800 公里。在 1 100 公里处，空间溢出效应的估计系数处于最高水平，空间溢出效应达到最大值，这表明网络零售对城乡居民消费差距空间溢出效应的最强作用距离为 1 100 公里。需要注意的是，在有效距离边

界范围内,网络零售对城乡居民消费差距空间溢出效应的估计系数值(绝对值)随着地理距离的增加大致呈现先下降后上升的过程,并没有随着地理距离的增加而出现空间衰减特征,与地理学第一定律相悖。其原因在于网络零售的交易过程依托于互联网进行,打破了物理时间和空间的约束,从而大大降低了网络零售对城乡居民消费差距空间溢出效应的地理距离限制。

表 5-10　不同地理距离网络零售对城乡居民消费差距空间溢出效应的 SDM 估计结果①

地理距离(公里)	lnOr	(lnOr)²	地理距离(公里)	lnOr	(lnOr)²
200	−0.0270	0.0047	1 200	−0.2309**	0.0050*
300	−0.2152	0.0099**	1 300	−0.1766**	0.0050**
400	−0.1256	0.0039	1 400	−0.1588*	0.0039
500	−0.1153	0.0027	1 500	−0.1462**	0.0031*
600	0.0508	−0.0006	1 600	−0.1461**	0.0046**
700	−0.1328	0.0051	1 700	−0.2444***	0.0083***
800	−0.1311	0.0068	1 800	−0.2566***	0.0078***
900	−0.1315	0.0033	1 900	−0.0841	0.0018
1 000	−0.1792	0.0051	2 000	−0.0537	0.0002
1 100	−0.2910**	0.0084**	2 100	−0.0719	0.0012

注:*、**、***分别表示在 10%、5% 和 1% 的统计水平上显著。

5.5.6　网络零售城乡居民消费差距效应的地理区位差异

由中国各省份城乡居民消费差距和网络零售的空间分布情况可知,中国城乡居民消费差距和网络零售在空间上存在显著的异质性分布。中国城乡居民消费差距呈现"东部小、中西部大"的空间分布特征,网络零售市场规模呈现东部、中部、西部依次递减态势,有必要对中国东部、中部、西部三大区域分别进行空间计量估计,进而考察网络零售对城乡居民消费差距影响的地理区位差异。表 5-11 汇报了非对称互联网地理矩阵下分地区网络零售对城乡居民消费差距 SDM 估计的效应分解结果。

---

①　由于各控制变量直接效应、间接效应和总效应的估计系数和表 5-6 基本一致,而间接效应反映本地区网络零售对周边地区居民消费支出的空间溢出效应,因此这里仅汇报不同地理距离内网络零售及其平方项的间接效应估计结果。

表 5-11　分地区网络零售对城乡居民消费差距的效应分解结果

效应	变量	东部地区		中部地区		西部地区	
		(1)	(2)	(3)	(4)	(5)	(6)
总效应	$\ln Or$	-0.392*	-0.276**	-0.974***	-0.996***	0.210***	0.162***
		(-1.82)	(-1.82)	(-3.08)	(-2.76)	(2.95)	(2.68)
	$(\ln Or)^2$	0.014*	0.009**	0.042***	0.042***	-0.006**	-0.004**
		(1.72)	(1.72)	(3.39)	(2.83)	(-2.21)	(-1.99)
	其他控制变量	控制	控制	控制	控制	控制	控制
直接效应	$\ln Or$	-0.187*	-0.194**	-0.176	-0.269	-0.017	-0.018
		(-1.75)	(-1.75)	(-0.57)	(-0.76)	(-0.33)	(-0.38)
	$(\ln Or)^2$	0.006*	0.007***	0.006	0.009	0.002	0.001
		(1.83)	(1.83)	(0.56)	(0.75)	(1.06)	(0.85)
	其他控制变量	控制	控制	控制	控制	控制	控制
间接效应	$\ln Or$	-0.205	-0.082	-0.798**	-0.727*	0.226***	0.180**
		(-1.16)	(-0.77)	(-2.01)	(-1.72)	(2.95)	(2.55)
	$(\ln Or)^2$	0.008	0.002	0.036**	0.032*	-0.007***	-0.006**
		(1.31)	(0.62)	(2.51)	(1.92)	(-2.65)	(-2.19)
	其他控制变量	控制	控制	控制	控制	控制	控制

注：*、**、***分别表示在 10%、5% 和 1% 的统计水平上显著。

从表 5-11 可以看出,东部、中部、西部三个区域的网络零售对城乡居民消费差距的影响存在显著差异。东部地区和中部地区的网络零售对城乡居民消费差距的总效应呈先下降后上升的 U 形态势,且中部地区网络零售对城乡居民消费差距的影响力度明显大于对东部地区的影响。其原因可能在于:东部地区省份的城乡居民消费便民设施更加健全,居民消费方式更加多元化;中部地区省份正处于中部崛起阶段,基础设施趋于完善,成本优势逐渐凸显,网络零售等相关产业发展空间逐步扩大,从而在更大程度上激发了广大潜在消费者的消费热情。西部地区网络零售对城乡居民消费差距产生先上升后下降的倒 U 形间接效应和总效应。这意味着一旦西部地区的网络零售市场规模超过拐点值,网络零售就会缩小城乡居民消费差距。在西部大开发战略下,西部地区不断挖掘自身资源优势,产业结构不断优化调整,带动了当地的经济发展以及居民收入水平的提升。随着网络零售的深入发展,网络零售渠道和物流配送等基础设施不断完善,居民通过网络购物变得非常方便且有了更多的选择,这尤其释放了农村地区的消费潜力,拉动了农村居民的消费需求,进而缩小了城乡居民消费差距。

5.6 小结

本章构建了网络零售与城乡居民消费差距呈 U 形关系的理论模型。进一步地,本章基于 2007—2020 年中国 31 个省(区、市)的面板数据,构建非对称互联网地理权重矩阵,考察网络零售和城乡居民消费差距的空间相关性以及不同地理位置的空间关联模式,采用空间杜宾模型实证分析网络零售的城乡居民消费差距效应及其中介效应,并估计网络零售对城乡居民消费差距空间溢出效应的有效距离边界和地理区位差异,得出以下主要结论:

(1) 中国网络零售和城乡居民消费差距均呈现正向的空间依赖特征。网络零售在空间上呈现东部、中部、西部依次递减态势,城乡居民消费差距则呈现东部、中部、西部依次上升态势,二者均具有区域集聚的特点。网络零售的"高—高"集聚区和"低—低"集聚区均形成了连片地带。河南、福建、上海、山东、江苏、浙江、安徽构成了网络零售的高水平集聚区域,甘肃、新疆、青海、西藏构成了网络零售的低水平集聚区域。从 2007—2020 年网络零售集聚区的时序变化来看,网络零售的"高—高"集聚区在 2007—2012 年主要由东部沿海地区的福建、上海、山东、江苏和浙江构成;随着时间的推移,湖北、河南、安徽分别在 2013 年、2015 年、2019 年加入"高—高"集聚区,使得网络零售的"高—高"集聚区域不断扩大。这表明网络零售的高水平集聚区域对周边地区具有显著的扩散效应和示范效应,即网络零售具有正向的空间溢出特征。网络零售的"低—低"集聚区长期以来一直比较稳定,主要为西部地区的甘肃、青海、新疆和西藏。城乡居民消费差距的"高—高"集聚区主要为西部地区的新疆和西藏,"低—低"集聚区以东部地区为主,包括江苏、天津、上海、北京、辽宁和浙江。从 2007—2020 年城乡居民消费差距集聚区的时序变化来看,长期以来,新疆和西藏构成了城乡居民消费差距的"高—高"集聚区,而城乡居民消费差距的"低—低"集聚区主要为东部地区的经济发达省份。

(2) 网络零售对城乡居民消费差距的直接效应、空间溢出效应和总效应均呈先下降后上升的 U 形态势。在控制其他因素的前提下,网络零售对城乡居民消费差距直接效应、空间溢出效应和总效应的拐点值分别为 93.66 亿元、46.51 亿元、25.27 亿元。从 2020 年的数据来看,中国各地区网络零售市场规模的均值为 3 789.83 亿元,远远超过网络零售对城乡居民消费差距 U

形直接效应、空间溢出效应和总效应的拐点值。具体来看,只有青海和西藏的网络零售市场规模处于 U 形直接效应、空间溢出效应和总效应的左半段,其余 29 个省份的网络零售市场规模已经进入右半段。这意味着,中国绝大部分省份随着网络零售市场规模的不断扩张,城乡居民消费差距呈现扩大趋势。

(3) 网络零售除了能向消费者端渗透,还可以向企业端渗透。网络零售企业渗透率的提升不但会扩大本地区的城乡居民消费差距,而且会扩大周边地区的城乡居民消费差距,进而拉大总体的城乡居民消费差距。网络零售通过网络零售企业渗透率这一中介变量扩大了城乡居民消费差距。当前中国网络零售的发展模式并没有充分兼顾城乡发展的公平性,这为中国网络零售的高质量发展指明了方向,网络零售发展带来的城乡居民消费差距扩大效应亟待纠偏。

(4) 将地理距离差异因素考虑在内,网络零售对城乡居民消费差距的 SDM 估计结果显示:网络零售对居民消费支出产生的 U 形空间溢出效应的有效距离边界为 1 100—1 800 公里。在 1 100 公里处,空间溢出效应达到最大值,这表明网络零售对城乡居民消费差距空间溢出效应的最强作用距离为 1 100 公里。需要注意的是,在有效距离边界范围内,网络零售对城乡居民消费差距空间溢出效应的估计系数值(绝对值)随着地理距离的加长大致呈现先下降后上升的过程,并没有随着地理距离的增加而出现空间衰减特征。

(5) 东部、中部、西部三个区域的网络零售对城乡居民消费差距的影响存在显著差异。东部地区和中部地区的网络零售对城乡居民消费差距的总效应呈先下降后上升的 U 形态势,且中部地区网络零售对城乡居民消费差距的影响力度明显大于对东部地区的影响。西部地区网络零售对城乡居民消费差距产生了先上升后下降的倒 U 形空间溢出效应和总效应。

第6章 网络零售、空间溢出与居民消费跨区域流动

网络零售实现了跨越时空约束的信息匹配,将局限于特定地区的消费行为扩展到全国甚至全球范围。跨区域信息匹配成本的降低可以将地理区域外的消费拉入本区域,实现了居民消费的跨区域流动。本章对"核心－边缘模型"进行拓展,构建网络零售影响居民消费跨区域流动的理论模型,探究中国居民消费跨区域流动的空间演变特征,采用动态空间面板模型,从时间和空间两个维度实证分析网络零售的居民消费跨区域流动效应,并估计网络零售对居民消费跨区域流动空间溢出效应的有效距离边界和地理区位差异。本章的主要结论如下:其一,中国网络零售和消费净流入率均呈现正向的空间依赖特征,且具有区域集聚的特点;其二,网络零售不仅能提高本地区的消费净流入率,还对周边地区的消费净流入率具有正向的空间溢出效应;其三,网络零售对消费净流入率的空间溢出效应具有明显的有效距离边界和地理区位差异。本章的结论可以为推动网络零售的高质量发展、优化地区的消费格局、促进国内一体化消费市场的形成提供新思路。

6.1 居民消费跨区域流动的相关文献综述

改革开放之后,中国跨区域的人口流动仍然受到很大制约,由此跨区域消费较为少见。人口的大规模跨区域流动随着市场经济的不断发展而进行,资源的自由整合和户籍制度约束的逐步松动使得人口的跨区域流动变得越来越平常。特别是21世纪以来,在经济一体化加速、区域之间发展不平衡的背景下,人口流动性越来越强。少数研究者已关注人口流动带来的消费空间流动现象。王宁(2014)从社会学研究的角度强调,作为社会流

动中一个非常重要但又被忽略的向度,消费流动涉及与市场相联系的社会不平等以及与再分配机制相联系的社会不平等问题。王磊和杨文毅(2021)从人口流动的角度分析消费跨区域流动问题,分析中国银联异地刷卡消费数据,发现由人口流动尤其是旅游业发展引发的消费跨区域流动主要流向大城市,而交通基础设施、文化差异是影响消费跨区域流动的重要因素。

与人口流动带来的消费集聚不同,近十几年来网络零售的迅猛发展引发了前所未有的居民消费跨区域流动。网络零售跨区域信息匹配成本的降低可以将地理区域外的消费拉入本区域,使得消费可以跨区域流动。网络零售发展水平高的省份,若省内居民对省外产品的购买量小于省外居民对省内产品的购买量,则发生消费净流入;反之,网络零售发展水平低的省份,若省内居民对省外产品的购买量大于省外居民对省内产品的购买量,则发生消费净流出。针对网络零售居民消费效应的研究主要集中于网络零售对居民消费支出的影响,目前还没有关于网络零售对居民消费跨区域流动的影响的实证研究。探究网络零售的居民消费跨区域流动效应,有必要将区域之间存在空间效应作为分析的前提。一方面,网络零售打破了物理时间和空间的约束,跨区域信息匹配成本的降低可以将周边地区的消费拉入本地区,即网络零售对居民消费跨区域流动产生了空间溢出效应;另一方面,网络零售和居民消费跨区域流动均不是孤立存在的,而是在地区之间呈现空间依赖性和空间异质性。鉴于此,在空间溢出视角下,本章通过空间计量模型将区域间的空间效应纳入分析框架,实证分析网络零售对居民消费跨区域流动的影响。

本章的主要贡献可以归结如下:其一,在研究视角上,将区域间的空间效应考虑在内,在空间溢出视角下,探究网络零售对居民消费跨区域流动的影响,并估计网络零售对居民消费跨区域流动的空间溢出效应的有效距离边界和地理区位差异。这补充了现有文献的研究视角。其二,在理论层面上,加入网络零售因素,对"核心-边缘模型"进行拓展,构建网络零售对居民消费跨区域流动的影响的理论模型。这是对传统理论模型的拓展,丰富了现有的居民消费理论。其三,在实证层面上,除了反距离矩阵和经济-地理矩阵,还创新性地引入非对称互联网地理矩阵,在同时考虑居民消费跨区域流动的时间滞后效应、空间滞后效应和时空滞后效应的条件下,采用动态空间计量模型,从时间和空间两个维度考察网络零售的居民消费跨区域流动效应。这克服了传统计量方法的衡量偏误,强化了模型的解释能力,使实证结果更加准确。其四,在政策干预上,本章的结论可以为推动网络零售的高质量发展、优化地区的消费格局、促进国内一体化消费市场的形成提供技术创新的思路。

6.2　网络零售对居民消费跨区域流动的影响的理论模型

为了分析网络零售的居民消费跨区域流动效应,本部分基于 Krugman(1991)提出的"核心-边缘模型"分析框架,并借鉴 Baldwin et al.(2003)和肖挺(2018)的研究,将网络零售这一影响因素加入模型,分析网络零售带来的交易成本下降对居民消费跨区域流动的影响。

假设在网络零售模式下,消费者可以便利地在 a 和 b 两个地区购买商品。为了实现消费效用最大化,消费者将收入用于购买各类商品。假设在 a 地区消费者购买若干种商品后的效用函数为:

$$U_a = \prod_{i=1}^{n} C_{a,i}^{\mu_i}$$

$$\sum_{i=1}^{n} \mu_i = 1 \tag{6.1}$$

其中,$C_{a,j}$ 是商品 i 的消费量,μ_i 是消费者在商品 i 上的消费支出份额,n 是商品种类。进一步假设 a 地区消费者的收入水平为 W_a,a 地区商品 i 的价格为 $P_{a,j}$,则预算方程为:

$$\sum_{i=1}^{n} P_{a,i} C_{a,i} = W_a \tag{6.2}$$

其中,a 地区商品 i 的消费量 $C_{a,j}$ 和价格 $P_{a,j}$ 可以按照 Krugman(1991)提出的指数形式展开:

$$C_{a,i} = \left(\int_0^n c_{a,i,j}^{1-(1/\delta)} d_i \right)^{\delta/(\delta-1)} \tag{6.3}$$

$$P_{a,i} = \left(\int_0^n p_{a,i,j}^{1-\delta} d_i \right)^{1-\delta} \tag{6.4}$$

其中,$0 < \mu < 1 < \delta$,$c_{a,i,j}$ 是 a 地区对商品 i 中 j 子类商品的消费量,$p_{a,i,j}$ 则是对应子类商品的价格,δ 是大类商品内部各子类商品之间的替代弹性。在进行最优化后,可得出 a 地区商品 i 给消费者带来的间接效用函数为:

$$V_a = \frac{\left(\prod_{i=1}^{n} \mu_i^{\mu_i} \right) W_a}{\prod_{i=1}^{n} P_{a,i}^{\mu_i}} \tag{6.5}$$

根据"核心-边缘模型"阐述的两地区之间零售商最优化条件,可对商品 i 的价格指数 $P_{a,i}$ 进行转换:

$$P_{a,i} = \left[S_{a,i} W_a^{(1-\delta)} + S_{b,i} \left(W_b T_{ab} \right)^{(1-\delta)} \right]^{1/(1-\delta)} \tag{6.6}$$

其中,W_b 是 b 地区消费者的收入;$S_{a,i}$ 是 a 地区消费者在 a 地区消费的商品数量占 a 和 b 两地区的消费商品总量之比,$S_{b,i}$ 是 a 地区消费者在 b 地区消费的商品数量占 a 和 b 两地区的消费商品总量之比,且 $S_{a,i} + S_{b,i} = 1$;T_{ab} 是 Samuelson(1958)提出的冰山运输成本。这里所说的冰山运输成本是一个宽泛的概念,包括所有因地理空间因素而产生的交易成本,如各种关税或非关税壁垒、仓储运输成本、分销成本、信息搜寻成本和其他隐性成本等。网络零售的交易过程依托于互联网进行,打破了物理时间和空间的约束,有利于降低交易成本,即网络零售降低了 T_{ab}。

将式(6.6)代入式(6.5),可得到 a 和 b 两地区商品 i 给消费者带来的间接效用函数:

$$V_a = \frac{\left(\prod_{i=1}^{n} \mu_i^{\mu_i} \right) W_a}{\left[S_{a,i} W_a^{(1-\delta)} + S_{b,i} \left(W_b T \right)^{(1-\delta)} \right]^{1/(1-\delta)} \prod_{i=2}^{n} P_{a,i}^{\mu_i}} \tag{6.7}$$

$$V_b = \frac{\left(\prod_{i=1}^{n} \mu_i^{\mu_i} \right) W_b}{\left[S_{a,i} \left(W_a T \right)^{(1-\delta)} + S_{b,i} W_b^{(1-\delta)} \right]^{1/(1-\delta)} \prod_{i=2}^{n} P_{b,i}^{\mu_i}} \tag{6.8}$$

在长期均衡条件下,消费者要对在 a 地区还是 b 地区消费进行选择,从而进一步构建相对效用函数:

$$D_{ab} = \frac{V_a}{V_b} = \frac{W_a}{W_b} \cdot \frac{\prod_{i=2}^{n} P_{b,i}^{\mu_i}}{\prod_{i=2}^{n} P_{a,i}^{\mu_i}} \cdot \frac{\left[S_{a,i} W_a^{(1-\delta)} + S_{b,i} \left(W_b T \right)^{(1-\delta)} \right]^{1/(\delta-1)}}{\left[S_{a,i} \left(W_a T \right)^{(1-\delta)} + S_{b,i} W_b^{(1-\delta)} \right]^{1/(\delta-1)}}$$

进一步可整理出:

$$D_{ab} = \frac{W_a}{W_b} \cdot \frac{\prod_{i=2}^{n} P_{b,i}^{\mu_i}}{\prod_{i=2}^{n} P_{a,i}^{\mu_i}} \cdot \frac{\left[\frac{S_{a,i}}{S_{b,i}} \left(\frac{W_a}{W_b} \right)^{(1-\delta)} + T^{(1-\delta)} \right]^{1/(\delta-1)}}{\left[\frac{S_{a,i}}{S_{b,i}} \left(\frac{W_a}{W_b} T \right)^{(1-\delta)} + 1 \right]^{1/(\delta-1)}} \tag{6.9}$$

由于 $S_{a,i} + S_{b,i} = 1$，此处可将 $S_{a,i}$ 简化为 S，并且令 $T^{(1-\delta)} = \chi$，则式（6.9）可简化为：

$$D_{ab} = \frac{W_a}{W_b} \cdot \frac{\prod\limits_{i=2}^{n} P_{b,i}^{\mu_i}}{\prod\limits_{i=2}^{n} P_{a,i}^{\mu_i}} \cdot \frac{\left[\dfrac{S}{1-S}\left(\dfrac{W_a}{W_b}\right)^{(1-\delta)} + \chi\right]^{1/(\delta-1)}}{\left[\dfrac{S}{1-S}\left(\dfrac{W_a}{W_b}\right)^{(1-\delta)}\chi + 1\right]^{1/(\delta-1)}} \quad (6.10)$$

对式（6.10）求自然对数：

$$\ln D_{ab} = \ln\frac{W_a}{W_b} + \sum_{i=2}^{n}\ln\frac{P_{b,i}^{\mu_i}}{P_{a,i}^{\mu_i}} +$$

$$\frac{1}{(\delta-1)} \cdot \ln\left(1 + \frac{\dfrac{S}{1-S} \cdot \left(\dfrac{W_a}{W_b}\right)^{(1-\delta)} + \chi - \dfrac{S}{1-S} \cdot \left(\dfrac{W_a}{W_b}\right)\chi - 1}{\dfrac{S}{1-S} \cdot \left(\dfrac{W_a}{W_b}\right)^{(1-\delta)}\chi + 1}\right) \quad (6.11)$$

对式（6.11）右边第三项进行泰勒展开后可进一步简化为：

$$\ln D_{ab} = \ln\frac{W_a}{W_b} + \sum_{i=2}^{n}\ln\frac{P_{b,i}^{\mu_i}}{P_{a,i}^{\mu_i}} +$$

$$\frac{1}{(\delta-1)} \cdot \left(\frac{\dfrac{S}{1-S} \cdot \left(\dfrac{W_a}{W_b}\right)^{(1-\delta)} + \chi - \dfrac{S}{1-S} \cdot \left(\dfrac{W_a}{W_b}\right)\chi - 1}{\dfrac{S}{1-S} \cdot \left(\dfrac{W_a}{W_b}\right)^{(1-\delta)}\chi + 1}\right) \quad (6.12)$$

均衡状态下消费者在 a 地区和 b 地区消费所获得的效用相等，此时 $D_{ab} = 1$，即 $\ln D_{ab} = 0$，则式（6.12）可写成：

$$\frac{S}{1-S} = -\frac{\chi}{1-\chi^2}\ln\chi + \frac{(\delta-1)\chi}{\mu(1-\chi^2)}\ln\frac{W_a}{W_b} + \frac{(\mu-1)(\delta-1)\chi}{\mu(1-\chi^2)}\sum_{i=2}^{n}\frac{P_{b,i}^{\mu_i}}{P_{a,i}^{\mu_i}}$$

$$(6.13)$$

式（6.13）中，$\dfrac{S}{1-S}$ 表示某地区的消费者在本地区的消费与其在其他地区的消费之比，可以反映居民消费跨区域流动情况。由式（6.13）可知，消费者的跨区域消费选择行为在一定程度上取决于交易成本 χ，而网络零售依托于互联网，打破了供需双方在时间和空间上的约束，使得交易成本 χ 下降，导致居民消费跨区域流动，其作用方向内生于网络零售本身。基于以上分析，本章提出以下研究假设：

　　假设1　网络零售引发了居民消费跨区域流动。

　　假设2　网络零售对居民消费跨区域流动具有空间溢出效应,且空间溢出效应不受地理距离的限制。

6.3　中国居民消费跨区域流动的空间演变特征

　　为了认清中国各地区消费净流入率的空间演变特征,图6-1绘制了2007年、2014年和2020年中国各地区消费净流入率的变化趋势。如图6-1所示,从消费净流入率的时间变化来看,各地区的消费净流入率整体上经历了一个小幅度震荡变化的过程,部分早期消费净流出地区变为消费净流入地区,但也有个别地区由消费净流入地区变为消费净流出地区。新疆、青海、甘肃、宁夏、广西、云南一直处于消费流失状态;西藏一直为消费净流入地区,且消费净流入率整体上呈稳步上升状态。31个省(区、市)中,2007年有18个是消费净流出,2012年减至9个,2020年又增至15个。从2020年消费净流入率的空间分布来看,当前我国消费净流入地区主要以经济相对发达的省份为主,主要包括西藏、福建、安徽、重庆、湖北、浙江、贵州、陕西、上海、北京、四川、河南、江西、江苏、广东和湖南,其他省份为消费净流出地区。需要注意的是,经济最发达的一些地区似乎没有在消费净流入方面取得最突出的成绩,如上海、北京、广东和江苏,这可能与外向型经济发展有关,即这些地区的大量居民在海外跨国消费降低了本地经济水平对消费流入的影响。

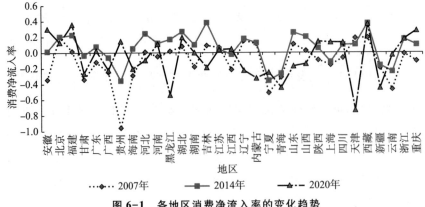

图6-1　各地区消费净流入率的变化趋势

6.4　网络零售与居民消费跨区域流动的空间相关性

6.4.1　指标构建与变量选择

中国网络零售的发展历程较短,同时考虑到数据的可得性,本章选取 2007—2020 年各省、自治区和直辖市数据作为样本。表 6-1 列示了各变量的计算方法、基本统计量和数据来源。

表 6-1　变量的统计性描述

变量	均值	标准差	最小值	最大值	定义及数据来源
Cfr	0.000	0.226	−0.958	0.480	消费净流入率
lnOr	14.222	2.068	8.814	19.173	网络零售市场规模(单位:万元)取对数
lnInc	9.501	0.465	8.430	10.807	人均可支配收入(单位:元)取对数
Infla	0.093	0.766	−0.023	9.280	通货膨胀率
Uer	0.034	0.007	0.012	0.046	城镇登记失业率
Gdr	0.371	0.070	0.193	0.578	总抚养比:大于 15 岁和小于 65 岁人口数/就业人口总数
lnTra	8.832	0.926	5.852	10.424	交通基础设施取对数:铁路和公路运营里程/各省(区、市)行政区土地面积
Intr	0.470	0.201	0.060	0.956	互联网普及率:互联网使用人口/地区人口总数
Urb	0.552	0.142	0.215	0.896	城镇化率:城镇常住人口占当地总人口比重
lnRpex	7.807	0.713	5.488	9.385	地方政府财政支出(单位:亿元)取对数
Socr	0.130	0.035	0.055	0.276	社会保障:社会保障支出占政府总支出的比重

资料来源:网络零售市场规模数据来自各年《中国网络零售市场数据监测报告》,其余变量数据来自各年《中国统计年鉴》。

注:各变量的样本数均为 434。

1. 被解释变量

被解释变量为消费净流入率(Cfr),衡量居民消费跨区域流动。一个地区的消费净流入率为正值表示该地区的消费流入大于消费流出,为消费净流入地区;反之,一个地区的消费净流入率为负值表示该地区的消费流入小于消费流出,为消费净流出地区。消费净流入率为各地区社会消费品零售总额(Trs)与居民消费支出(Con)的差额在各地区社会消费品零售总额中的占比,计算公式为:

$$Cfr = \frac{Trs - Con}{Trs} \tag{6.14}$$

2. 核心解释变量

核心解释变量为网络零售市场规模取对数(lnOr)。由于无法直接获得各地区的网络零售市场规模数据,考虑到网络零售商品主要通过快递的方式从卖家转移到买家手中,因此本章借鉴方福前和邢伟(2015)的研究,用各地区的快递业务数量①乘以一个权重来反映各地区的网络零售市场规模。该权重为全国网络零售交易额与全国快递业务数量之比,即平均每件快递代表的网络零售交易额。为了消除通货膨胀因素的影响,该变量以2007年不变价进行衡量。此外,模型中还引入网络零售市场规模取对数的平方项$[(lnOr)^2]$,考察网络零售与居民消费净流入率之间可能存在的非线性关系。

3. 控制变量

参考以往文献,本章选取以下变量作为控制变量:(1)人均可支配收入取对数(lnInc),(2)通货膨胀率(Infla),(3)城镇登记失业率(Uer),(4)总抚养比(Gdr),(5)交通基础设施取对数(lnTra),(6)互联网普及率(Intr),(7)城镇化率(Urb),(8)地方政府财政支出取对数(lnRpex),(9)社会保障(Socr)。

6.4.2 空间权重矩阵设计

首先,在借鉴以往文献的基础上,根据地理学第一定律的思想——"空间单元的相关性随着地理距离的加长而降低",构建反距离空间权重矩阵 W_1。

$$W_{1,ij} = \begin{cases} 1/d_{ij} & i \neq j \\ 0 & i = j \end{cases} \tag{6.15}$$

其中,d_{ij} 为地区 i 和地区 j 之间的地理距离。

---

① 各地区的快递业务数量指当地寄出的快递数量。

其次,由于现实中个体间的空间关联可能并不是仅仅来自地理因素,而是受地理距离和经济行为的双重影响,因此我们借鉴侯新烁等(2013)的方法,综合考虑不同空间个体在地理距离和经济行为两方面的特征,基于引力模型构建经济-地理空间权重矩阵 W_2。

$$W_{2,ij} = \begin{cases} (\overline{Q}_i \cdot \overline{Q}_j)/d_{ij}^2 & i \neq j \\ 0 & i = j \end{cases} \tag{6.16}$$

其中, $\overline{Q}_i$ 和 $\overline{Q}_j$ 分别表示地区 i 和地区 j 在 2007—2020 年的实际人均 GDP 均值, d_{ij} 为地区 i 和地区 j 之间的地理距离。

最后,由于不同地区存在网络关联特征,而且互联网发展水平较高(低)的地区对互联网发展水平较低(高)的地区产生更强(弱)的空间影响,因此我们构建非对称互联网地理权重矩阵 $W_{3,ij}$:

$$W_{3,ij} = \begin{cases} W_1 \mathrm{diag}\left(\dfrac{\overline{Y}_1}{\overline{Y}}, \dfrac{\overline{Y}_2}{\overline{Y}}, \cdots, \dfrac{\overline{Y}_{31}}{\overline{Y}}\right) & i \neq j \\ 0 & i = j \end{cases} \tag{6.17}$$

其中, W_1 为反距离空间权重矩阵; $\overline{Y}_1, \overline{Y}_2, \cdots, \overline{Y}_{31}$ 表示观测期内第 1,第 2,…,第 31 个省份的互联网渗透率均值; $\overline{Y}$ 表示观测期内所有省份的互联网渗透率均值。互联网渗透率用互联网使用人数占当地人口总数的比重来衡量。

6.4.3　空间相关性检验

为了判断网络零售和消费净流入率是否各自具有空间相关性,本章采用全局空间自相关 Moran's I 指数进行检验,表 6-2 为基于反距离矩阵、经济-地理矩阵和非对称互联网地理矩阵的空间相关性检验结果。结果显示,在三种空间权重矩阵下,网络零售市场规模取对数(lnOr)和消费净流入率(Cfr)的 Moran's I 指数均至少在 5% 的显著水平上大于 0。这说明网络零售和消费净流入率在空间上均不是随机分布的,而是呈现显著正向的空间依赖特征。

表 6-2　网络零售和消费净流入率的空间相关性检验结果

变量	反距离矩阵 W_1 Moran's I	经济-地理矩阵 W_2 Moran's I	非对称互联网地理矩阵 W_3 Moran's I
lnOr	0.401 ***	0.571 ***	0.578 ***
	(21.426)	(19.155)	(19.738)
Cfr	0.032 **	0.151 ***	0.165 ***
	(2.385)	(5.147)	(5.710)

注: *、**、*** 分别表示在 10%、5% 和 1% 的统计水平上显著;括号内为 z 值。

　　图 6-2 为基于非对称互联网地理矩阵的 2020 年消费净流入率和网络零售市场规模(取对数)的莫兰散点图。图 6-2 显示,消费净流入率和网络零售的大部分散点分布在第一象限的"高—高"集聚区以及第三象限的"低—低"集聚区。这表明消费净流入率和网络零售在地理空间上均具有区域集聚的特征,且呈现正向的空间依赖特征。进一步地,本章基于局部空间相关性 LISA 聚类分析,列出非对称互联网地理矩阵下 2007—2020 年消费净流入率和网络零售市场规模(取对数)所有通过 10% 显著性检验的"高—高"集聚区和"低—低"集聚区(见表 6-3)。

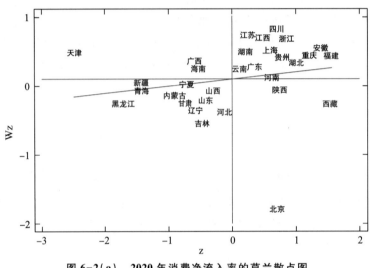

图 6-2(a)　2020 年消费净流入率的莫兰散点图

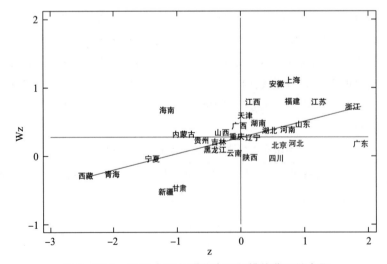

图 6-2(b)　2020 年网络零售市场规模的莫兰散点图

表 6-3 网络零售和消费净流入率的 LISA 聚类分布情况

指标	年份	"高—高"集聚区	"低—低"集聚区
网络零售市场规模	2007	福建、上海、山东、江苏、浙江	甘肃、新疆、青海、西藏
	2008	福建、上海、山东、江苏、浙江	甘肃、新疆、青海、西藏
	2009	福建、上海、山东、江苏、浙江	甘肃、新疆、青海、西藏
	2010	福建、上海、山东、江苏、浙江	甘肃、新疆、青海、西藏
	2011	福建、上海、山东、江苏、浙江	甘肃、新疆、青海、西藏
	2012	福建、上海、山东、江苏、浙江	新疆、青海、西藏
	2013	湖北、福建、上海、山东、江苏、浙江	甘肃、新疆、青海、西藏
	2014	湖北、福建、上海、山东、江苏、浙江	甘肃、新疆、青海、西藏
	2015	河南、湖北、福建、上海、山东、江苏、浙江	甘肃、新疆、青海、西藏
	2016	河南、湖北、福建、上海、山东、江苏、浙江	甘肃、新疆、青海、西藏
	2017	河南、湖北、福建、上海、山东、江苏、浙江	甘肃、青海、新疆、西藏
	2018	河南、湖北、福建、上海、山东、江苏、浙江	甘肃、新疆、青海、西藏
	2019	河南、湖北、福建、上海、山东、江苏、浙江、安徽	甘肃、新疆、青海、西藏
	2020	河南、福建、上海、山东、江苏、浙江、安徽	甘肃、新疆、青海、西藏
消费净流入率	2007	河北、北京、天津、吉林、内蒙古、山东、辽宁	云南
	2008	山西、北京、天津、河北、山东、辽宁、内蒙古、吉林	甘肃、云南、贵州
	2009	山西、北京、天津、内蒙古、河北、山东、辽宁、黑龙江、吉林	甘肃、云南
	2010	北京、天津、内蒙古、河北、山东、辽宁、黑龙江、吉林	甘肃、云南
	2011	内蒙古、河北、山东、辽宁、黑龙江、吉林	甘肃、云南
	2012	内蒙古、河北、山东、辽宁、黑龙江、吉林	甘肃、云南
	2013	河北、山东、辽宁、黑龙江、吉林	青海、甘肃、云南
	2014	黑龙江、吉林	青海、云南
	2015	辽宁、黑龙江、吉林、	青海
	2016	黑龙江、吉林	甘肃、青海
	2017	黑龙江、吉林	甘肃、青海
	2018	黑龙江、吉林	甘肃、青海
	2019	浙江、重庆、福建、湖北	辽宁、黑龙江
	2020	贵州、重庆、浙江、湖北、福建	黑龙江

如表 6-3 所示,当前中国网络零售的"高—高"集聚区和"低—低"集聚区均形成了连片地带。河南、福建、上海、山东、江苏、浙江和安徽构成了网络零售的高水平集聚区域,甘肃、新疆、青海、西藏构成了网络零售的低水平集聚区域。从 2007—2020 年网络零售集聚区的时序变化来看,网络零售的"高—高"集聚区在 2007—2012 年主要由东部沿海地区的福建、上海、山东、江苏和浙江构成;随着时间的推移,湖北、河南、安徽分别在 2013 年、2015 年、2019 年加入"高—高"集聚区,使得网络零售的"高—高"集聚区域不断扩大。这表明网络零售的高水平集聚区域对周边地区具有显著的扩散效应和示范效应,即网络零售具有正向的空间溢出特征。网络零售的"低—低"集聚区长期以来一直比较稳定,主要为西部地区的甘肃、青海、新疆和西藏。从 2020 年消费净流入率的 LISA 聚类分布来看,贵州、重庆、浙江、湖北和福建构成了消费净流入率的"高—高"集聚区,这些省市的消费净流入率为正且数值较大,构成了消费净流入的高水平集聚区;消费净流入率的"低—低"集聚区为黑龙江,其消费净流入率为负值,属于消费净流出省。从 2007—2020 年消费净流入率集聚区的时序变化来看,长期以来,西部地区的甘肃、青海和云南不断交替构成消费净流入率的"低—低"集聚区,而消费净流入率的"高—高"集聚区整体上呈现数量不断减少的演进态势。

6.5　网络零售对居民消费跨区域流动的影响的空间溢出效应

6.5.1　空间计量模型设定与适用性检验

网络零售能有效打破物理时间和空间的约束,不仅可以改变本地消费净流入率,还可能对异地消费净流入率产生影响,即网络零售对消费净流入率可能存在空间溢出效应。因此,本章通过构建空间计量模型来分析网络零售对消费净流入率的影响。包含所有空间效应的广义嵌套空间模型(GNS)为:

$$\mathrm{Cfr}_{it} = \rho W_{ij}\mathrm{Cfr}_{it} + \sum \beta X_{it} + \theta W_{ij} \sum X_{it} + \mu_i + \gamma_t + \varepsilon_{it}$$
$$\varepsilon_{it} = \lambda W_{ij}\varepsilon_{it} + \mu_{it} \qquad (6.18)$$

其中,W_{ij} 为空间权重矩阵;u_i 和 γ_t 分别为空间效应和时间效应;ρ、θ、λ 分别为空间自回归系数、解释变量空间滞后项系数和空间自相关系数;X_{it} 为包含核心解释变量在内的所有解释变量;β 为对应的回归系数;$\mu_{it} \sim \mathrm{IID}\ (0, \sigma_\varepsilon^2 I)$。

广义嵌套空间模型可以梳理出不同形式的空间计量模型。若 $\rho \neq 0$、$\theta = 0$、$\lambda = 0$,则式(6.18)为空间自回归模型(SAR),可以测度内生交互效应产生的空间溢出效应；若 $\rho=0$、$\theta=0$、$\lambda\neq0$，则式（6.18）为空间误差模型（SEM），可以测度误差项之间的空间依赖关系；若 $\rho\neq0$、$\theta\neq0$、$\lambda=0$，则式（6.18）为空间滞后解释变量模型（SLX），只包含外生的空间交互效应；若 $\rho\neq0$、$\theta=0$、$\lambda\neq0$，则式（6.18）为广义空间自回归模型（SAC），只包含内生的空间交互效应；若 $\rho\neq0$、$\theta\neq0$、$\lambda=0$，则式（6.18）为空间杜宾模型（SDM），可以一并考察内生交互效应和外生交互效应所产生的空间溢出效应。

式（6.18）隐含地假设被解释变量不存在时间滞后效应。事实上，像消费净流入率这类经济变量往往存在路径依赖特征，即当期结果受到前期水平的影响。基于此，本章将式（6.18）扩展为动态空间计量模型：

$$\text{Cfr}_{it} = \text{Cfr}_{it-1} + \rho W_{ij}\text{Cfr}_{it} + \eta W_{ij}\text{Cfr}_{it-1} + \sum \beta X_{it} + \theta W_{ij}\sum X_{it} + \mu_i + \gamma_t + \varepsilon_{it}$$

$$\varepsilon_{it} = \lambda W_{ij}\varepsilon_{it} + \mu_{it} \tag{6.19}$$

其中，φ 和 η 为被解释变量滞后一期及其空间滞后项的系数。

选择最优的空间计量模型有助于准确考察空间依赖关系产生的原因以及空间关联机制的作用效果。本章借鉴 Elhorst（2014）的检验思路，采用"从具体到一般"和"从一般到具体"相结合的思路，对空间面板模型的适用性进行检验，检验结果报告在表 6-4 中。

表 6-4　空间面板模型的适用性检验

项目	反距离矩阵 W_1		经济-地理矩阵 W_2		非对称互联网地理矩阵 W_3	
	χ^2	P 值	χ^2	P 值	χ^2	P 值
从具体到一般						
LM-lag	5.56	0.018	4.41	0.036	4.19	0.041
R-LM-lag	4.31	0.038	1.61	0.205	1.54	0.214
LM-err	1.80	0.177	12.40	0.000	12.20	0.000
R-LM-err	0.57	0.449	9.59	0.002	9.56	0.000
从一般到具体						
LR test for SAR	56.93	0.000	46.31	0.000	44.23	0.000
Wald test for SAR	56.56	0.000	49.46	0.000	47.14	0.000
LR test for SEM	56.34	0.000	49.28	0.000	47.09	0.000
Wald test for SEM	58.54	0.000	51.27	0.000	48.59	0.000
Hausman 检验	49.26	0.000	45.83	0.001	51.98	0.000
LR test for 静态 SDM	117.92	0.000	98.77	0.000	98.04	0.000

如表 6-4 所示,其一,OLS 回归后,三种空间权重矩阵下的 LM-lag 统计量均在 5% 的显著水平上拒绝了非空间效应模型。其二,三种空间权重矩阵下的 Hausman 检验值均在 1% 的显著水平上拒绝了随机效应的原假设,因此选择固定效应模型更合理。其三,估计 SDM,三种空间权重矩阵下的 Wald 和 LR 统计量均在 1% 的显著水平上拒绝了 $\theta = 0$ 和 $\theta + \rho\beta = 0$ 的原假设,表明 SDM 不需要简化为 SAR 或 SEM;此外,三种空间权重矩阵下 SDM 的 AIC 值和 BIC 值均小于 SAC,说明 SDM 优于 SAC。其四,使用 LR 统计量检验 Cfr(−1) 和 Cfr(−1) 系数的联合显著性,判断静态 SDM 是否扩展为动态 SDM,三种空间权重矩阵下的 LR 统计量均在 1% 的统计水平上显著,说明动态 SDM 更有解释能力。根据以上检验结果,本章选取动态 SDM 作为最优估计模型。

6.5.2 网络零售对居民消费跨区域流动的时空效应

静态 SDM 中的解释变量包括被解释变量的空间滞后项,而动态 SDM 中的解释变量不仅包括被解释变量的空间滞后项,还包括被解释变量的时间滞后项和时空滞后项。SDM 中消费净流入率的空间、时间及时空滞后项均为内生变量。由于最大似然估计方法可以有效避免这类内生性问题 (Blonigen et al., 2007),本章采用最大似然估计方法,以得到模型的一致性参数估计。在表 6-5 动态 SDM 的回归结果中,非对称互联网地理矩阵下估计的 R^2 和 LogL 值均优于经济-地理矩阵和反距离矩阵,故本章重点关注非对称互联网地理矩阵下的动态 SDM 回归结果。

表 6-5　网络零售对居民消费跨区域流动影响的 SDM 基准回归结果

解释变量	FE (1)	反距离矩阵 W_1		经济-地理矩阵 W_2		非对称互联网地理矩阵 W_3		
		静态 SDM (2)	动态 SDM (3)	静态 SDM (4)	动态 SDM (5)	静态 SDM (6)	动态 SDM (7)	动态 SDM (8)
Cfr(−1)			0.758***		0.661***		0.686***	0.656***
			(15.66)		(13.83)		(14.06)	(13.83)
WCfr		0.362**	0.017*	0.324***	0.236***	0.304***	0.296***	0.202**
		(2.03)	(1.98)	(4.00)	(2.94)	(3.79)	(3.86)	(2.52)
WCfr(−1)			−0.506		0.077		0.158	0.101
			(−0.88)		(0.67)		(1.35)	(0.87)

（续表）

解释变量	FE (1)	反距离矩阵 W_1		经济-地理矩阵 W_2		非对称互联网地理矩阵 W_3		
		静态 SDM (2)	动态 SDM (3)	静态 SDM (4)	动态 SDM (5)	静态 SDM (6)	动态 SDM (7)	动态 SDM (8)
lnOr	0.210***	0.175***	0.172***	0.156***	0.161***	0.154***	0.058***	0.160***
	(4.56)	(3.54)	(3.81)	(3.21)	(3.64)	(3.18)	(4.45)	(3.63)
$(\text{lnOr})^2$	−0.005***	−0.004***	−0.004***	−0.003**	−0.003**	−0.003**		−0.003**
	(−3.74)	(−2.67)	(−2.72)	(−2.13)	(−2.25)	(−2.06)		(−2.22)
lnInc	−0.137*	0.162	0.059	0.084	0.060	0.065	0.143	0.055
	(−1.78)	(1.22)	(0.54)	(0.76)	(0.66)	(0.59)	(1.60)	(0.61)
Infla	0.000	−0.001	−0.002	0.009	0.002	0.010	0.001	0.003
	(0.10)	(−0.25)	(−0.59)	(1.20)	(0.41)	(1.33)	(0.21)	(0.44)
Uer	−0.107	0.380	0.424	−0.018	−0.295	−0.066	−0.572	−0.344
	(−0.06)	(0.24)	(0.32)	(−0.01)	(−0.23)	(−0.04)	(−0.44)	(−0.27)
Gdr	−0.122	−0.092	−0.307*	0.027	0.006	0.075	−0.059	0.030
	(−0.58)	(−0.46)	(−1.78)	(0.14)	(0.04)	(0.40)	(−0.37)	(0.19)
lnTra	0.193	0.233	0.143**	0.325**	0.021	0.323**	0.035	0.041**
	(0.00)	(1.31)	(2.12)	(0.31)	(0.42)	(2.11)	(0.23)	(2.20)
Intr	0.006***	0.152***	0.141**	0.004*	0.012**	0.075	0.016*	0.023**
	(5.22)	(3.55)	(2.03)	(1.82)	(2.44)	(1.57)	(1.80)	(2.24)
Urb	0.440	0.224	−0.710**	−0.229	−0.959***	−0.135	−0.983***	−0.913***
	(1.32)	(0.65)	(−2.48)	(−0.68)	(−3.38)	(−0.41)	(−3.39)	(−3.24)
lnRpex	−0.076	−0.092*	−0.098**	0.050	−0.036	0.033	−0.040	−0.051
	(−1.38)	(−1.68)	(−2.08)	(0.91)	(−0.78)	(0.61)	(−0.85)	(−1.11)
Socr	0.409	0.802***	0.340	0.500**	0.427**	0.520**	0.275	0.433**
	(1.46)	(3.03)	(1.56)	(1.99)	(2.07)	(2.08)	(1.33)	(2.11)
WlnOr	0.011	0.371**	0.210**	0.278***	0.251***		0.037*	0.341***
	(0.08)	(2.33)	(2.22)	(2.67)	(2.58)		(1.96)	(3.18)
$W(\text{lnOr})^2$	0.002	−0.013**	−0.006*	−0.008**	−0.007**			−0.009***
	(0.37)	(−2.40)	(−1.94)	(−2.49)	(−2.23)			(−2.91)
WlnInc		0.583*	0.597**	−0.318*	−0.105	−0.313*	−0.042	−0.148
		(1.78)	(2.07)	(−1.82)	(−0.69)	(−1.81)	(−0.27)	(−0.98)

被解释变量：Cfr

（续表）

解释变量	FE (1)	反距离矩阵 W_1		经济-地理矩阵 W_2		非对称互联网地理矩阵 W_3		
		静态 SDM (2)	动态 SDM (3)	静态 SDM (4)	动态 SDM (5)	静态 SDM (6)	动态 SDM (7)	(8)
WInfla		−0.036***	−0.022**	−0.015	−0.007	−0.019	−0.004	−0.008
		(−2.84)	(−2.16)	(−1.27)	(−0.77)	(−1.44)	(−0.44)	(−0.81)
WUer		16.440*	9.926	6.393	−6.033	3.645	−8.583**	−7.746*
		(1.79)	(1.34)	(1.22)	(−1.38)	(0.73)	(−2.00)	(−1.85)
WGdr		−3.242***	−0.054	0.888*	1.613***	1.092**	1.155***	1.848***
		(−4.23)	(−0.07)	(1.77)	(3.69)	(2.24)	(2.97)	(4.33)
WlnTra		1.047*	0.354*	0.404**	0.752*	0.083	0.701	0.568**
		(1.75)	(1.73)	(2.44)	(1.73)	(0.07)	(0.73)	(2.01)
WIntr		0.130	0.223**	0.231***	0.120***	0.222***	0.264***	0.333***
		(0.96)	(2.12)	(4.63)	(4.22)	(4.66)	(3.56)	(4.43)
WUrb		−5.273***	−2.542**	2.881***	1.158**	2.743***	0.611	1.010*
		(−4.06)	(−2.16)	(4.76)	(2.10)	(4.81)	(1.15)	(1.92)
WlnRpex		−0.201	−0.264*	−0.469***	−0.509***	−0.473***	−0.378***	−0.510***
		(−1.25)	(−1.88)	(−4.41)	(−5.53)	(−4.48)	(−4.60)	(−5.63)
WSocr		3.102**	0.985	−1.093	−0.036	−1.112	−0.682	0.102
		(2.45)	(0.91)	(−1.36)	(−0.05)	(−1.37)	(−1.02)	(0.14)
时间固定	包括	包括	包括	包括	包括	包括	包括	包括
省份固定	包括	包括	包括	包括	包括	包括	包括	包括
Log$L$	429.184	458.987	489.685	461.253	494.016	462.780	486.887	496.184
R^2	0.411	0.502	0.583	0.489	0.588	0.498	0.552	0.599
AIC	−836.369	−873.973	−931.370	−878.507	−940.033	−881.560	−929.774	−944.367
BIC	−795.266	−791.769	−844.221	−796.302	−852.884	−799.355	−849.888	−857.218
观测值	434	434	403	434	403	434	403	403

注：*、**、***分别表示在10%、5%和1%的统计水平上显著；括号内为 z 值。

为了比较，本章构建了非空间面板模型，表6-5第（1）列为普通面板模型的固定效应（FE）回归结果。结果显示，网络零售（lnOr）及其平方项的系数分别显著为正和负。由于这一结果无法反映各地区间的空间依赖性，本章进一步列出反距离矩阵、经济-地理矩阵和非对称互联网地理矩阵下的静态 SDM 与动态 SDM 的回归结果。

如表 6-5 所示,单从空间滞后效应来看,无论是静态 SDM 还是动态 SDM,三种空间权重矩阵下的回归结果显示,空间滞后项 WCfr 的系数均显著为正,再次证明省级消费净流入率存在明显的空间集聚特征。本地区消费净流入率的提升会带动周边地区消费净流入率的提升,反之亦然。以非对称互联网地理矩阵下的动态 SDM 第(8)列回归结果为例,周边地区消费净流入率增加 1 单位,本地区消费净流入率将增加 0.202 单位。单从时间滞后效应来看,三种空间权重矩阵下消费净流入率的时间滞后项 Cfr(−1)的系数均显著为正,意味着消费净流入率具有明显的路径依赖特征,上期消费净流入率的上升会提高本期消费净流入率。非对称互联网地理矩阵下的动态 SDM 第(8)列回归结果显示,上期消费净流入率增加 1 单位,本期消费净流入率将增加 0.656 单位。这一结果说明前期为提升消费净流入率所做的努力会对本期的消费净流入率产生积极影响。从时空滞后效应来看,三种空间权重矩阵下消费净流入率的时空滞后项 WCfr(−1)的系数均不显著,表明周边地区上期的消费净流入率不会对本地区本期的消费净流入率产生明显影响。

在非对称互联网地理矩阵下的动态 SDM 模型第(7)列中,lnOr 和 WlnOr 的系数均显著为正,第(8)列引入网络零售的平方项后,lnOr 和 $(lnOr)^2$ 的系数分别显著为正和负,WlnOr 和 $W(lnOr)^2$ 的系数分别显著为正和负,但这无法代表网络零售对消费净流入率的边际影响。Pace & Lesage(2009)认为,通过点估计计算空间溢出效应会产生偏误,而对空间模型中不同变量变化进行偏微分分解是计算空间溢出效应更为有效的方式。基于此,在表 6-5 的基础上,我们进一步对回归结果进行偏微分分解,得到各解释变量对被解释变量的直接效应、间接效应和总效应。直接效应表示本地区解释变量对本地区被解释变量的影响,包含空间反馈效应,即本地区解释变量会影响周边地区的消费净流入率,周边地区的消费净流入率又反过来会影响本地区的消费净流入率的过程。间接效应表示周边地区解释变量对本地区被解释变量的影响,反映空间溢出效应。总效应为直接效应和间接效应之和,表示一个地区的解释变量对所有地区被解释变量的平均影响。由于本章的最优估计模型为动态 SDM,因此还可以把直接效应、间接效应和总效应进一步分解为时间维度上的短期效应和长期效应,分别反映网络零售等解释变量对消费净流入率的即时短期影响和考虑时滞效应的长期影响。表 6-6 汇报了反距离矩阵、经济−地理矩阵和非对称互联网地理矩阵下各变量对消费净流入率的效应分解结果。

表 6—6　网络零售等变量对消费净流入率的直接效应、间接效应和总效应

矩阵	效应	lnOr	(lnOr)²	lnInc	Infla	Uer	Gdr	lnTra	Intr	Urb	lnRpex	Socr
反距离矩阵	短期直接效应	0.173***	-0.004***	0.061	-0.002	0.493	-0.315*	0.855*	0.113*	-0.714**	-0.098**	0.343
		(4.10)	(-2.88)	(0.55)	(-0.61)	(0.38)	(-1.80)	(1.83)	(1.85)	(-2.49)	(-2.20)	(1.57)
	短期间接效应	0.382**	-0.013**	0.617**	-0.023**	10.310	-0.052	0.478*	0.156*	-2.555**	-0.261*	0.964
		(2.28)	(-2.29)	(2.09)	(-2.27)	(1.32)	(-0.06)	(1.80)	(1.81)	(-2.23)	(-1.93)	(0.82)
	短期总效应	0.556***	-0.017***	0.678**	-0.025**	10.800	-0.367	1.333*	0.269*	-3.269***	-0.359***	1.307
		(3.20)	(-2.80)	(2.35)	(-2.41)	(1.31)	(-0.43)	(1.95)	(1.82)	(-2.86)	(-2.61)	(1.04)
	长期直接效应	0.736	-0.013	0.086	-0.001	-1.083	-1.261	1.710	5.983	-1.748	-0.464	1.222
		(0.52)	(-0.39)	(0.03)	(-0.01)	(-0.02)	(-0.32)	(0.05)	(0.05)	(-0.11)	(-0.33)	(0.27)
	长期间接效应	0.025	-0.011	0.843	-0.033	15.800	0.759	-3.080	-6.542	-2.719	-0.027	0.567
		(0.02)	(-0.32)	(0.29)	(-0.25)	(0.23)	(0.19)	(-0.05)	(-0.06)	(-0.17)	(-0.02)	(0.12)
	长期总效应	0.761**	-0.023***	0.929**	-0.034**	14.710	-0.502	-1.370	-0.559	-4.466***	-0.491**	1.789
		(2.99)	(-2.59)	(2.23)	(-2.30)	(1.26)	(-0.42)	(-0.03)	(-0.07)	(-2.70)	(-2.53)	(1.00)
经济-地理矩阵	短期直接效应	0.174***	-0.003***	0.059	0.002	-0.457	0.058	0.722*	0.101*	-0.928***	-0.054	0.430**
		(4.19)	(-2.62)	(0.64)	(0.38)	(-0.33)	(0.36)	(1.95)	(1.85)	(-3.31)	(-1.24)	(2.03)
	短期间接效应	0.399***	-0.010***	-0.120	-0.009	-7.695	2.082***	0.456*	0.122*	1.213*	-0.654***	0.040
		(2.91)	(-2.71)	(-0.61)	(-0.83)	(-1.27)	(3.43)	(1.80)	(1.81)	(1.74)	(-5.61)	(0.04)
	短期总效应	0.572***	-0.014***	-0.061	-0.007	-8.151	2.140***	1.278*	0.223*	0.285	-0.709***	0.470
		(3.94)	(-3.39)	(-0.28)	(-0.98)	(-1.19)	(3.33)	(1.95)	(1.83)	(0.37)	(-5.65)	(0.46)
	长期直接效应	1.047	-0.023	0.154	-0.001	-8.945	2.139	1.650	5.111	-2.930	-0.770	2.095
		(0.12)	(-0.11)	(0.06)	(-0.01)	(-0.05)	(0.07)	(0.05)	(0.05)	(-0.18)	(-0.08)	(0.16)
	长期间接效应	7.436	-0.200	1.625	-0.142	-96.730	33.210	-3.050	-6.542	-6.639	-8.830	5.636
		(0.03)	(-0.03)	(0.03)	(-0.05)	(-0.02)	(0.04)	(-0.05)	(-0.06)	(-0.01)	(-0.03)	(0.02)
	长期总效应	8.483	-0.223	1.779	-0.143	-105.700	35.340	-1.400	-1.431	-9.568	-9.601	7.731
		(0.03)	(-0.03)	(0.03)	(-0.04)	(-0.02)	(0.04)	(-0.03)	(-0.07)	(-0.02)	(-0.03)	(0.02)

（续表）

矩阵	效应	lnOr	(lnOr)²	lnInc	Infla	Uer	Gdr	lnTra	Intr	Urb	lnRpex	Socr
	短期直接效应	0.173***	−0.003***	0.053	0.002	−0.521	0.079	0.835*	0.113*	−0.890***	−0.066	0.439**
		(4.19)	(−2.59)	(0.58)	(0.41)	(−0.39)	(0.49)	(1.83)	(1.85)	(−3.19)	(−1.51)	(2.11)
	短期间接效应	0.464***	−0.012***	−0.172	−0.009	−9.501*	2.292***	0.428*	0.116*	1.036	−0.632***	0.193
		(3.37)	(−3.11)	(−0.93)	(−0.86)	(−1.72)	(4.05)	(1.80)	(1.81)	(1.62)	(−5.77)	(0.21)
	短期总效应	0.627***	−0.015***	−0.120	−0.007	−10.020	2.371***	1.258*	0.229*	0.146	−0.698***	0.632
		(4.43)	(−3.83)	(−0.58)	(−1.03)	(−1.61)	(3.96)	(1.95)	(1.82)	(0.20)	(−5.85)	(0.65)
非对称互联网地理矩阵	长期直接效应	0.811	−0.016	0.187	0.004	−7.152	1.421	1.500	5.983	−2.779	−0.604	1.307
		(0.20)	(−0.17)	(0.11)	(0.11)	(−0.09)	(0.09)	(0.05)	(0.05)	(−0.58)	(−0.13)	(0.17)
	长期间接效应	3.884	−0.086	0.520	0.011	−55.200	17.470	−3.000	−6.540	−0.368	−5.949	−7.510
		(0.04)	(−0.03)	(0.01)	(0.01)	(−0.03)	(0.04)	(−0.02)	(−0.06)	(−0.00)	(−0.05)	(−0.06)
	长期总效应	4.694	−0.102	0.708	0.015	−62.350	18.890	−1.500	−0.557	−3.147	−6.554	−6.202
		(0.04)	(−0.04)	(0.02)	(0.02)	(−0.03)	(0.04)	(−0.03)	(−0.06)	(−0.03)	(−0.05)	(−0.04)

注：*、**、***分别表示在 10%、5% 和 1% 的统计水平上显著；括号内为 z 值。

如表6-6所示,在非对称互联网地理矩阵和经济-地理矩阵下,网络零售对消费净流入率的长期直接效应、长期间接效应和长期总效应均不显著,这表明网络零售对消费净流入率没有长期影响。从网络零售对消费净流入率的短期效应来看,三种空间权重矩阵下的回归结果显示,网络零售对消费净流入率的直接效应、间接效应和总效应均呈倒U形态势。本章进一步计算了网络零售对消费净流入率倒U形直接效应、间接效应和总效应的拐点值①。从表6-1可知,样本区间内lnOr的最大值为19.173,即没有省份跨过网络零售对消费净流入率倒U形直接效应、间接效应和总效应的拐点值。这意味着从短期来看,网络零售对本地区、周边地区以及总体的消费净流入率均产生促进作用。

网络零售对消费净流入率间接效应的估计系数值(绝对值)大于直接效应,说明网络零售对周边地区消费净流入率的空间溢出效应要大于对本地区消费净流入率的影响。这是由于网络零售打破了物理时间和空间的约束,其空间溢出效应的有效距离较大,会对周边多个省份的消费净流入率产生影响,加总后的空间溢出效应必然大于对本地区一个省份的直接效应。网络零售提高消费净流入率的原因在于:网络零售实现了线上商品对线下商品的替代,使消费从线下转移到线上,线上跨区域信息匹配成本的降低冲垮了商品流通的地方保护主义壁垒,使得消费不断从网络零售欠发达地区流入网络零售相对发达地区,从而提高了消费净流入率。

从控制变量的参数估计来看,以非对称互联网地理矩阵下的回归结果为例,各控制变量对消费净流入率的长期直接效应、长期间接效应和长期总效应均不显著,这表明各控制变量对消费净流入率不存在长期影响。从短期效应来看,失业率(Uer)没有对本地区的消费净流入率产生明显影响,但降低了周边地区的消费净流入率。总抚养比(Gdr)没有对本地区消费净流入率产生明显影响,但通过空间溢出效应提高了周边地区的消费净流入率,进而提高了总体的消费净流入率。交通基础设施(lnTra)和互联网普及率(Intr)提高了本地区和周边地区的消费净流入率。城镇化率(Urb)降低了本地区的消费净流入率,对周边地区的消费净流入率没有明显影响。地方政府财政支出(lnRpex)没有对本地区的消费净流入率产生明显影响,但降低了周边地区和总体的消费净流入率。社会保障(Socr)提高了本地区的消费净流入率,对周边地区的消费净流入率没有明显影响。

---

① 根据非对称互联网地理矩阵下的直接效应、间接效应和总效应的估计系数,对回归方程求一阶偏导并令其为0求得lnOr拐点值(与数学中的意义不同)分别为28.83、19.33和20.90。

6.5.3 稳健性检验与内生性处理

1. 基于不同居民消费跨区域流动衡量指标的稳健性检验

网络零售实现了跨区域的消费配置,整体消费呈现向网络零售发达地区聚集的趋势(刘长庚等,2017),本部分用消费集聚(Aggcon)代替消费净流入率(Cfr)来衡量居民消费跨区域流动,检验本章实证结果的稳健性。由于社会消费品零售总额与经济规模关系密切,本部分用基于 GDP 占比的社会消费品零售总额区位熵来衡量各地区的消费集聚程度,计算公式为:

$$Aggcon_j = \frac{Trs_j / Trs}{Gdp_j / Gdp} \tag{6.20}$$

其中,Trs_j 和 Trs 分别为地区 j 和全国的社会消费品零售总额,Gdp_j 和 Gdp 分别为地区 j 和全国的 GDP。

表 6-7 列出了在反距离矩阵、经济−地理矩阵和非对称互联网地理矩阵下,网络零售对消费集聚影响的动态 SDM 回归结果。如表 6-7 所示,三种空间权重矩阵下,lnOr 的系数均显著为正;经济−地理矩阵和非对称互联网地理矩阵下 WlnOr 的系数显著为正,反距离矩阵下 WlnOr 的系数不显著。这与本章前文所得结果一致,表明本章的实证结果具有稳健性。

表 6-7 网络零售对消费集聚的影响的动态 SDM 回归结果

变量	反距离矩阵 W_1	经济地理矩阵 W_2	非对称互联网地理矩阵 W_3
lnOr	0.135 ***	0.132 ***	0.131 ***
	(5.32)	(5.24)	(5.17)
WlnOr	0.131	0.170 ***	0.173 ***
	(1.29)	(2.67)	(2.58)
Aggcon(−1)	0.848 ***	0.817 ***	0.813 ***
	(18.40)	(16.96)	(17.07)
WAggcon	0.082	0.265 ***	0.280 ***
	(0.50)	(2.96)	(3.11)
WlnAggcon(−1)	−0.658 ***	−0.581 ***	−0.592 ***
	(−4.32)	(−4.79)	(−4.63)
其他控制变量	控制	控制	控制
时间固定	包括	包括	包括

（续表）

变量	反距离矩阵 W_1	经济地理矩阵 W_2	非对称互联网地理矩阵 W_3
省份固定	包括	包括	包括
$LogL$	652.296	651.494	651.903
R^2	0.687	0.685	0.684
AIC	−1 256.593	−1 254.988	−1 255.806
BIC	−1 169.443	−1 167.839	−1 168.657
观测值	403	403	403

注：***表示在1%的统计水平上显著；括号内为 z 值。

2. 基于 SLX 的稳健性检验与内生性处理

网络零售和消费净流入率之间可能存在互为因果的关系，网络零售可以通过降低交易成本影响一个地区的消费净流入率；反过来，消费净流入率的变化也可能会影响网络零售市场规模。为了处理互为因果关系带来的内生性问题，本章采用 Vega & Elhorst(2015)提出的只包含外生交互效应的空间滞后解释变量模型(SLX)，借鉴黄群慧等(2019)的做法，将1984年各省份万人电话机数量与各省份每年互联网接入用户数的交乘项及其空间滞后项作为网络零售及其空间滞后项的工具变量。一方面，网络零售的发展依托于互联网技术的应用，而通信基础设施的建设能够影响后续互联网技术的普及；另一方面，历史邮电数据几乎不会对消费净流入率产生影响。考虑到1984年万人电话机数量是截面数据，借鉴 Nunn & Qian(2014)的做法，本章对1984年万人电话机数量与每年互联网接入用户数进行交乘。表6-8为反距离矩阵、经济-地理矩阵和非对称互联网地理矩阵下SLX模型的工具变量估计结果。

表 6-8　网络零售对消费净流入率的影响的 SLX 工具变量回归结果

变量	反距离矩阵 W_1	经济-地理矩阵 W_2	非对称互联网地理矩阵 W_3
lnOr	0.324 **	0.310 ***	0.312 ***
	(2.51)	(3.16)	(3.14)
$(lnOr)^2$	−0.006 *	−0.006 ***	−0.006 ***
	(−1.89)	(−2.69)	(−2.71)
WlnOr	−0.311	0.331 *	0.255 *
	(−0.78)	(1.91)	(1.77)

（续表）

变量	反距离矩阵 W_1	经济-地理矩阵 W_2	非对称互联网地理矩阵 W_3
W(lnOr)^2	0.005	−0.010**	−0.008*
	(0.44)	(−2.33)	(−1.93)
其他控制变量	控制	控制	控制
时间固定	控制	控制	控制
省份固定	控制	控制	控制
R^2	0.1546	0.3118	0.3050
Kleibergen-Paap rk	37.555	44.427	44.955
LM 统计量	[0.000]	[0.000]	[0.000]
Kleibergen-Paap rk	76.802	89.324	80.125
Wald F 统计量	{7.030}	{7.030}	{7.030}
观测值	434	434	434

注：[ ] 内为 P 值；{ } 内为 Stock-Yogo 弱工具变量检验 10% 水平上的临界值；( ) 内为 z 值；*、**、*** 分别表示在 10%、5% 和 1% 的统计水平上显著。

从表 6-8 可以看出，在三种空间权重矩阵下，对于工具变量识别不足的检验，Kleibergen-Paap rk 的 LM 统计量均拒绝原假设；对于工具变量弱识别的检验，Kleibergen-Paap rk 的 Wald F 统计量大于 Stock-Yogo 10% 水平上的临界值，表明不存在弱工具变量问题。以上检验证明了本章工具变量选取的合理性。在考虑了内生性之后，反距离矩阵下的网络零售对消费净流入率的间接效应不显著，说明以不同方法衡量空间单元关联会产生不同的估计结果。经济-地理矩阵和非对称互联网地理矩阵下的网络零售对消费净流入率的间接效应均呈先上升后下降的倒 U 形态势；三种空间权重矩阵下的网络零售对消费净流入率的直接效应均为先上升后下降的倒 U 形态势，与表 6-6 的估计结果一致。这表明本章的实证结果具有稳健性。

6.5.4　网络零售对居民消费跨区域流动的空间溢出效应的有效距离边界

前文的分析并没有考虑地理距离差异。地理学第一定律认为，经济活动的空间依赖性会随着地理距离的加长而衰减。那么，网络零售对消费净流入率的空间溢出效应是否也具有这一特征呢？为了更深入地考察网络零售对消费净流入率的空间溢出效应如何随地理距离的变化而变化，本章基于非对称互联网地理矩阵，以省际的最短距离 200 公里开始，每增加 100 公里对式（6.18）进行一次 SDM 回归，考察当参与回归的空间单元之间的距离逐步加长时,空间溢出效应如何变化。由于 2 500 公里之外,参与回归的空间单元过少且出现较多噪声,因此本章考察 2 500 公里范围内网络零售对消费净流入率的空间溢出效应的变化情况,回归结果汇报在表6-9中。

表6-9　不同地理距离网络零售对消费净流入率的空间溢出效应的 SDM 估计结果

地理距离(公里)	lnOr	(lnOr)²	地理距离(公里)	lnOr	(lnOr)²
200	−0.1828	0.0022	1 400	0.1752**	−0.0049**
300	0.0525	−0.0033	1 500	0.3155***	−0.0090***
400	−0.0390	0.0069	1 600	0.2703***	−0.0064***
500	−0.1825	0.0161*	1 700	0.4407***	−0.0130***
600	−0.2401	0.0117**	1 800	0.4293***	−0.0125***
700	−0.0061	0.0021	1 900	0.2526**	−0.0070**
800	0.0825	0.0005	2 000	0.2235*	−0.0049
900	0.0035	0.0041	2 100	0.2828**	−0.0087**
1 000	0.1580	−0.0020	2 200	0.2287**	−0.0076**
1 100	0.2796***	−0.0069***	2 300	0.1775	−0.0071
1 200	0.3454***	−0.0088***	2 400	−0.1420	0.0041
1 300	0.1665**	−0.0039*	2 500	−0.0841	0.0017

注:*、**、***分别表示在10%、5%和1%的统计水平上显著。

表6-9显示,网络零售及其平方项的系数在 1 000 公里以内并不显著;在 1 100—2 200 公里内,网络零售及其平方项的系数分别显著为负和正;距离超过 2 300 公里(含),网络零售及其平方项的系数不再显著。这表明网络零售对消费净流入率产生的空间溢出效应的有效距离边界为 1 100—2 200 公里。在 1 700 公里处,空间溢出效应的估计系数值处于最高水平,空间溢出效应达到最大值,表明网络零售对消费净流入率的空间溢出效应的最强作用距离为 1 700 公里。需要注意的是,从有效距离边界范围内空间溢出效应的估计系数变化来看,网络零售对消费净流入率的空间溢出效应并没有随着地理距离的加长而出现空间衰减特征,与地理学第一定律相悖。这是因为网络零售的交易过程依托互联网进行,打破了物理时间和空间的约束,从而大大降低了网络零售对消费净流入率的空间溢出效应的地理距离限制。

6.5.5　网络零售居民消费跨区域流动效应的地理区位差异

由中国各省份消费净流入率和网络零售的空间分布可知,中国消费净流入率和网络零售在空间上存在显著的异质性分布,二者均呈现东部、中部、西部依次递减态势,因此有必要对中国东部、中部、西部三大区域分别进行空间计量估计,进而考察网络零售对消费净流入率影响的地理区位差异。表 6-10 汇报了非对称互联网地理矩阵下分地区网络零售对消费净流入率 SDM 估计的效应分解结果。

表 6-10　分地区网络零售对消费净流入率的直接效应、间接效应和总效应

效应	变量	东部地区		中部地区		西部地区	
		（1）	（2）	（3）	（4）	（5）	（6）
直接效应	$\ln Or$	0.137***	0.373***	0.130***	−0.164	0.057**	0.101
		(4.67)	(4.08)	(3.28)	(−0.90)	(2.13)	(0.99)
	$(\ln Or)^2$		−0.008***		0.011*		−0.002
			(−3.00)		(1.66)		(−0.42)
	其他控制变量	控制	控制	控制	控制	控制	控制
间接效应	$\ln Or$	0.032	0.241	0.027	0.119	0.050	−0.129
		(0.67)	(1.32)	(0.50)	(0.51)	(0.86)	(−0.69)
	$(\ln Or)^2$		−0.011*		−0.002		0.007
			(−1.68)		(−0.28)		(1.03)
	其他控制变量	控制	控制	控制	控制	控制	控制
总效应	$\ln Or$	0.169***	0.614***	0.157***	−0.045	0.107*	−0.027
		(2.76)	(2.76)	(3.33)	(−0.24)	(1.75)	(−0.15)
	$(\ln Or)^2$		−0.019**		0.008		0.006
			(−2.33)		(1.15)		(0.82)
	其他控制变量	控制	控制	控制	控制	控制	控制

注:*、**、***分别表示在 10%、5% 和 1% 和统计水平上显著;括号内为 z 值。

　　如表 6-10 所示,从直接效应来看,东部地区、中部地区和西部地区的网络零售对消费净流入率的影响均显著为正。从间接效应来看,东部、中部、西部地区的网络零售对消费净流入率的影响均不显著。从总效应来看,东部、中部、西部地区的网络零售对消费净流入率的影响均显著为正。从估计系数值来看,网络零售对消费净流入率的直接效应和总效应均为东部地区最大,中部地区次之,西部地区最小。这意味着网络零售在我国东部、中部、西部地区的区域范围内均提高了消费净流入率,且对东部地区的影响最大,对西部地区的影响最小。这与当前我国网络零售在各地区的发展程度密切相关。

6.6　小结

本章对"核心-边缘模型"进行拓展,构建网络零售对居民消费跨区域流动的影响的理论模型,基于 2007—2020 年 31 个省(区、市)的面板数据,设计反距离空间权重矩阵、经济-地理空间权重矩阵和非对称互联网地理权重矩阵,考察网络零售和居民消费跨区域流动的空间相关性以及不同地理位置的空间关联模式,采用空间杜宾模型实证分析网络零售的居民消费跨区域流动效应,并估计网络零售对居民消费跨区域流动的空间溢出效应的有效距离边界和地理区位差异,得出以下主要结论:

(1)从消费净流入率的时间变化来看,我国各地区的消费净流入率整体上经历了小幅震荡变化的过程,部分早期消费净流出地区变为消费净流入地区,但也有个别地区由消费净流入地区变为消费净流出地区。新疆、青海、甘肃、宁夏、广西、云南一直处于消费流失状态,西藏一直为消费净流入地区且消费净流入率整体上呈稳步上升状态。31 个省(区、市)中,2007年有 18 个是消费净流出地区,2012 年减至 9 个,2020 年又增至 15 个。当前我国消费净流入地区主要以经济相对发达的省份为主,包括西藏、福建、安徽、重庆、湖北、浙江、贵州、陕西、上海、北京、四川、河南、江西、江苏、广东和湖南,其他省份为消费净流出地区。

(2)中国网络零售和消费净流入率均呈现出正向空间依赖特征,且具有区域集聚的特点。网络零售的"高—高"集聚区和"低—低"集聚区均形成了连片地带。河南、福建、上海、山东、江苏、浙江、安徽构成了网络零售的高水平集聚区域,甘肃、新疆、青海、西藏构成了网络零售的低水平集聚区域。从 2007—2020 年网络零售集聚区的时序变化来看,网络零售的"高—高"集聚区在 2007—2012 年主要由东部沿海地区的福建、上海、山东、江苏和浙江构成,随着时间的推移,湖北、河南、安徽分别在 2013 年、2015 年、2019 年加入"高—高"集聚区,使得网络零售的"高—高"集聚区域不断扩大,这表明网络零售的高水平集聚区域对周边地区具有显著的扩散效应和示范效应,即网络零售具有正向的空间溢出特征。网络零售的"低—低"集聚区长期以来一直比较稳定,主要为西部地区的甘肃、青海、新疆和西藏。从 2020 年消费净流入率的 LISA 聚类分布来看,贵州、重庆、浙江、湖北和福建构成了消费净流入率的"高—高"集聚区,这些省市的消费净流入率为正且数值较大,构成了消费净流入的高水平集聚区;消费净流入率的"低—低"集聚区为黑龙江,黑龙江的消费净流入率为负值,属于消费净流出省。从 2007—2020 年消费净流入率集聚区的时序变化来看,长期以来,西部地区的甘肃、青海和云南不断交替构成消费净流入率的"低—低"集聚区,而消费净流入率的"高—高"集聚区整体上呈现出数量不断减少的演进态势。

（3）网络零售对消费净流入率的动态 SDM 估计结果显示:其一,本地区消费净流入率的提升会带动周边地区消费净流入率的提升;其二,消费净流入率具有明显的路径依赖特征,上一期消费净流入率的提升会带动当期消费净流入率的提升;其三,网络零售对消费净流入率仅存在短期效应,网络零售对消费净流入率的直接效应、空间溢出效应和总效应均显著为正,网络零售对周边地区消费净流入率的空间溢出效应要大于对本地区消费净流入率的影响。

（4）将地理距离的差异因素考虑在内,网络零售对消费净流入率的 SDM 估计结果显示:网络零售对消费净流入率产生的空间溢出效应的有效距离边界为 1 100—2 200 公里;在 1 700 公里处,空间溢出效应达到最大值,这表明网络零售对消费净流入率空间溢出效应的最强作用距离为 1 700 公里。需要注意的是,从有效边界范围内,网络零售对消费净流入率的空间溢出效应并没有随着地理距离的增加而出现空间衰减特征,与"地理学第一定律"相悖。

（5）东部、中部、西部三个区域的网络零售对消费净流入率的影响存在显著差异。从直接效应来看,东部地区、中部地区和西部地区的网络零售对消费净流入率的影响均显著为正。从间接效应来看,东部地区、中部地区、西部地区的网络零售对消费净流入率的影响均不显著。从总效应来看,东部地区、中部地区、西部地区的网络零售对消费净流入率的影响均显著为正。从估计系数值来看,网络零售对消费净流入率的直接效应和总效应均为东部地区最大,中部地区次之,西部地区最小。

第7章 网络零售、空间溢出与居民消费升级

　　紧密连接需求端和供给端的网络零售是居民消费升级的重要动力。本章基于搜寻理论的微观基础,构建了网络零售与居民消费升级呈 U 形关系的理论模型,探究了中国居民消费升级的基本特征,采用空间面板模型实证分析了网络零售的居民消费升级效应,并估计了网络零售居民消费升级效应的城乡差异和地理区位差异。本章的主要结论如下:其一,网络零售通过降低搜寻成本对居民消费产生了价格降低效应和市场扩张效应。网络零售发展初期主要是网络零售市场对传统市场的替代,价格降低效应起主导作用;网络零售成长期是不断创造新市场的过程,市场扩张效应起主导作用。这使得网络零售对居民消费升级的影响呈 U 形态势。其二,网络零售对本地区和周边地区的消费结构高级化的影响均呈 U 形态势。网络零售对消费结构高级化的空间溢出效应具有明显的地理区位差异。本章的研究结论可以为优化居民消费结构、增强经济发展动力、促进中国经济高质量发展提供新思路。

7.1　居民消费升级的相关文献综述

　　居民消费升级在内容上表现为居民消费在不同档次商品之间的转移,一般从需求弹性较小的商品转向需求弹性较大的商品;在层次上表现为居民消费在不同类别的消费项目上此消彼长的关系,即居民消费结构的变化。居民消费结构不但能够体现居民消费阶段和消费特征,而且能够反映居民购买力的分配和投向,在一定程度上决定地区宏观经济发展水平和产业结构。国内外研究者对居民消费结构进行了大量的理论和实证分析,主要围绕着居民消费结构的分析模型和影响因素展开。

7.1.1　居民消费结构的分析模型

　　恩格尔(Engel)在 1857 年提出的恩格尔定律,是早期关于消费结构研

究的代表性理论。该理论认为,随着家庭收入的增加,恩格尔系数(食品消费支出占总消费支出的比重)会下降。长期以来,恩格尔系数都是国际通行的用来反映居民消费结构的重要指标。但随着人们生活水平的提高,食品消费出现生存属性增强和享受属性减弱的趋势,造成短期内恩格尔系数与收入水平的同向变化,因此单纯采用恩格尔系数来衡量居民消费结构特征具有较大的局限性(林文芳,2011)。研究者不断地探索新的衡量方法,其中,基于恩格尔曲线性质构建的需求系统模型可以较好地刻画居民消费结构特征。目前,被广泛使用的需求系统模型主要包括以下两类:

(1) 扩展线性支出系统(Extend Linear Expenditure System, ELES)模型。ELES 模型是在 Stone(1954)、Lluch(1973)的线性支出系统(Linear Expenditure System, LES)模型基础上拓展形成的一种需求函数系统。ELES 是消费结构研究中最为经典的模型之一,在相关研究中被广泛使用。臧旭恒和张治军(2004)、杨婧和周发明(2010)分别基于山东、湖南的经验数据,对不同收入阶层的居民消费结构进行了分析。夏传文和刘亦文(2009)分析了分地区农村居民的消费结构特征,结果表明东部、中部、西部地区之间农村居民消费结构呈现较大的差异,各区域农村居民的收入弹性、自价格弹性和互价格弹性系数相差较为明显。赵卫亚(2015)构建了同时包含时间效应和个体效应的双效应面板 ELES 模型,实证分析了 2002—2012 年中国城镇居民消费结构的变化特征。

(2) 几近完美需求系统(Almost Ideal Demand System, AIDS)模型。Deaton & Muellbauer(1980)提出的 AIDS 模型,具有对需求函数拟合灵活、符合偏好理论、对不同消费者加总方便等诸多良好性质(唐琦等,2018),在相关研究中也被广泛使用。Blanciforti & Green (1983)在 AIDS 模型中考虑了消费习惯因素,并对美国 1948—1978 年的经验数据进行了分析。Luhrmann(2005)采用 AIDS 模型分析了德国居民消费结构的变迁规律。Zheng & Henneberry(2010)在 AIDS 模型中考虑了家庭规模等因素,对中国江苏的粮食消费结构问题进行了研究。赵昕东和汪勇(2013)基于 AIDS 模型,对中国城镇和农村居民消费结构进行了分析。张明扬和章棋(2015)、丁菲和于冷(2016)进一步探讨了不同收入阶层城镇和农村居民的食品消费结构。唐琦等(2018)基于 AIDS 模型,考察了城镇居民消费结构在空间、时间维度以及不同类型家庭之间的差异性。

ELES 模型和 AIDS 模型都具有坚实的理论基础,它们都是基于特定的效用函数求解消费支出选择,并建立可以进行计量经济分析的模型。不同的是,ELES 模型是在预算约束条件下,求解最大化效用的马歇尔需求函数;AIDS 模型是在给定价格体系和一定效用水平下,求解最少支出的希克斯需求函数。ELES 模型的一个明显优势在于:它在进行参数估计时不需要任何有关价格的信息,可以直接根据收入水平和消费支出变量建立计量经济模型。

7.1.2　居民消费结构升级的影响因素

大多遵循"收入—消费"分析路径的经典理论并没有单独研究消费结构升级问题,但不少理论涉及消费结构升级的思想和观点,普遍认为收入是决定消费结构升级的重要因素。已有研究主要基于"生存—发展—享受"或者"物质—服务"的消费结构升级分析框架,除了重点分析收入因素对消费结构升级的影响,还关注人口年龄结构、社会创新等其他因素的影响。

(1) 收入因素。Frank(1985)基于相对收入假说的攀比效应提出,由于低收入者从体现地位的高档商品中获得的效用更大,因此消费者对高档商品的需求会随着收入水平的提高而减少。与 Frank 的观点相反,Corneo & Jeanne(2001)、Hopkins & Kornienko(2004)、Stark(2006)从社会地位寻求的角度进行分析,认为收入差距过大会挫伤低收入者追赶高收入者的信心,并削弱高收入者为维持自身社会地位而积累财富的动机,因此消费者对高档商品的需求会随着收入水平的提高而增加。Jin et al.(2011)对中国城镇住户调查数据的实证研究表明,收入差距扩大显著刺激了低收入者教育消费支出的增加,从而对相对收入假说的激励效应进行了验证。李江一和李涵(2016)基于中国家庭金融调查数据的分析,验证收入差距对消费结构的激励效应。张慧芳和朱雅玲(2017)实证分析了居民收入结构对消费结构的影响,结果表明工资性收入和转移性收入是促进居民消费结构升级的主要因素。杨程博等(2019)认为,适度的收入差距且低收入组群不断跨入高收入组群的收入分布变迁有利于促进居民消费结构升级。宿玉海等(2021)区分城镇高、中、低收入群体的异质性消费结构,分析认为提高低收入群体收入、扩大中等收入群体是推动居民消费升级的关键。

(2) 人口年龄结构。Luhrmann(2005)、Gomez & Foot(2003)的研究均表明,人口年龄结构变化对居民消费结构产生重要影响。近几年,国内研究者尤为关注中国人口老龄化带来的消费结构调整问题。张忠根等(2016)基于中国省级面板数据的实证研究表明,少儿抚养比的下降和老年抚养比的提高均促进了消费结构升级。茅锐和徐建炜(2014)对中国城镇居民的调查数据分析表明,青少年的教育文化娱乐、衣着消费支出较多,成年人的家庭设备和服务、交通和通信、居住消费支出较多,而老年人的食品、医疗保健消费支出较多。王雪琪等(2016)、汪伟和刘玉飞(2017)的研究也得出了类似的结论。王增文和何冬梅(2016)分析了中国企事业单位老年人口退休冲击对城镇居民消费结构的影响,结果表明老年人口的退休冲击会增加其医疗保健、教育文化娱乐服务消费支出,减少其食品和衣着消费支出。罗永明和陈秋红(2020)基于中国家庭金融调查(CHFS)数据,检验农村家庭生命周期对家庭消费结构的影响,结果表明子女数量、性别、年龄等因素对居民家庭消费结构有重要影响。杨凡等(2020)等基于中国老年社会追踪调查数据的分析认为,受社会网络、信息技术等因素的影响,老年人群体的消费类型趋向多样化,总体上并没有出现消费降级的情况。

(3)社会创新因素。近几年有研究者开始关注社会创新因素对居民消费结构升级的影响。王茜(2016)强调了互联网时代消费者追求个性化、品质化、体验化及情感化的消费结构升级特征,并对互联网促进居民消费升级的机制进行了阐述。钟成林和胡雪萍(2019)从信息传递的角度,阐述了大数据驱动消费结构转型升级的作用机理。杜丹清(2017)、张磊和刘长庚(2017)对互联网背景下服务业创新推动消费结构升级的理论机制进行了阐述。毛中根和杨丽姣(2017)从供需匹配的角度,提出了通过推进供给侧结构性改革来促进消费结构升级的建议。高波和袁徽文(2022)认为数字经济的发展通过产业创新、商业模式创新、产业链重构和增加收入等机制促进了居民消费结构升级。以上研究从理论层面肯定了社会创新因素对居民消费升级的促进作用,目前已有少量研究对社会创新因素影响居民消费升级进行了实证分析。刘湖和张家平(2016)基于中国省级面板数据的实证研究表明,移动电话的普及有利于驱动农村居民消费结构由传统型向发展型、享受型转变。孙早和许薛璐(2018)基于中国各省份投入产出表数据的实证研究表明,高技术产业自主创新效应是推动居民消费结构升级的关键因素。

(4)其他因素。研究者还分析了教育水平(邸俊鹏等,2019)、金融发展(任鑫和葛晶,2019;齐红倩和马渡君,2021;贾立和李铮,2021)、生育政策调整(任慧玲和刘社建,2019)、贸易自由化(周玲玲和张恪渝,2020)和地方政府竞争(朱雅玲,2019)等因素对居民消费结构升级的影响。需要注意的是,紧密连接需求端和供给端的网络零售成为近年来居民消费升级的重要动力。网络零售推动中国的消费品市场从卖方市场转为买方市场,促使新的消费形式不断涌现,创造并满足消费者对品质化和个性化的消费需求(王茜,2016)。

　　针对网络零售居民消费效应的研究主要集中在网络零售对居民消费支出的影响上,目前还没有关于网络零售对居民消费升级影响的实证分析。研究网络零售的居民消费升级效应,有必要将区域间存在空间效应作为分析的前提。一方面,网络零售打破了物理时间和空间的约束,跨区域信息匹配成本的降低使得一个地区网络零售的发展会对周边地区的居民消费产生影响,居民消费升级在网络零售空间溢出的作用下逐渐发生改变;另一方面,网络零售和居民消费升级均不是孤立存在的,而是在地区之间呈现空间依赖性和空间异质性。鉴于此,本章在空间溢出的视角下,通过空间计量模型将区域间的空间效应纳入分析框架,实证分析网络零售对居民消费升级的影响。

　　本章的主要贡献可以归结如下:其一,在研究视角上,将区域间的空间效应考虑在内,在空间溢出视角下,研究网络零售对居民消费升级的影响。这补充了现有文献的研究视角。其二,在理论层面上,基于搜寻理论构建网络零售与居民消费升级为呈 U 形关系的理论模型,得出网络零售居民消费升级效应的微观基础理论。这是对传统理论模型的一种拓展,丰富了现有的居民消费理论。其三,在实证层面上,除了反距离矩阵和经济-地理矩阵,还创新性地引入非对称互联网地理矩阵,构建空间计量模型实证分析网络零售对居民消费升级的影响。这克服了传统计量方法的衡量偏误,强化了模型的解释能力,使实证结果更加准确。其四,在政策干预上,本章的结论可以为优化居民消费结构、增强经济发展动力、促进中国经济高质量发展提供技术创新的思路。

7.2　网络零售与居民消费升级间 U 形关系的理论模型

　　对消费者来讲,网络零售市场和传统市场相比最主要的区别是搜寻成本不同(方福前和邢炜,2015)。为了分析网络零售通过降低搜寻成本对居民消费升级的影响,本部分构建一个包含短头商品和长尾商品的模型。短头商品的匹配概率大、搜寻成本低,主要是大众化的基本商品;与之对应的长尾商品的匹配概率小、搜寻成本高,主要是小品种、个性化的高档商品。基于此,本部分用长尾商品消费量与短头商品消费量之比作为消费结构高级化的表征变量,而消费结构高级化可以用来衡量居民消费升级。

　　假设市场中存在唯一的均衡价格 p^*,此时短头商品 x_1 市场和长尾商品 x_2 市场的形成差异主要体现在消费者对两种商品的保留效用不同,即 $r_1 \neq r_2$,

且短头商品 x_1 的需求函数为连续函数 $Q_1 = Q_1(P)$，长尾商品 x_2 的需求函数为非连续函数：

$$Q_2 = \begin{cases} \omega & p \geqslant p^* \\ \alpha - \beta p & p < p^* \end{cases} \tag{7.1}$$

其中，α、β 均大于 0，ω 是一个比较接近于 0 的常数。

当市场价格高于或等于 p^* 时，长尾商品 x_2 只有很小的消费需求量 ω；当市场价格低于 p^* 时，长尾商品 x_2 的市场消费需求开始形成。

基于第 4 章 Bakos(1997) 的基础模型分析可知：①当存在搜寻成本 c 时，市场化均衡价格高于完全竞争市场的均衡价格，即 $p^* = \sqrt{ct} > 0$，其中 t 为效用损失成本，这意味着市场均衡价格随着搜寻成本的上升而提高。②搜寻成本的提高会导致消费者的预期效用（$\mathrm{EU} = r - 2\sqrt{c}$）减少，其中 r 为保留效用，这意味着过高的搜寻成本会挤出消费者，进而导致市场失败。短头商品 x_1 市场和长尾商品 x_2 市场的形成差异主要体现在消费者对两种商品的保留效用不同，即 $r_1 > 2\sqrt{ct}$、$r_2 < 2\sqrt{ct}$。③当市场均衡时，有 $p^* = \sqrt{ct}$，$r_2 = 2\sqrt{ct}$，可求出 $c = \dfrac{r_2^2}{4t}$。需求函数(7.1)在定义域上是非连续的，需要分别在 $c \in \left[0, \dfrac{r_2^2}{4t}\right)$，$c = \dfrac{r_2^2}{4t}$ 和 $c \in \left(\dfrac{r_2^2}{4t}, +\infty\right)$ 三个区间讨论搜寻成本 c 下降对消费结构高级化程度的影响。

（1）当 $c \in \left(\dfrac{r_2^2}{4t}, +\infty\right)$ 时，总需求函数为连续函数，可以直接求导。此时总居民消费量为：

$$Q(c) = Q_1(c) + Q_2(c) = Q_1(c) + \omega$$

$$\frac{\partial Q}{\partial c} = \frac{\partial Q_1}{\partial p}\frac{\partial p}{\partial c} = \frac{1}{2}t(ct)^{-\frac{1}{2}}\frac{\partial Q_1}{\partial p} < 0 \tag{7.2}$$

在网络零售市场发展初期，买家和卖家的数量均较少，网络零售市场以满足居民基本生活需要的短头商品 x_1 为主，长尾商品 x_2 的新市场此时还未能建立起来。在这一阶段，随着搜寻成本 c 下降，短头商品 x_1 的消费量增加，长尾商品 x_2 的消费量维持较小规模 w，因此消费结构高级化程度会下降。

（2）当 $c = \dfrac{r_2^2}{4t}$ 时，总需求函数为非连续函数。假设搜寻成本 c 下降 Δc，此时总居民消费量为：

$$\lim_{\Delta c \to 0} \left[Q_1(c + \Delta c) + Q_2(c + \Delta c) - Q_1(c) - Q_2(c) \right] = Q_2 - w > 0 \tag{7.3}$$

随着网络零售市场的发展,大量的买家和卖家被吸引进来,搜寻成本 c 下降会使居民消费量产生跳跃式的增长。这是由于当搜寻成本降到临界值以下时,$r_2 > 2\sqrt{ct}$,长尾商品 x_2 的网络零售新市场开始形成,长尾商品 x_2 的消费量大规模增加。在这一阶段,随着搜寻成本 c 下降,消费结构高级化程度会产生跳跃式的提升。

(3)当 $c \in \left[0, \dfrac{r_2^2}{4t}\right)$ 时,总需求函数为连续函数,可直接求导。此时总居民消费量为:

$$Q(c) = Q_1(c) + Q_2(c) = Q_1(c) + \alpha - \beta p(c)$$

$$\frac{\partial Q}{\partial c} = \frac{\partial Q_1}{\partial p}\frac{\partial p}{\partial c} + \frac{\partial Q_2}{\partial p}\frac{\partial p}{\partial c} = \frac{1}{2}t\,(ct)^{-\frac{1}{2}}\left(\frac{\partial Q_1}{\partial p} - \beta\right) < 0 \qquad (7.4)$$

搜寻成本 c 下降使得短头商品 x_1 和长尾商品 x_2 的消费量都增加,并且长尾商品 x_2 的消费量比短头商品 x_1 的消费量增加得更多。这是由于随着网络零售的深入发展,越来越多的卖家和买家进入市场,各种品牌化、精细化、个性化和定制化的商品出现在网络零售市场上,大量的长尾商品开始出现。在这一阶段,搜寻成本 c 下降会导致消费结构高级化程度提升。

通过上述分析可以发现,网络零售通过降低搜寻成本对居民消费产生了两种效应:一种是价格降低效应。由 $p^* = \sqrt{ct}$ 可知,搜寻成本的下降降低了市场均衡价格,线上商品比线下商品更加便宜,居民消费会由线下转到线上。另一种是市场扩张效应。在传统市场上,搜寻成本过高使得一些商家和消费者被挤出市场,导致市场建立失败。而网络零售的一大优势就是降低了搜寻成本,网络零售通过互联网实现了联通,将更多的商家和消费者带入同一个市场,有效解决了市场建立失败问题。在网络零售的不同发展阶段,起主导作用的效应有所不同。在网络零售发展初期,网上卖家和买家的数量都较少,不少平台甚至以"赔本赚吆喝"的方式吸引卖家和买家入场。此时的线上商家主要通过价格降低效应来扩张消费量,消费者逐步从线下向线上转移,追求以更低的价格买到与线下一样的商品。这个阶段主要是网络零售市场对传统市场的替代,进入市场的基本上是短头商品,如食品、衣物和生活用品等。此时,价格降低效应起主导作用,短头商品的消费量增加,但长尾商品的市场还难以形成,长尾商品的消费量仍维持在较低水平,消费结构高级化程度下降。随着网络零售的深入发展,越来越多的卖家和买家进入市场,各种品牌化、精细化、个性化和定制化的商品出现在网络零售市场上,大量的长尾商品开始出现。这个阶段不仅仅是对传统市场的替代,更是一种新市场的创造过程。此时,市场扩张效应起主导作用,长尾商品的消费量比短头商品的消费量增加得更多,消费结构高级化程度提升。综上所述,网络零售对居民消费升级的影响呈先下降后上升的 U 形态势(见图 7-1)。基于以上分析,本章提出以下研究假设:

假设 1 网络零售对居民消费升级的影响呈先下降后上升的 U 形态势。

假设 2 网络零售对居民消费升级具有空间溢出效应,且空间溢出效应不受地理距离的限制。

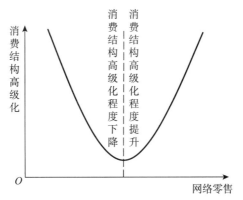

图 7-1 网络零售和消费结构高级化程度间的 U 形关系

7.3 中国居民消费升级的基本特征

7.3.1 ELES 模型设定

扩展线性支出系统模型(ELES)是在 Stone(1954)、Lluch(1973)提出的线性支出系统(LES)模型基础上拓展形成的一种需求函数系统。ELES 模型考虑消费需求和价格对居民消费结构的影响,认为消费者对各类商品的消费支出是相互关联、相互制约的。ELES 模型假定消费者对各类商品的消费需求由其收入水平和各类商品的价格所决定。消费者对各类商品的需求包括基本需求和超额需求两部分。其中,基本需求与收入水平无关;在基本需求得到满足之后,消费者根据收入水平和消费偏好安排超额需求部分。基于此,ELES 模型的基本形式为:

$$C_j = p_j q_j^0 + \beta_j^* \left(I - \sum_{j=1}^{n} p_j q_j^0 \right)$$
$$j = 1, 2, 3, \cdots, n \tag{7.5}$$

其中,C_j 表示第 j 种商品的总消费支出,p_j 表示第 j 种商品的价格,q_j^0 表示第

j 种商品的基本需求消费量，β_j^* 表示第 j 种商品的边际消费倾向，I 为可支配收入。

对式(7.5)进行变形：

$$C_j = \beta_j^* I + p_j q_j^0 - \beta_j^* \sum_{j=1}^n p_j q_j^0$$
$$j = 1,2,3,\cdots,n \tag{7.6}$$

即

$$C_j = \alpha_j + \beta_j^* I$$
$$j = 1,2,3,\cdots,n \tag{7.7}$$

其中，

$$\alpha_j = p_j q_j^0 - \beta_j^* \sum_{j=1}^n p_j q_j^0$$
$$j = 1,2,3,\cdots,n \tag{7.8}$$

可进一步将式(7.7)转化为计量经济模型：

$$C_j = \alpha_j + \beta_j^* I + \mu_j$$
$$j = 1,2,3,\cdots,n \tag{7.9}$$

因此，我们可以用居民收入和分类商品消费支出的数据对模型进行参数估计。进一步对式(7.8)进行求和整理，可以得到：

$$\sum_{j=1}^n p_j q_j^0 = \frac{\sum_{j=1}^n \alpha_j}{1 - \sum_{j=1}^n \beta_j^*}$$
$$j = 1,2,3,\cdots,n \tag{7.10}$$

将式(7.10)代入式(7.8)，可得到每种商品的基本消费支出：

$$p_j q_j^0 = \left| \alpha_j + \beta_j^* \cdot \frac{\sum_{j=1}^n \alpha_j}{1 - \sum_{j=1}^n \beta_j^*} \right|$$
$$j = 1,2,3,\cdots,n \tag{7.11}$$

在价格不变的条件下，可进一步得到第 j 种商品的需求收入弹性为：

$$\varepsilon_j = \frac{\dfrac{\partial q_j}{q_j}}{\dfrac{\partial I}{I}} = \beta_j^* \cdot \frac{I}{C_j}$$
$$j = 1,2,3,\cdots,n \tag{7.12}$$

7.3.2　中国居民消费结构的特征变化

为了分析中国居民消费结构的特征变化,图 7-2 列示了 2007—2020 年中国居民分类商品消费支出占比的变化趋势。如图 7-2 所示,中国居民消费结构的升级特征显而易见。首先,食品消费支出占比下降明显,恩格尔系数从 2007 年的 38.02% 下降到 2020 年的 30.16%。其次,2007 年分类商品消费支出占比从大到小的排序为食品、交通和通信、教育文化娱乐服务、居住、衣着、医疗保健、家庭设备用品及服务、其他用品;2020 年分类商品消费支出占比从大到小的排序为食品、居住、交通和通信、教育文化娱乐服务、医疗保健、家庭设备用品及服务、衣着、其他用品。最后,除了食品,衣着消费支出占比和教育文化娱乐服务消费支出占比也呈下降趋势,分别从 2007 年的 9.32%、12.29% 下降到 2020 年的 5.84% 和 9.58%;居住消费支出占比的上升趋势较为明显,从 2007 年的 11.71% 上升到 2020 年的 24.59%;交通和通信、医疗保健、家庭设备用品及服务、其他用品的消费支出占比变化不大。

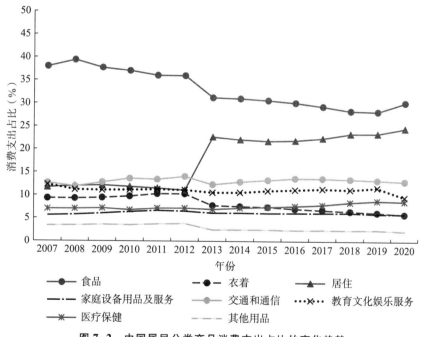

图 7-2　中国居民分类商品消费支出占比的变化趋势

(1)我们基于式(7.9),对各年度的分类商品消费支出与居民可支配收入进行 OLS 回归,估计各分类商品的边际消费倾向 β_j^*。如表 7-1 所示,各分类商品的边际消费倾向在 1% 的统计水平上显著,表明居民可支配收入对分类商品消费支出具有显著影响。从拟合优度来看,各模型调整后的 R^2 均较大,表明居民可支配收入可以较大程度地解释各类商品的消费支出。从回归结果来看,2007 年居民总边际消费倾向为 0.70,2020 年居民总边际消费倾向为 0.53,居民总边际消费倾向总体呈下降趋势。[①] 2007 年中国居民边际消费倾向最高的是食品(0.22),2020 年中国居民边际消费倾向最高的是居住(0.24),这与近年来中国居民居住消费上升趋势相吻合。从时间变化来看,2007—2020 年,居住(食品)的边际消费倾向上升(下降)的趋势较为明显,衣着、家庭设备用品及服务、交通和通信、教育文化娱乐服务、医疗保健、其他用品的边际消费倾向呈现稳定中略有下降的趋势。

表 7-1　中国居民各分类商品的边际消费倾向估计结果

年份	食品	衣着	居住	家庭设备用品及服务	交通和通信	教育文化娱乐服务	医疗保健	其他用品
2007	0.22***	0.05***	0.06***	0.04***	0.13***	0.12***	0.05***	0.03***
	(19.95)	(10.30)	(15.41)	(23.27)	(17.03)	(32.04)	(8.85)	(18.01)
	0.93	0.78	0.89	0.95	0.91	0.97	0.72	0.92
2008	0.23***	0.05***	0.06***	0.04***	0.12***	0.11***	0.04***	0.03***
	(18.45)	(10.46)	(12.12)	(21.17)	(18.86)	(28.69)	(7.29)	(16.65)
	0.92	0.78	0.83	0.94	0.92	0.97	0.64	0.90
2009	0.22***	0.05***	0.05***	0.04***	0.13***	0.11***	0.04***	0.04***
	(19.84)	(9.38)	(11.04)	(19.01)	(20.93)	(26.54)	(7.62)	(16.04)
	0.93	0.74	0.80	0.92	0.94	0.96	0.66	0.90
2010	0.21***	0.05***	0.06***	0.05***	0.13***	0.11***	0.03***	0.03***
	(19.89)	(8.85)	(16.69)	(17.31)	(22.51)	(25.47)	(7.20)	(13.62)
	0.93	0.72	0.90	0.91	0.94	0.96	0.63	0.86
2011	0.23***	0.05***	0.05***	0.05***	0.12***	0.11***	0.03***	0.04***
	(22.65)	(8.76)	(14.15)	(20.98)	(24.34)	(24.10)	(7.81)	(17.96)
	0.95	0.72	0.87	0.94	0.95	0.95	0.67	0.92
2012	0.22***	0.05***	0.04***	0.04***	0.12***	0.10***	0.03***	0.03***
	(19.93)	(7.79)	(8.68)	(17.61)	(23.24)	(21.23)	(5.42)	(17.45)
	0.93	0.67	0.71	0.91	0.95	0.94	0.49	0.91

---

①　分类商品边际消费倾向的加总。

（续表）

年份	食品	衣着	居住	家庭设备用品及服务	交通和通信	教育文化娱乐服务	医疗保健	其他用品
2013	0.22***	0.05***	−0.07	0.04***	0.12***	0.10***	−0.04	0.04***
	(18.84)	(7.38)	(−0.71)	(16.32)	(20.69)	(20.78)	(−0.72)	(18.08)
	0.92	0.64	0.02	0.90	0.93	0.94	0.02	0.92
2014	0.17***	0.04***	0.24***	0.04***	0.09***	0.07***	0.04***	0.02***
	(12.26)	(6.45)	(24.48)	(13.27)	(12.59)	(14.73)	(7.66)	(17.13)
	0.83	0.58	0.95	0.85	0.84	0.88	0.66	0.91
2015	0.16***	0.03***	0.24***	0.03***	0.09***	0.07***	0.04***	0.02***
	(10.8)	(6.17)	(25.35)	(11.02)	(16.75)	(14.43)	(6.62)	(16.28)
	0.79	0.55	0.96	0.80	0.90	0.87	0.59	0.90
2016	0.14***	0.03***	0.24***	0.03***	0.09***	0.07***	0.04***	0.02***
	(9.52)	(6.08)	(24.45)	(12.10)	(12.73)	(13.42)	(6.44)	(13.30)
	0.75	0.55	0.95	0.83	0.84	0.86	0.57	0.85
2017	0.14***	0.03***	0.24***	0.03***	0.08***	0.07***	0.04***	0.02***
	(8.89)	(5.40)	(23.98)	(12.02)	(11.75)	(12.50)	(6.07)	(13.51)
	0.72	0.50	0.95	0.83	0.82	0.84	0.54	0.86
2018	0.13***	0.02***	0.24***	0.03***	0.07***	0.06***	0.04***	0.02***
	(9.73)	(5.97)	(25.79)	(14.46)	(13.50)	(12.94)	(6.49)	(14.64)
	0.76	0.54	0.96	0.87	0.86	0.85	0.58	0.88
2019	0.12***	0.02***	0.25***	0.03***	0.07***	0.07***	0.04***	0.02***
	(9.73)	(5.93)	(23.45)	(13.28)	(16.16)	(13.83)	(6.21)	(12.07)
	0.76	0.53	0.96	0.85	0.90	0.86	0.56	0.83
2020	0.11***	0.02***	0.24***	0.03***	0.05***	0.04***	0.03***	0.01***
	(8.46)	(4.93)	(26.74)	(12.52)	(9.05)	(8.51)	(6.36)	(10.16)
	0.70	0.44	0.96	0.84	0.73	0.70	0.57	0.77

注：以上回归结果通过 Stata13 得出。其中，每年的分类商品消费支出对居民可支配收入的回归结果包含 3 个数据，从上到下依次为回归系数、t 值以及调整后 R^2；***表示回归系数在 1%的统计水平上显著。

（2）我们基于式（7.12），计算中国居民各分类商品的需求收入弹性。如表 7-2 所示，各分类商品的需求收入弹性都为正值。除了其他用品，居住消费的需求收入弹性的均值最大（0.78）；其次是教育文化娱乐服务（0.77）、交通和通信（0.77）；之后依次是家庭设备用品及服务（0.61）、食品（0.50）、医疗保健（0.49）和衣着（0.46）。以 2007—2020 年中国居民各分类商品的需求收入弹性均值 0.50 为分界点，将需求收入弹性小于 0.50 的划为基本商品，包括食品、衣着和医疗保健共三类；将需求收入弹性大于 0.50 的划分为高档商品，包括居住、家庭设备用品及服务、交通和通信、教育文化娱乐服务、其他用品共五类。

表 7-2　中国居民各分类商品的需求收入弹性

年份	食品	衣着	居住	家庭设备用品及服务	交通和通信	教育文化娱乐服务	医疗保健	其他用品
2007	0.58	0.54	0.51	0.71	1.03	0.98	0.71	0.89
2008	0.58	0.54	0.50	0.70	1.01	0.98	0.57	0.88
2009	0.58	0.53	0.41	0.66	1.02	0.99	0.56	1.11
2010	0.57	0.51	0.51	0.79	0.95	0.99	0.44	0.86
2011	0.64	0.49	0.43	0.75	0.89	0.98	0.42	1.08
2012	0.61	0.49	0.36	0.62	0.85	0.90	0.42	0.79
2013	0.65	0.56	—	0.67	0.91	0.94	—	1.16
2014	0.55	0.53	1.09	0.65	0.70	0.66	0.55	0.81
2015	0.52	0.40	1.10	0.50	0.68	0.64	0.54	0.81
2016	0.47	0.43	1.10	0.49	0.66	0.63	0.52	0.84
2017	0.47	0.44	1.07	0.49	0.59	0.61	0.51	0.82
2018	0.46	0.31	1.03	0.49	0.52	0.54	0.47	0.83
2019	0.43	0.32	1.07	0.50	0.53	0.60	0.45	0.82
2020	0.36	0.34	0.98	0.51	0.38	0.42	0.35	0.46
均值	0.50	0.46	0.78	0.61	0.77	0.77	0.49	0.87

注："—"表示对应表 7-1 估计出的边际消费倾向系数不显著。

7.3.3　中国居民消费升级的特征变化

基于以上对基本商品和高档商品的划分，可计算出 2007—2020 年中国居民基本商品和高档商品的人均消费支出以及消费结构高级化程度（见表 7-3）。消费结构高级化程度等于居民高档商品人均消费支出与基本商品人均消费支出之比，衡量居民消费升级。ELES 模型的计算结果和消费结构高级化程度的变化彰显出中国居民消费升级具有以下特征：

表 7-3　中国居民消费结构高级化

年份	基本商品			高档商品			消费结构高级化
	人均消费支出(元)	占比(%)	增速(%)	人均消费支出(元)	占比(%)	增速(%)	
2007	3 490.16	54.35	—	2 930.98	45.65	—	0.84
2008	4 054.77	55.73	16.18	3 221.30	44.27	9.91	0.79
2009	4 351.83	54.32	7.33	3 659.20	45.68	13.59	0.84
2010	4 793.21	53.54	10.14	4 158.72	46.46	13.65	0.87
2011	5 392.23	53.46	12.50	4 694.41	46.54	12.88	0.87
2012	6 047.50	53.42	12.15	5 272.77	46.58	12.32	0.87
2013	6 956.18	50.77	15.03	6 746.24	49.23	27.94	0.97
2014	6 731.98	45.98	-3.22	7 907.97	54.02	17.22	1.17
2015	7 221.08	45.54	7.27	8 634.97	54.46	9.19	1.20
2016	7 716.83	44.85	6.87	9 490.09	55.15	9.90	1.23
2017	8 106.23	44.12	5.05	10 265.58	55.88	8.17	1.27
2018	8 605.21	43.34	6.73	11 247.91	56.66	9.63	1.31
2019	9 324.62	43.25	8.36	12 234.38	56.75	8.77	1.31
2020	9 478.79	44.69	1.65	11 731.21	55.31	-4.11	1.24

　　第一,与需求层次理论相符,中国居民消费结构高级化不断提升,从 2007 年的 0.84 上升到 2020 年的 1.24,这表明中国居民的需求和购买层次不断提升。随着居民收入水平的不断提升和消费品市场的不断繁荣,居民消费内容不断丰富、消费个性逐渐展现、消费层次逐步提高,体现了居民对商品和服务品牌化、精细化、个性化和定制化的消费需求。

　　第二,中国居民消费升级经历了一个动态非平稳的过程。样本期内(2008 年除外),高档商品人均消费支出的增速大于基本商品人均消费支出,且高档商品人均消费增速并不稳定,大致经历了三个阶段:第一个阶段是 2008—2012 年,高档商品人均消费支出平稳增长,人均消费增速为12.47%;第二个阶段是 2013—2014 年,高档商品人均消费支出快速增长,人均消费增速为 22.58%;第三个阶段是 2015—2020 年,高档商品人均消费支出增速明显放缓,人均消费增速为 6.93%,受突发的新冠疫情的影响,2020 年居民高档商品消费负增长。这表明居民消费升级过程不可能以一成不变的速度进行。一方面,购买能力和消费意愿等因素在宏观环境与微观心理上对居民消费行为的动态影响,导致居民消费升级过程的复杂性和多变性;另一方面,居民消费层次的不断提高,使得消费结构高级化进一步提升的空间越来越小。

第三,高档商品人均消费支出占比不断上升,从 2007 年的 45.65%上升到 2020 年的 55.31%;基本商品人均消费支出占比不断下降,从 2007 年的 54.35%下降到 2020 年的 44.69%。需要注意的是,2014 年高档商品的人均消费支出占比首次超过基本商品,并且二者的差距不断扩大,这表明基本商品的消费主体地位已经发生动摇。

7.4　网络零售与居民消费升级的空间相关性

7.4.1　指标构建与变量选择

中国网络零售发展的历程较短,同时考虑到数据的可得性,本章选取 2007—2020 年中国各省、自治区和直辖市数据作为样本。虽然无法直接获得各地区的网络零售市场规模数据,但考虑到网络零售商品主要通过快递的方式从卖家转移到买家手中,因此本章借鉴方福前和邢伟(2015)的研究,用各地区的快递业务数量[①]乘以一个权重来反映各地区的网络零售市场规模。该权重为全国网络零售交易额与全国快递业务数量之比,即平均每件快递代表的网络零售交易额。表 7-4 列示了本章所涉及相关变量的计算方法、基本统计量和数据来源。

表 7-4　变量的统计性描述

变量	均值	标准差	最小值	最大值	定义及数据来源
Cons	1.023	0.254	0.499	1.991	消费结构高级化
lnOr	14.222	2.068	8.814	19.173	网络零售市场规模(单位:万元)取对数
lnInc	9.501	0.465	8.430	10.807	人均可支配收入(单位:元)取对数
Infla	0.093	0.766	−0.023	9.280	通货膨胀率
Uer	0.034	0.007	0.012	0.046	城镇登记失业率
Gdr	0.371	0.070	0.193	0.578	总抚养比:小于 15 岁和大于 65 岁人口数/总就业人口数

---

① 各地区的快递业务数量指当地寄出的快递数量。

（续表）

变量	均值	标准差	最小值	最大值	定义及数据来源
lnTra	8.832	0.926	5.852	10.424	交通基础设施:铁路和公路运营里程/各省(区、市)行政区土地面积
Intr	0.470	0.201	0.060	0.956	互联网普及率:互联网使用人口/地区人口总数
Urb	0.552	0.142	0.215	0.896	城镇化率:城镇常住人口占当地总人口比重
lnRpex	7.807	0.713	5.488	9.385	地方政府财政支出(单位:亿元)取对数
Socr	0.130	0.035	0.055	0.276	社会保障:社会保障支出占政府总支出的比重

资料来源:网络零售市场规模数据来自各年《中国网络零售市场数据监测报告》,其余变量数据来自各年《中国统计年鉴》。

注:各变量的样本数均为434。

1. 被解释变量

被解释变量为消费结构高级化(Cons),本章用消费结构高级化衡量居民消费升级。消费结构高级化等于居民高档商品人均消费支出与基本商品人均消费支出之比。根据式(7.12)的计算结果,基本商品消费支出为居民用于衣着、食品和医疗保健的消费支出,高档商品消费支出为居民用于居住、交通和通信、家庭设备用品及服务、教育文化娱乐服务、其他用品的消费支出。

2. 核心解释变量

核心解释变量为网络零售市场规模取对数(lnOr)。为了消除通货膨胀因素的影响,该变量以2007年不变价来衡量。此外,模型中还引入网络零售市场规模取对数的平方项$[(\ln Or)^2]$,以考察网络零售与消费结构高级化间可能存在的非线性关系。

3. 控制变量

参考以往文献,本章选取与居民消费结构升级相关的变量作为控制变量:

(1) 人均可支配收入取对数(lnInc)。收入水平是影响居民消费结构较为关键的因素,一般随着可支配收入水平的提升,居民会增加高档商品的消费,从而有利于居民消费结构升级。本章用2007年不变价衡量的人均可支配收入来衡量居民收入水平。

（2）通货膨胀率（Infla）。用消费者价格年增长率来衡量通货膨胀率。通货膨胀率一定程度地反映居民所处的消费环境，对居民消费选择产生影响。通货膨胀水平的变化会产生收入效应和替代效应。通货膨胀率上升，若收入效应大于替代效应，则居民预期收入将减少，进而会减少高档商品的消费，进而抑制居民消费结构升级。

（3）城镇登记失业率（Uer）。城镇登记失业率可以反映失业风险存在的严重程度，进而影响居民对未来收入的预期。城镇登记失业率上升，居民预期未来收入下降的可能性增大，从而减少高档商品的消费，进而抑制居民消费结构升级。

（4）总抚养比（Gdr）。用0—15岁和大于65岁人口之和与16—64岁工作人口数的比值衡量总抚养比，以反映人口年龄结构。已有不少研究表明，人口年龄结构会影响各类商品及服务的需求，进而影响居民消费结构。盖骁敏和耿君（2014）认为，总抚养比的下降减轻了家庭负担，减少了家庭的预防性储蓄与目标性储蓄，从而有利于居民消费结构升级。王雪琪等（2016）的研究则表明，儿童对文教娱乐、老年人对居住和医疗的消费需求较强。

（5）交通基础设施取对数（lnTra）。用铁路和公路运营里程加总后的数值除以各省（区、市）行政区土地面积来衡量交通基础设施。申洋等（2021）指出，交通基础设施是促进商品流通、扩大消费空间、提振消费内需的重要推动力。

（6）互联网普及率（Intr）。用互联网使用人口除以地区人口总数来衡量互联网普及率。齐红倩和马溪君（2021）的研究表明，互联网消费替代了部分线下实体消费，互联网较强的辐射功能使居民家庭在发展型和享受型消费方面的支出明显增加，从而有利于居民消费结构升级。

（7）城镇化率（Urb）。用城镇常住人口占当地总人口的比重来衡量城镇化率。甘小文等（2011）的研究表明，城镇化进程使得居民各项消费支出都得到不同程度的增加，其中，食品消费支出占比下降，其他消费支出占比上升，居民消费结构有高级化趋势。

（8）地方政府财政支出取对数（lnRpex）。该指标反映了政府对经济的干预程度，以2007年不变价来衡量。宋昆鹏和李红（2015）对西部地区政府消费与居民消费关系的研究认为，政府财政支出的增长对居民消费结构升级产生抑制作用。

（9）社会保障（Socr）。用社会保障支出占政府总支出的比重来衡量社会保障。杨丽和陈超（2013）认为，地区经济越发达，社会保障对居民消费结构升级的促进作用越明显。肖攀等（2016）的研究表明，社会保障对不同类别消费支出的影响有所差异，社会保障水平的提升有利于促进居民食品、居住、交通、文教娱乐用品类消费的增长，而对其他类别商品消费的影响不显著。

7.4.2　空间权重矩阵设计

首先，我们在借鉴以往文献的基础上，根据地理学第一定律的思想——"空间单元的相关性随着地理距离的加长而降低"，构建反距离空间权重矩阵 $\boldsymbol{W}_1$：

$$\boldsymbol{W}_{1,ij} = \begin{cases} 1/d_{ij} & i \neq j \\ 0 & i = j \end{cases} \tag{7.13}$$

其中，d_{ij} 为地区 i 和地区 j 之间的地理距离。

其次，由于现实中个体间的空间关联可能并不是仅仅来自地理因素，而是受地理距离和经济行为的双重影响，因此我们借鉴侯新烁等（2013）的方法，综合考虑不同空间个体在地理距离和经济行为两方面的特征，基于引力模型构建经济地理空间权重矩阵 $\boldsymbol{W}_2$：

$$\boldsymbol{W}_{2,ij} = \begin{cases} (\overline{Q}_i \cdot \overline{Q}_j)/d_{ij}^2 & i \neq j \\ 0 & i = j \end{cases} \tag{7.14}$$

其中，$\overline{Q}_i$ 和 $\overline{Q}_j$ 分别表示地区 i 和地区 j 在 2007—2020 年的实际人均 GDP 均值，d_{ij} 为地区 i 和地区 j 之间的地理距离。

最后，由于不同地区存在网络关联特征，且互联网发展水平较高（低）地区对互联网发展水平较低（高）地区产生更强（弱）的空间影响，因此我们构建非对称互联网地理权重矩阵 $\boldsymbol{W}_{3,ij}$：

$$\boldsymbol{W}_{3,ij} = \begin{cases} \boldsymbol{W}_1 \text{diag}\left(\dfrac{\overline{Y}_1}{\overline{Y}}, \dfrac{\overline{Y}_2}{\overline{Y}}, \cdots, \dfrac{\overline{Y}_{31}}{\overline{Y}}\right) & i \neq j \\ 0 & i = j \end{cases} \tag{7.15}$$

其中，$\boldsymbol{W}_1$ 为反距离空间权重矩阵；$\overline{Y}_1, \overline{Y}_2, \cdots, \overline{Y}_{31}$ 表示观测期内第 1，第 2，…，第 31 个省份的互联网渗透率均值；$\overline{Y}$ 表示观测期内所有省份的互联网渗透率均值。互联网渗透率用互联网使用人数占当地人口的比重来衡量。

7.4.3 空间相关性检验

为了判断网络零售和消费结构高级化各自是否具有空间相关性,本章采用 Moran(1950)提出的空间自相关 Moran's I 指数进行检验,计算公式为:

$$\text{Moran's I} = \frac{n}{\sum\limits_{i=1}^{n}\sum\limits_{j=1}^{n}\boldsymbol{W}_{ij}} \cdot \frac{\sum\limits_{i=1}^{n}\sum\limits_{j=1}^{n}\boldsymbol{W}_{ij}(X_i - \overline{X})(X_j - \overline{X})}{\sum\limits_{i=1}^{n}(X_i - \overline{X})^2} \tag{7.16}$$

其中,X_i 为地区 i 的观测值;$\boldsymbol{W}_{ij}$ 为行标准化的空间权重矩阵。在给定显著水平下,Moran's I 的绝对值越大表示空间相关性越强;Moran's I 大于 0 表示正相关,Moran's I 小于 0 表示负相关,Moran's I 接近于 0 表示观测值在空间上随机分布或不具有空间相关性。

表 7-5 为 2007—2020 年中国各地区基于非对称互联网地理矩阵的网络零售市场规模和消费结构高级化的 Moran's I 空间自相关检验结果。结果显示,lnOr 和 Cons 的 Moran's I 指数均至少在 10% 的显著水平上大于 0,这说明网络零售和消费结构高级化在空间上均不是随机分布的,而是呈现显著正向的空间依赖特征。

表 7-5　网络零售市场规模和消费结构高级化的 Moran's I 空间自相关检验

变量	2007 年	2009 年	2011 年	2013 年	2015 年	2017 年	2018 年	2019 年	2020 年
lnOr	0.229***	0.236***	0.248***	0.236***	0.254***	0.247***	0.240***	0.239***	0.236***
Cons	0.252***	0.263***	0.177**	0.146**	0.144**	0.105*	0.143**	0.189***	0.199***

注:*、**、***分别表示在 10%、5% 和 1% 的统计水平上显著。

为了进一步揭示网络零售和居民消费升级在不同地理位置的空间关联模式,本章分别绘制了消费结构高级化和网络零售市场规模(取对数)在 2020 年的莫兰散点图(见图 7-3 和图 7-4)。图 7-3 和图 7-4 显示,消费结构高级化和网络零售的大部分散点分布在第一象限的"高—高"集聚区以及第三象限的"低—低"集聚区。这表明消费结构高级化和网络零售在地理空间上均具有区域集聚的特点,且呈现正向的空间依赖特征。我们进一步基于局域空间相关性 LISA 分析,列出非对称互联网地理矩阵下 2007—2020 年消费结构高级化和网络零售市场规模(取对数)所有通过 10% 显著性检验的"高—高"集聚区和"低—低"集聚区(见表 7-6)。

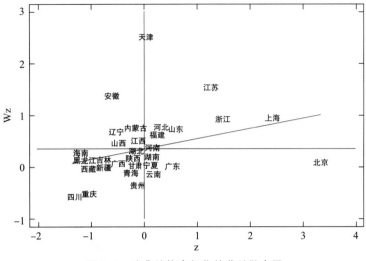

图 7-3　消费结构高级化的莫兰散点图

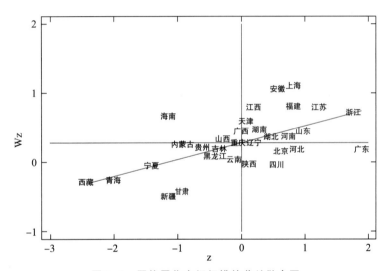

图 7-4　网络零售市场规模的莫兰散点图

表 7-6　网络零售和消费结构高级化的 LISA 聚类分布

指标	年份	"高—高"集聚区	"低—低"集聚区
网络零售市场规模	2007	福建、上海、山东、江苏、浙江	甘肃、新疆、青海、西藏
	2008	福建、上海、山东、江苏、浙江	甘肃、新疆、青海、西藏
	2009	福建、上海、山东、江苏、浙江	甘肃、新疆、青海、西藏
	2010	福建、上海、山东、江苏、浙江	甘肃、新疆、青海、西藏
	2011	福建、上海、山东、江苏、浙江	甘肃、新疆、青海、西藏
	2012	福建、上海、山东、江苏、浙江	新疆、青海、西藏

（续表）

指标	年份	"高—高"集聚区	"低—低"集聚区
网络零售市场规模	2013	湖北、福建、上海、山东、江苏、浙江	甘肃、新疆、青海、西藏
	2014	湖北、福建、上海、山东、江苏、浙江	甘肃、新疆、青海、西藏
	2015	河南、湖北、福建、上海、山东、江苏、浙江	甘肃、新疆、青海、西藏
	2016	河南、湖北、福建、上海、山东、江苏、浙江	甘肃、新疆、青海、西藏
	2017	河南、湖北、福建、上海、山东、江苏、浙江	甘肃、青海、新疆、西藏
	2018	河南、湖北、福建、上海、山东、江苏、浙江	甘肃、新疆、青海、西藏
	2019	河南、湖北、福建、上海、山东、江苏、浙江、安徽	甘肃、新疆、青海、西藏
	2020	河南、福建、上海、山东、江苏、浙江、安徽	甘肃、新疆、青海、西藏
消费结构高级化	2007	福建、山东、江苏、上海、浙江	西藏
	2008	福建、山东、江苏、上海、浙江	西藏、新疆、四川、重庆、云南
	2009	福建、山东、江苏、上海、浙江	新疆、西藏
	2010	河北、山东、江苏、上海、浙江	新疆、西藏
	2011	广东、山西、山东、河北、江苏、上海、浙江	新疆、西藏
	2012	山西、山东、江苏、上海、浙江	新疆、西藏
	2013	河北、江苏、上海、浙江	四川、重庆
	2014	河北、江苏、上海、浙江	新疆、西藏、四川、重庆
	2015	河北、江苏、上海、浙江	西藏、重庆、新疆、四川
	2016	河北、江苏、上海、浙江	新疆、重庆、四川、
	2017	河北、江苏、上海、浙江	新疆、四川
	2018	河北、江苏、上海、浙江	新疆、西藏
	2019	山东、江苏、上海、浙江	重庆、四川、西藏
	2020	山东、江苏、上海、浙江	重庆、四川

如表 7-6 所示,2020 年,中国网络零售的"高—高"集聚区和"低—低"集聚区均形成了连片地带。河南、福建、上海、山东、江苏、浙江、安徽构成了网络零售的高水平集聚区域,甘肃、新疆、青海、西藏构成了网络零售的低水平集聚区域。从 2007—2020 年网络零售集聚区的时序变化来看,网络零售的"高—高"集聚区在 2007—2012 年主要由东部沿海地区的福建、上海、山东、江苏和浙江构成;随着时间的推移,湖北、河南、安徽分别在 2013 年、2015 年、2019 年加入"高—高"集聚区,使得网络零售的"高—高"集聚区域不断扩大。这表明网络零售的高水平集聚区域对周边地区具有显著的扩散效应和示范效应,即网络零售具有正向的空间溢出特征。网络零售

的"低—低"集聚区长期以来一直比较稳定,主要为西部地区的甘肃、青海、新疆和西藏。从 2020 年消费结构高级化的 LISA 聚类分布来看,消费结构高级化的"高—高"集聚区和"低—低"集聚区均形成了连片地带。消费结构高级化的"高—高"集聚区为山东、江苏、上海和浙江,消费结构高级化的"低—低"集聚区为重庆和四川。从 2007—2020 年消费结构高级化的时序变化来看,经济发展水平较高的江苏、浙江和上海一直是"高—高"集聚区的主要成员,福建、山东、广东和山西前期也进入"高—高"集聚区;而消费结构高级化的"低—低"集聚区成员并不稳定,新疆、西藏、四川和重庆均交替进入过"低—低"集聚区。需要注意的是,在"高—高"集聚区和"低—低"集聚区,网络零售市场规模和消费结构高级化呈现大致相同的集聚区域,说明二者具有较强的空间关联关系。

7.5 网络零售对居民消费升级影响的空间溢出效应

7.5.1 空间计量模型设定与适用性检验

网络零售能有效打破物理时间和空间的约束,不仅可以改变本地消费结构高级化,也可能对异地消费结构高级化产生影响,即网络零售对消费结构高级化可能存在空间溢出效应,因此本章通过构建空间计量模型来分析网络零售对消费结构高级化的影响。包含所有空间效应的广义嵌套空间模型(GNS)为:

$$\text{Con}_{it} = \rho W_{ij} \text{Con}_{it} + \sum \beta X_{it} + \theta W_{ij} \sum X_{it} + u_i + \gamma_t + \varepsilon_{it}$$

$$\varepsilon_{it} = \lambda W_{ij} \varepsilon_{it} + \mu_{it} \tag{7.17}$$

其中,W_{ij} 为空间权重矩阵;u_i 和 γ_t 分别为空间效应和时间效应;ρ、θ、λ 分别为空间自回归系数、解释变量空间滞后项系数和空间自相关系数;X_{it} 为包含核心解释变量在内的所有解释变量;β 为对应的回归系数;$\mu_{it} \sim \text{IID}(0, \sigma_\varepsilon^2 I)$。

广义嵌套空间模型可以梳理出不同形式的空间计量模型。若 $\rho \neq 0$、$\theta = 0$、$\lambda = 0$,则式(7.17)为空间自回归模型(SAR),可以测度内生交互效应产生的空间溢出效应;若 $\rho = 0$、$\theta = 0$、$\lambda \neq 0$,则式(7.17)为空间误差模型(SEM),可以测度误差项之间的空间依赖关系;若 $\rho \neq 0$、$\theta \neq 0$、$\lambda = 0$,则式(7.17)为空间滞后解释变量模型(SLX),只包含外生的空间交互效应;若 $\rho \neq 0$、$\theta = 0$、$\lambda \neq 0$,则式(7.17)为广义空间自回归模型(SAC),只包含了内生的空间交互效应;若 $\rho \neq 0$、$\theta \neq 0$、$\lambda = 0$,则式(7.17)为空间杜宾模型(SDM),

可以一并考察内生交互效应和外生交互效应所产生的空间溢出效应。

选择最优的空间计量模型有助于准确考察空间依赖关系产生的原因以及空间关联机制的作用效果。本章借鉴 Elhorst(2014)的检验思路,采用"从具体到一般"和"从一般到具体"相结合的思路,对空间面板模型的适用性进行检验,检验结果报告在表 7-7 中。如表 7-7 所示:其一,OLS 回归后,三种空间权重矩阵下的 LM-lag 和 LM-err 统计量均在 1%的显著水平上拒绝非空间效应模型;其二,三种空间权重矩阵下的 Hausman 检验值均在 1%的显著水平上拒绝随机效应的原假设,因此选择固定效应模型更合理;其三,估计 SDM,三种空间权重矩阵下的 Wald 和 LR 统计量均在 10%的显著水平上拒绝 $\theta=0$ 和 $\theta+\rho\beta=0$ 的原假设,表明 SDM 无须简化为 SAR 或 SEM。此外,三种空间权重矩阵下 SDM 的 AIC 和 BIC 值均小于 SAC 模型,说明 SDM 优于 SAC。根据以上检验结果,本章选取 SDM 作为最优估计模型。

表 7-7　空间面板模型的适用性检验

项目	反距离矩阵 W_1		经济-地理矩阵 W_2		非对称互联网地理矩阵 W_3	
	χ^2	P 值	χ^2	P 值	χ^2	P 值
从具体到一般						
LM-lag	71.51	0.000	85.72	0.000	86.91	0.000
R-LM-lag	30.99	0.000	11.21	0.001	11.91	0.001
LM-err	52.03	0.000	99.32	0.000	99.64	0.000
R-LM-err	11.51	0.001	25.11	0.000	24.64	0.000
	χ^2	P 值	χ^2	P 值	χ^2	P 值
从一般到具体						
LR test for SAR	16.96	0.075	89.66	0.000	90.12	0.000
Wald test for SAR	16.28	0.061	111.23	0.000	110.01	0.000
LR test for SEM	21.68	0.017	60.15	0.000	57.08	0.000
Wald test for SEM	18.64	0.045	65.69	0.000	66.06	0.000
Hausman 检验	57.99	0.000	70.43	0.000	77.85	0.000

7.5.2　网络零售对居民消费升级的直接效应、空间溢出效应和总效应

SDM 中的解释变量包括被解释变量的空间滞后项,消费结构高级化的空间滞后项为内生变量。最大似然估计方法可以有效避免这类内生性问题(Blonigen et al., 2019),本章采用最大似然估计方法,以得到模型的一致

性参数估计。表 7-8 列示了网络零售对消费结构高级化的影响的 SDM 基准回归结果，非对称互联网地理矩阵下估计的 R^2 和 $\text{Log}L$ 值均优于经济-地理矩阵和反距离矩阵，故本章重点关注非对称互联网地理矩阵下的 SDM 回归结果。为了便于比较，构建非空间面板模型，表 7-8 第（1）列为普通面板模型的固定效应（FE）回归结果。结果显示，网络零售（lnOr）及其平方项的系数分别显著为负和正，表明网络零售对消费结构高级化的影响呈先下降后上升的 U 形态势。由于该结果无法反映各地区之间的空间依赖性，表 7-8 第（2）—（4）列进一步列出了反距离矩阵、经济-地理矩阵和非对称互联网地理矩阵下的 SDM 回归结果，第（6）、（8）列分别为非对称互联网地理矩阵下网络零售对城镇居民和农村居民的消费结构高级化的影响的 SDM 回归结果。

表 7-8　网络零售对消费结构高级化的影响的 SDM 基准回归结果

变量	消费结构高级化				城镇居民消费结构高级化		农村居民消费结构高级化	
	FE (1)	反距离矩阵 SDM (2)	经济-地理矩阵 SDM (3)	非对称互联网地理矩阵 SDM (4)	FE (5)	非对称互联网地理矩阵 SDM (6)	FE (7)	非对称互联网地理矩阵 SDM (8)
WCons		0.528***	0.550***	0.550***		0.588***		0.526***
		(5.66)	(8.46)	(8.61)		(9.87)		(7.06)
lnOr	−0.290***	−0.127*	−0.155**	−0.153**	−0.335***	−0.193***	−0.103	0.050
	(−4.37)	(−1.89)	(−2.33)	(−2.30)	(−4.53)	(−2.75)	(−1.48)	(0.70)
(lnOr)²	0.009***	0.005***	0.005***	0.005***	0.010***	0.006***	0.002	−0.001
	(4.52)	(2.63)	(2.70)	(2.70)	(4.62)	(3.17)	(1.06)	(−0.71)
lnInc	1.089***	0.706***	0.975***	0.974***	1.357***	1.233***	0.062	−0.165
	(9.82)	(3.88)	(6.37)	(6.43)	(10.99)	(7.65)	(0.53)	(−1.02)
Infla	−0.009	−0.004	−0.012	−0.016	−0.016**	−0.010	0.010	−0.014
	(−1.37)	(−0.78)	(−1.15)	(−1.47)	(−2.25)	(−0.88)	(1.59)	(−1.25)
Uer	4.873*	4.768**	4.418**	4.441**	4.546	4.178*	4.198	4.034*
	(1.86)	(2.15)	(2.01)	(2.04)	(1.56)	(1.80)	(1.54)	(1.75)
Gdr	0.573*	−0.096	0.216	0.208	0.747**	0.285	0.404	0.132
	(1.89)	(−0.36)	(0.84)	(0.81)	(2.21)	(1.04)	(1.28)	(0.48)
lnTra	0.090	0.292	0.417	0.386	0.088	0.122	0.936	1.295
	(0.09)	(0.33)	(0.46)	(0.43)	(0.08)	(0.13)	(0.91)	(1.35)

（续表）

变量	消费结构高级化				城镇居民消费结构高级化		农村居民消费结构高级化	
	FE (1)	反距离矩阵 SDM (2)	经济-地理矩阵 SDM (3)	非对称互联网地理矩阵 SDM (4)	FE (5)	非对称互联网地理矩阵 SDM (6)	FE (7)	非对称互联网地理矩阵 SDM (8)
Intr	0.102***	0.172***	0.121**	0.014*	0.052**	0.075**	0.016*	0.023
	(5.22)	(3.55)	(2.03)	(1.82)	(2.44)	(2.36)	(1.80)	(0.63)
Urb	−1.504***	−1.883***	−1.707***	−1.655***	−1.615***	−1.903***	1.023**	1.170**
	(−3.13)	(−4.04)	(−3.75)	(−3.65)	(−3.02)	(−3.96)	(2.05)	(2.42)
lnRpex	−0.002	0.064	0.063	0.063	−0.104	−0.007	0.347***	0.324***
	(−0.02)	(0.86)	(0.83)	(0.84)	(−1.17)	(−0.09)	(4.20)	(4.04)
Socr	0.145	−0.496	−0.218	−0.231	0.250	−0.234	0.020	−0.156
	(0.36)	(−1.38)	(−0.63)	(−0.67)	(0.56)	(−0.64)	(0.05)	(−0.42)
WlnOr		0.068	−0.128*	−0.141*		−0.050		−0.317**
		(0.36)	(−1.77)	(−1.87)		(−0.35)		(−2.25)
W(lnOr)^2		−0.002	0.003*	0.003*		0.000		0.008*
		(−0.31)	(1.70)	(1.70)		(−0.08)		(1.80)
WlnInc		−0.413	−0.719***	−0.741***		−0.552**		−0.373
		(−0.92)	(−2.73)	(−2.82)		(−1.97)		(−1.46)
WInfla		−0.019	0.019	0.028		0.009		0.045**
		(−1.04)	(1.14)	(1.53)		(0.45)		(2.40)
WUer		16.94	9.261	8.542		15.319**		−10.46
		(1.37)	(1.26)	(1.20)		(2.02)		(−1.45)
WGdr		1.066	−0.091	−0.156		−0.512		0.052
		(1.04)	(−0.13)	(−0.23)		(−0.72)		(0.07)
WlnTra		5.052	1.732	1.290		2.072		0.713
		(1.23)	(0.92)	(0.69)		(1.05)		(0.36)
WIntr		0.133***	0.121**	0.114*		0.122***		0.024*
		(3.55)	(2.03)	(1.82)		(3.55)		(1.82)
WUrb		4.573***	1.918**	1.722**		1.528*		−0.362
		(2.70)	(2.30)	(2.18)		(1.83)		(−0.43)

（续表）

变量	FE (1)	消费结构高级化			城镇居民消费结构高级化		农村居民消费结构高级化	
		反距离矩阵 SDM (2)	经济-地理矩阵 SDM (3)	非对称互联网地理矩阵 SDM (4)	FE (5)	非对称互联网地理矩阵 SDM (6)	FE (7)	非对称互联网地理矩阵 SDM (8)
WlnRpex		−0.368*	0.155*	0.205*		0.044		0.387**
		(−1.65)	(1.70)	(1.75)		(0.29)		(2.42)
WSocr		0.655	0.269	0.203		−0.297		1.449
		(0.38)	(0.24)	(0.18)		(−0.25)		(1.21)
时间固定	包括	包括	包括	包括	包括	包括	包括	包括
省份固定	包括	包括	包括	包括	包括	包括	包括	包括
LogL	315.744	357.380	357.893	359.875	282.266	338.756	303.356	338.351
R^2	0.750	0.766	0.762	0.801	0.749	0.785	0.627	0.656
AIC	−609.488	−670.760	−671.786	−675.751	−542.533	−633.511	−584.712	−632.703
BIC	−568.386	−588.555	−589.582	−593.546	−501.431	−551.307	−543.609	−550.498
观测值	434	434	434	434	434	434	434	434

注：*、**、***分别表示在 10%、5% 和 1% 的统计水平上显著；括号内为 z 值。

从空间滞后效应来看，三种空间权重矩阵下的 SDM 回归结果显示，空间滞后项 WCons 的系数均显著为正，这再次证明省级消费结构高级化存在明显的空间集聚特征。本地区的消费结构高级化会带动周边地区的消费结构高级化，反之亦然。以非对称互联网地理矩阵下第（4）列的 SDM 回归结果为例，周边地区消费结构高级化增加 1 单位，本地区消费结构高级化将增加 0.55 单位。城镇居民和农村居民的消费结构高级化也存在正向的空间依赖关系，经济地理矩阵下第（6）、（8）列的 SDM 回归结果显示，周边地区消费结构高级化增加 1 单位，本地区城镇居民和农村居民的消费结构高级化将分别增加 0.588 单位和 0.526 单位。

非对称互联网地理矩阵下的 SDM 回归结果显示，影响消费结构高级化的 lnOr 和（lnOr）² 的系数分别显著为负和正，WlnOr 和 W（lnOr）² 的系数分别显著为负和正，但这无法代表网络零售对消费结构高级化的边际影响。Pace & Lesage（2009）认为，使用点估计计算空间溢出效应会产生偏误，而对空间模型中不同变量变化进行偏微分分解是计算空间溢出效应更为有效的方式。基于此,在表7-8的基础上,本章进一步对回归结果进行偏微分分解,得到各解释变量对被解释变量的直接效应、间接效应和总效应。直接效应表示本地区解释变量对本地区被解释变量的影响,包含空间反馈效应,即本地区某解释变量会影响周边地区的消费结构高级化,周边地区的消费结构高级化又反过来会影响本地区消费结构高级化的过程。间接效应表示周边地区解释变量对本地区被解释变量的影响,反映空间溢出效应。总效应为直接效应和间接效应之和,表示一个地区的解释变量对所有地区被解释变量的平均影响。表7-9汇报了反距离矩阵、经济-地理矩阵和非对称互联网地理矩阵下各变量对消费结构高级化的效应分解结果。如表7-9所示,从网络零售对消费结构高级化的直接效应来看,三种空间权重矩阵下的回归结果均显示,网络零售的系数显著为负,其平方项的系数显著为正。这表明网络零售对本地区消费结构高级化的影响呈U形态势。从网络零售对消费结构高级化的间接效应和总效应来看,反距离矩阵下网络零售及其平方项的系数均不显著,而经济地理矩阵和非对称互联网地理矩阵下网络零售的系数显著为负,其平方项的系数显著为正。这表明在同时考虑经济(或互联网)和地理距离两方面的影响因素后,网络零售对消费结构高级化产生U形的空间溢出效应和总效应。综上所述,当网络零售市场规模小于临界值时,网络零售对本地区、周边地区以及总体的消费结构高级化均产生抑制作用;当网络零售市场规模大于临界值时,网络零售对本地区、周边地区以及总体的消费结构高级化均产生促进作用。

表7-9 网络零售等变量对消费结构高级化的直接效应、间接效应和总效应

变量		反距离矩阵 W_1			经济-地理矩阵 W_2			非对称互联网地理矩阵 W_3		
		直接效应	间接效应	总效应	直接效应	间接效应	总效应	直接效应	间接效应	总效应
消费结构高级化	lnOr	-0.129*	0.011	-0.118	-0.180***	-0.457*	-0.637**	-0.179***	-0.481*	-0.660**
		(-1.90)	(0.03)	(-0.28)	(-2.73)	(-1.74)	(-2.28)	(-2.73)	(-1.81)	(-2.34)
	$(lnOr)^2$	0.005**	0.001	0.006	0.006***	0.012*	0.018**	0.006***	0.012*	0.018**
		(2.52)	(0.05)	(0.37)	(3.04)	(1.76)	(2.20)	(3.06)	(1.79)	(2.20)
	lnInc	0.707***	-0.137	0.569	0.958***	-0.414	0.544	0.954***	-0.462	0.493
		(4.12)	(-0.14)	(0.56)	(6.47)	(-0.73)	(0.87)	(6.50)	(-0.81)	(0.78)
	Infla	-0.005	-0.045	-0.050	-0.011	0.028	0.017	-0.014	0.042	0.028
		(-1.02)	(-1.22)	(-1.31)	(-1.18)	(0.98)	(0.73)	(-1.48)	(1.33)	(1.07)

（续表）

变量		反距离矩阵 W_1			经济-地理矩阵 W_2			非对称互联网地理矩阵 W_3		
		直接效应	间接效应	总效应	直接效应	间接效应	总效应	直接效应	间接效应	总效应
消费结构高级化	Uer	5.868**	39.00**	44.87*	5.740**	24.010*	29.753*	5.677**	22.480*	28.160*
		(2.34)	(2.22)	(1.79)	(2.18)	(1.82)	(1.65)	(2.19)	(1.77)	(1.63)
	Gdr	−0.046	2.095	2.049	0.211	0.008	0.219	0.196	−0.134	0.061
		(−0.16)	(0.91)	(0.86)	(0.75)	(0.01)	(0.14)	(0.69)	(−0.09)	(0.04)
	lnTra	0.011	10.190	10.20	−0.215	3.148	2.932	−0.231	2.250	2.019
		(0.01)	(1.86)	(1.83)	(−0.23)	(0.78)	(0.66)	(−0.25)	(0.57)	(0.46)
	Intr	0.133***	0.121**	0.254*	0.113***	0.111**	0.224*	0.143***	0.131**	0.274*
		(3.55)	(2.03)	(1.82)	(3.25)	(2.13)	(1.88)	(3.25)	(2.00)	(1.83)
	Urb	−1.691***	7.790**	6.099*	−1.607***	2.166	0.559	−1.573***	1.806	0.232
		(−3.52)	(2.04)	(1.83)	(−3.41)	(1.22)	(0.29)	(−3.34)	(1.07)	(0.13)
	lnRpex	0.046	−0.697*	−0.651*	0.084	0.412*	0.496*	0.089	0.518*	0.607*
		(0.60)	(−1.90)	(−1.93)	(1.07)	(1.72)	(1.70)	(1.13)	(1.80)	(1.71)
	Socr	−0.472	0.943	0.472	−0.198	0.383	0.184	−0.219	0.224	0.005
		(−1.18)	(0.24)	(0.11)	(−0.51)	(0.15)	(0.07)	(−0.57)	(0.09)	(0.00)
城镇居民消费结构高级化	lnOr	−0.140*	0.810	0.670	−0.216***	−0.368	−0.584*	−0.216***	−0.381	−0.596*
		(−1.96)	(1.34)	(1.06)	(−3.07)	(−1.24)	(−1.85)	(−3.08)	(−1.25)	(−1.84)
	$(\ln Or)^2$	0.005**	−0.037	−0.032	0.007***	0.008	0.015*	0.007***	0.008	0.015*
		(2.24)	(−1.58)	(−1.30)	(3.37)	(0.95)	(1.66)	(3.39)	(0.90)	(1.71)
	控制变量	控制	控制	控制	控制	控制	控制	控制	控制	控制
农村居民消费结构高级化	lnOr	0.055	−0.906***	−0.851***	0.017	−0.603**	−0.586*	0.018	−0.593**	−0.575*
		(0.74)	(−3.02)	(−2.72)	(0.24)	(−2.11)	(−1.91)	(0.26)	(−2.14)	(−1.95)
	$(\ln Or)^2$	−0.001	0.039***	0.038***	−0.001	0.015*	0.014*	−0.001	0.014*	0.013*
		(−0.57)	(3.48)	(3.19)	(−0.34)	(1.76)	(1.87)	(−0.35)	(1.72)	(1.82)
	控制变量	控制	控制	控制	控制	控制	控制	控制	控制	控制

注：*、**、***分别表示在 10%、5% 和 1% 的统计水平上显著。

本章进一步计算了网络零售对消费结构高级化 U 形直接效应、空间溢出效应和总效应的拐点值①。在控制其他因素的前提下，网络零售对消费

---

① 根据非对称互联网地理矩阵下直接效应和间接效应的估计系数，对回归方程求一阶偏导并令其为 0 求得 lnOr 拐点值（与数学中的意义不同）分别等于 14.92、20.04 和 18.33，得到拐点处的网络零售市场规模分别为 301.3 亿元、50 390 亿元、9 115.75 亿元。

结构高级化的直接效应、空间溢出效应和总效应的拐点值分别为 301.3 亿元、50 390 亿元、9 115.75 亿元(基于 2007 年不变价)。截至 2020 年,从直接效应来看,中国只有西藏、青海、宁夏、海南、新疆、甘肃和内蒙古的网络零售规模没有越过拐点值,其他省份已进入网络零售提高本地区消费结构高级化阶段;从空间溢出效应来看,中国所有省份的网络零售市场规模均没有越过拐点值,即所有省份均处于网络零售降低周边省份消费结构高级化的阶段;从总效应来看,广东、浙江和江苏的网络零售市场规模处于 U 形总效应的右半段,即这三个省份已进入网络零售提高消费结构高级化的阶段。

网络零售对消费结构高级化的间接效应的估计系数值(绝对值)大于直接效应,说明网络零售对周边地区消费结构高级化的空间溢出效应大于对本地区消费结构高级化的影响。这是由于网络零售打破了物理时间和空间的约束,其空间溢出效应的有效距离较大,会对周边多个省份的消费结构高级化产生影响,加总后的空间溢出效应必然大于对本地区一个省份的直接效应。网络零售与消费结构高级化呈 U 形关系的原因在于:网络零售通过降低搜寻成本产生了价格降低效应和市场扩张效应。在网络零售发展初期,网上卖家和买家数量都较少,线上商家主要通过价格降低效应来扩张消费量,消费者逐步从线下向线上转移,追求以更低的价格买到与线下一样的商品。这一阶段主要是网络零售市场对传统市场的替代,此时进入市场的以基本商品为主,如衣着、食品等,基本商品消费量的增加导致居民消费结构高级化程度下降。随着网络零售渠道和物流配送等基础设施的不断完善,越来越多的卖家和买家进入市场,大量的长尾产品开始出现,如各种奢侈品、智能家电等高档商品。这一阶段不仅仅是网络零售市场对传统市场的替代,更是一种新市场的创造过程,此时网络零售主要通过市场扩张效应带动居民对高品质、高科技和个性化高档商品的消费量,从而使居民消费结构高级化程度不断提升。

从网络零售对城镇居民和农村居民的消费结构高级化的影响来看,经济-地理矩阵和非对称互联网地理矩阵下的回归结果均显示,网络零售对城镇居民和农村居民的消费结构高级化的总效应均呈 U 形态势。从效应分解来看,网络零售对城镇居民消费结构高级化的直接效应呈 U 形态势,但间接效应并不显著;网络零售对农村居民消费结构高级化的间接效应呈 U 形态势,但直接效应并不显著。这意味着网络零售对城镇居民消费升级只有"本地效应",而对周边地区的农村居民消费升级产生空间溢出效应。

7.5.3 稳健性检验与内生性处理

网络零售和居民消费升级之间可能存在互为因果的关系,网络零售可以通过降低搜寻成本影响居民消费升级;反过来,居民消费升级也可能会影响网络零售市场规模。为了处理互为因果关系带来的内生性问题,本章利用 Vega & Elhorst(2015)提出的只包含外生交互效应的空间滞后解释变量模型(SLX),借鉴黄群慧等(2019)的做法,将 1984 年各省份万人电话机数量与各省份每年互联网接入用户数的交乘项及其空间滞后项作为网络零售及其空间滞后项的工具变量。一方面,网络零售的发展依赖于互联网技术的应用,而通信基础设施的建设能够影响到后续互联网技术的普及;另一方面,历史邮电数据几乎不会对城乡居民消费差距产生影响。考虑到1984 年万人电话机数量是截面数据,借鉴 Nunn & Qian(2014)的做法,本章对 1984 年万人电话机数量与每年互联网接入用户数进行交乘。表 7-10为反距离矩阵、经济-地理矩阵和非对称互联网地理矩阵下 SLX 模型的工具变量估计结果。从表 7-10 中可以看出,在三种空间权重矩阵下,对于工具变量识别不足的检验,Kleibergen-Paap rk 的 LM 统计量均拒绝原假设;对于工具变量弱识别的检验,Kleibergen-Paap rk 的 Wald F 统计量大于 Stock-Yogo 10%水平上的临界值,表明不存在弱工具变量问题。以上检验证明了本章工具变量选取的合理性。在考虑了内生性之后,三种空间权重矩阵下,网络零售对消费结构高级化的直接效应均呈先下降后上升的 U 形态势;经济-地理矩阵和非对称互联网地理矩阵下的网络零售对消费结构高级化的间接效应均呈先下降后上升的 U 形态势,反距离矩阵下的间接效应并不显著,与表 7-9 的估计结果高度一致。这表明本章的实证结果具有稳健性。

表 7-10　网络零售对消费结构高级化的影响的 SLX 工具变量回归结果

变量	反距离矩阵 W_1	经济-地理矩阵 W_2	非对称互联网地理矩阵 W_3
lnOr	−0.121*	−0.153*	−0.151*
	(−1.86)	(−1.86)	(−1.86)
$(lnOr)^2$	0.005**	0.005**	0.005**
	(2.25)	(2.14)	(2.14)
WlnOr	−0.115	−0.397**	−0.355**
	(−0.54)	(−2.48)	(−2.27)

（续表）

变量	反距离矩阵 W_1	经济-地理矩阵 W_2	非对称互联网地理矩阵 W_3
W(lnOr)²	0.005	0.010**	0.009*
	(0.62)	(2.03)	(1.89)
其他控制变量	控制	控制	控制
时间固定	控制	控制	控制
省份固定	控制	控制	控制
R^2	0.7825	0.7360	0.7466
Kleibergen-Paap rk	38.215	47.455	45.956
LM 统计量	[0.000]	[0.000]	[0.000]
Kleibergen-Paap rk	79.802	89.366	80.345
Wald F 统计量	{7.030}	{7.030}	{7.030}
观测值	434	434	434

注：*、**分别表示在 10%和 5%的统计水平上显著；[ ]内为 P 值；{ }内为 Stock-Yogo 弱工具变量检验 10%水平上的临界值。

7.5.4　网络零售居民消费升级效应的地理区位差异

由中国各省份消费结构高级化和网络零售市场规模的空间分布情况可知，中国消费结构高级化和网络零售市场规模在空间上存在着显著的异质性分布，二者均呈现东部、中部、西部依次递减态势。因此，本章有必要分别对中国东部、中部、西部三大区域①进行空间计量估计，进而考察网络零售对消费结构高级化影响的地理区位差异。表 7-11 汇报了非对称互联网地理矩阵下分地区网络零售对消费结构高级化 SDM 估计的效应分解结果。

表 7-11　分地区网络零售等变量对消费结构高级化的直接效应、间接效应和总效应

变量	东部地区			中部地区			西部地区		
	直接效应	间接效应	总效应	直接效应	间接效应	总效应	直接效应	间接效应	总效应
lnOr	−0.592***	−0.940**	−1.532***	0.430	0.063	0.492	0.281	−0.814**	−0.533
	(−5.39)	(−2.43)	(−3.23)	(1.32)	(0.13)	(0.85)	(1.26)	(−2.55)	(−1.57)

① 根据国家统计局的划分方法，东部地区包括北京、天津、上海、辽宁、河北、山东、江苏、浙江、福建、广东和海南，中部地区包括黑龙江、吉林、山西、河南、安徽、江西、湖北和湖南，西部地区包括新疆、西藏、青海、宁夏、内蒙古、甘肃、陕西、云南、贵州、四川、重庆和广西。

（续表）

变量	东部地区			中部地区			西部地区		
	直接效应	间接效应	总效应	直接效应	间接效应	总效应	直接效应	间接效应	总效应
$(\ln Or)^2$	0.022***	0.037**	0.059***	−0.012	0.012	0.000	−0.010	0.034***	0.024*
	(5.74)	(2.50)	(3.23)	(−0.96)	(0.69)	(0.02)	(−1.32)	(2.73)	(1.81)
WCons		0.714***			0.607***			0.122	
		(16.04)			(8.33)			(0.82)	
其他控制变量	控制			控制			控制		
省份数	11			8			12		
观测值	154			112			168		

注：*、**、***分别表示在 10%、5%和 1%的统计水平上显著。

表 7-11 显示：其一，东部地区和中部地区的消费结构高级化空间滞后项 WCons 的系数均显著为正，且东部地区的估计系数大于中部地区。这表明东部地区和中部地区的消费结构高级化均会带动相应周边地区的消费结构高级化，而且东部地区的空间溢出效应大于中部地区。其二，东部、中部、西部三个区域的网络零售对消费结构高级化的影响存在显著差异。从直接效应来看，东部地区网络零售对消费结构高级化的直接效应呈先下降后上升的 U 形态势，中部地区和西部地区不显著。从间接效应来看，网络零售在东部和西部地区对消费结构高级化均产生 U 形空间溢出效应，且东部地区空间溢出效应的估计系数值（绝对值）大于西部地区。其原因可能在于，东部地区的经济市场化程度高于西部地区，网络零售渠道和物流配送等基础设施的完善使东部地区的信息、商品更易流通，本地区居民可以方便地参与周边地区的消费等经济活动，进而使得东部地区的网络零售对消费结构高级化产生更大的空间溢出效应。从总效应来看，网络零售对消费结构高级化的总效应在东部地区呈先下降后上升的 U 形态势，中部地区和西部地区则不显著。

7.6　小结

本章基于搜寻理论的微观基础，构建了网络零售对居民消费升级的影响的理论模型，提出了网络零售通过降低搜寻成本对居民消费产生价格降低效应和市场扩张效应。在网络零售的不同发展阶段,起主导作用的效应不同。网络零售发展初期主要是网络零售市场对传统市场的替代,价格降低效应起主导作用;网络零售成长期是不断创造新市场的过程,市场扩张效应起主导作用,这使得网络零售对居民消费升级的影响呈先下降后上升的 U 形态势。本章进一步基于 2007—2020 年中国 31 个省(区、市)的面板数据,利用 ELES 模型计算居民各项消费需求的收入弹性并进行消费支出结构变化分析,得出消费结构高级化的衡量指标,构建反距离空间权重矩阵、经济-地理空间权重矩阵和非对称互联网地理权重矩阵,考察网络零售和消费结构高级化的空间相关性以及不同地理位置的空间关联模式,采用空间杜宾模型实证分析网络零售的居民消费升级效应,并估计网络零售对居民消费升级空间溢出效应的城乡差异和地理区位差异,主要得出以下结论:

(1)中国网络零售和消费结构高级化均呈现正向的空间依赖特征,二者在空间分布上均呈现东部、中部、西部依次递减态势,且具有区域集聚的特点。中国网络零售的"高—高"集聚区和"低—低"集聚区均形成了连片地带。河南、福建、上海、山东、江苏、浙江、安徽构成了网络零售的高水平集聚区域,甘肃、新疆、青海、西藏构成了网络零售的低水平集聚区域。从2007—2020 年网络零售集聚区的时序变化来看,网络零售的"高—高"集聚区在 2007—2012 年主要由东部沿海地区的福建、上海、山东、江苏和浙江构成;随着时间的推移,湖北、河南、安徽分别在 2013 年、2015 年、2019 年加入"高—高"集聚区,使得网络零售的"高—高"集聚区域不断扩大。这表明网络零售的高水平集聚区域对周边地区具有显著的扩散效应和示范效应,即网络零售具有正向的空间溢出特征。网络零售的"低—低"集聚区长期以来一直比较稳定,主要为西部地区的甘肃、青海、新疆和西藏。从 2020 年消费结构高级化的 LISA 聚类分布来看,消费结构高级化的"高—高"集聚区和"低—低"集聚区均形成了连片地带。消费结构高级化的"高—高"集聚区为山东、江苏、上海和浙江,消费结构高级化的"低—低"集聚区为重庆和四川。从 2007—2020 年消费结构高级化的时序变化来看,经济发展水平较高的江苏、浙江和上海一直是"高—高"集聚区的主要成员,福建、山东、广东和山西前期也进入过"高—高"集聚区;而消费结构高级化的"低—低"集聚区成员并不稳定,新疆、西藏、四川和重庆均交替进入过"低—低"集聚区。

(2)网络零售对消费结构高级化的 SDM 估计结果显示:其一,本地区的消费结构高级化、城镇居民和农村居民的消费结构高级化均会带动周边地区的消费结构高级化、城镇居民和农村居民的消费结构高级化。其二，网络零售对消费结构高级化的直接效应、空间溢出效应和总效应均呈先下降后上升的 U 形态势。截至 2020 年，从直接效应来看，中国目前只有西藏、青海、宁夏、海南、新疆、甘肃和内蒙古的网络零售规模没有越过拐点值，其他省份已进入网络零售提高本地区消费结构高级化阶段；从空间溢出效应来看，中国所有省份的网络零售市场规模均没有越过拐点值，即所有省份均处于网络零售降低周边省份消费结构高级化的阶段；从总效应来看，广东、浙江和江苏的网络零售市场规模处于 U 形总效应的右半段，即这三个省份已进入网络零售提高消费结构高级化的阶段。其三，网络零售对城镇居民消费结构高级化的直接效应呈 U 形态势，但空间溢出效应并不显著；网络零售对农村居民消费结构高级化的空间溢出效应呈 U 形态势，但直接效应并不显著。

（3）东部地区和中部地区的消费结构高级化均会带动相应周边地区的消费结构高级化，而且东部地区的空间溢出效应大于中部地区。东部、中部、西部三个区域的网络零售对消费结构高级化的影响存在显著差异。从直接效应来看，东部地区网络零售对消费结构高级化的直接效应呈先下降后上升的 U 形态势，中部地区和西部地区并不显著。从空间溢出效应来看，网络零售在东部地区和西部地区均对消费结构高级化产生 U 形空间溢出效应，且东部地区的空间溢出效应大于西部地区。从总效应来看，网络零售对消费结构高级化的总效应在东部地区呈先下降后上升的 U 形态势，中部地区和西部地区则并不显著。

第8章　研究结论和政策建议

20世纪末以来,网络零售的快速崛起给中国经济带来了新变化,在经济结构调整和新旧动能转换中起到了重要作用,也引发了一场居民消费变革。本书在国内外文献研究的基础上,提出了一个网络零售产生居民消费效应的综合分析框架,构建了网络零售影响居民消费量与消费支出、城乡居民消费差距、居民消费跨区域流动以及居民消费升级的理论模型,探究了中国网络零售的时空分异特征,利用2007—2020年中国31个省(区、市)的面板数据,设计反距离空间权重矩阵、经济-地理空间权重矩阵和非对称互联网地理权重矩阵,在空间溢出视角下,通过空间面板数据模型对网络零售的居民消费支出效应、城乡居民消费差距效应、居民消费跨区域流动效应和居民消费升级效应进行了实证分析。所得结论可以为进一步激发居民的消费潜力,促进形成国内统一大市场,实现网络零售城乡收益的公平共享,以网络零售的高质量发展助推居民消费升级提供技术创新的思路。本章主要从两个方面展开论述:其一,对前面章节的主要研究结论进行总结;其二,基于主要研究结论提出相应的政策建议。

8.1　研究结论

8.1.1　网络零售的时空演变特征和空间相关性

(1)中国网络零售起步于1999年,呈现不断发展、进化和丰富的生态演进历程。中国网络零售的演进历程可以划分为萌芽期(1999—2002)、兴起期(2003—2006)、爆发期(2007—2012)、整合期(2013—2015)和升华期(2016年至今)五个阶段。从网络零售市场规模来看,其从2007年的542亿元增长到2020年的123 279亿元,增长了227.45倍。中国网络零售市场规模在爆发期的年均增长率高达88.74%,并在2013年首次超越美国,跃升为全球第一大网络零售国。从网络零售市场渗透率来看,中国网络零售市场渗透率逐年持续攀升,且上升幅度不断变大。在网络零售爆发期,网络零售市场渗透率呈平稳增长趋势;在网络零售的整合期和升华期,网络零售市场渗透率进入一个快速增长的通道。从分类别网络零售市场规模来看,服饰、母婴用品、美妆和生鲜四类商品的网络零售市场规模均呈上升趋势,其中生鲜网络零售市场规模增长最快,其次是母婴、美妆和服饰。服饰是中国网络零售商品的最热门类目,服饰网络零售市场规模占整体网络零售规模的比重最大,但这一数值呈逐年下降趋势。与之形成对比的是,母婴用品和生鲜网络零售的市场占有率不断提升。

(2) 中国各地区网络零售市场规模和市场渗透率均经历了快速提升的过程。网络零售市场规模在各省域的分布不均匀,发展差异较大,基本呈现"东部强,中西部弱"的发展格局,但从 2007—2020 年各地区网络零售市场规模的增速来看,这种地区差距逐渐缩小。广东为网络零售市场规模最大的省份,其次是浙江、江苏、山东、河北和福建,2020 年这 6 个地区的网络零售市场规模占全国网络零售市场规模的 69.90%,为网络零售发展的第一层级。第二层级为上海、河南、北京、安徽、四川、湖北、湖南、江西、辽宁和天津,这 10 个地区的网络零售市场规模占全国网络零售市场规模的 23.56%。大多数中西部省份为第三层级,受基础设施、科技水平和地理条件等因素的制约,这些地区网络零售发展水平相对较低。2007—2020 年,网络零售市场渗透率高水平区域经历了一个从西向东过渡的过程,当前呈现东部、中部、西部依次递减态势。网络零售市场渗透率在各省域的分布不均匀,发展差异较大。网络零售市场渗透率最高的省份为浙江,达到 95.075%;而网络零售市场渗透率最低的地区为西藏,仅为 2.155%。中国网络零售市场渗透率也可以划分为三个层级:第一层级包括浙江和广东,其网络零售渗透率遥遥领先,分别高达 95.08% 和 77.19%;第二层级的网络零售市场渗透率在 20% 和 50% 之间,属于这一层级的省(区、市)有 7 个,包括河北、天津、上海、江苏、福建、北京和山东,其网络零售市场渗透率分别为 41.11%、36.53%、29.78%、26.54%、25.99%、24.50% 和 20.02%;第三层级的网络零售市场渗透率在 20% 以下,以西部省区为主,受基础设施、科技水平和地理条件等因素的制约,这些地区的网络零售市场渗透率相对较低。

(3) 中国网络零售存在显著的空间相关性。中国省域的网络零售市场规模呈现正向的空间依赖特征,且空间依赖性不断增强。从网络零售市场规模的莫兰散点图来看,网络零售的大部分散点分布在第一象限的"高值—高值"区(High-High 区域)以及第三象限的"低值—低值"区(Low-

Low 区域）。这表明中国网络零售在地理空间上具有区域集聚的特点,且呈现正向的空间依赖特征。从网络零售市场规模的 LISA 聚类分布来看,当前中国网络零售形成了"高—高"集聚区、"低—低"集聚区、"高—低"集聚区和"低—高"集聚区,其中"高—高"集聚区和"低—低"集聚区均已形成连片地带。具体来看,河南、福建、上海、山东、江苏、浙江、安徽构成了网络零售的高水平集聚区域,甘肃、新疆、青海、西藏构成了网络零售的低水平集聚区域。网络零售的"高—高"集聚区在 2007—2012 年主要由东部沿海地区的福建、上海、山东、江苏和浙江构成;随着时间的推移,湖北、河南、安徽分别在 2013 年、2015 年、2019 年加入"高—高"集聚区,使得网络零售的"高—高"集聚区域不断扩大。这表明网络零售的高水平集聚区域对周边地区具有显著的扩散效应和示范效应,即网络零售具有正向的空间溢出特征。网络零售的"低—低"集聚区长期以来一直比较稳定,主要为西部地区的甘肃、青海、新疆和西藏。

8.1.2　空间溢出视角下网络零售的居民消费支出效应

（1）网络零售通过降低搜寻成本对居民消费产生了价格降低效应和市场扩张效应,在网络零售的不同发展阶段,起主导作用的效应不同。网络零售发展初期主要是网络零售市场对传统市场的替代,价格降低效应起主导作用,居民消费支出随网络零售市场规模的扩张而减少;随着网络零售的深入发展,大量的长尾商品新市场被创造出来,市场扩张效应起主导作用,居民消费支出随网络零售市场规模的扩张而增加。也就是说,居民消费支出和网络零售市场规模的关系呈先下降后上升的 U 形态势。

（2）中国居民消费支出呈现正向的空间依赖特征,在空间分布上呈现东部、中部、西部依次递减态势,且具有区域集聚的特点。居民消费支出的"高—高"集聚区和"低—低"集聚区域均形成了连片地带,且"高—高"集聚区主要在东部地区,"低—低"集聚区主要在西部地区。居民消费支出的"高—高"集聚区主要为湖北、湖南、江苏、山东、河南和浙江,"低—低"集聚区为甘肃、新疆、青海和西藏。

（3）网络零售对居民消费支出的动态 SDM 估计结果显示:其一,本地区居民消费支出和周边地区居民消费支出密切相关,表现出"你消费,我也消费"的特征;其二,居民消费支出具有明显的路径依赖特征,上期居民消费支出的增加会提升本期居民消费支出;其三,周边地区居民消费支出的提升会对本地区产生示范效应,即周边地区上期居民消费支出的增加会对本地区本期居民消费支出产生正向影响;其四,网络零售对居民消费支出仅存在短期效应,网络零售对居民消费支出的直接效应、空间溢出效应和总效应均呈先下降后上升的 U 形态势。

(4) 将地理距离差异因素考虑在内,网络零售对居民消费支出的 SDM 估计结果显示:网络零售对居民消费支出产生的 U 形空间溢出效应的有效距离边界为 1 100—1 800 公里。在 1 200 公里处,空间溢出效应达到最大值,这表明网络零售对居民消费支出空间溢出效应的最强作用距离为 1 200 公里。需要注意的是,在有效距离边界范围内,网络零售对居民消费支出的空间溢出效应并没有随着地理距离的加长而出现空间衰减特征,与地理学第一定律相悖。

(5) 网络零售对农村和城镇居民消费支出的动态 SDM 估计结果显示:其一,农村和城镇居民消费支出均存在明显的路径依赖特征,前期农村和城镇居民消费支出的增加均会提升本期农村和城镇居民消费支出;其二,周边地区城镇居民消费支出的提升对本地区产生示范效应,即周边地区上期城镇居民消费支出的增加会对本地区本期城镇居民消费支出产生正向影响,农村居民消费支出的这种效应则不显著;其三,网络零售对农村和城镇居民消费支出均只存在短期效应,网络零售对农村和城镇居民消费支出的直接效应、空间溢出效应和总效应均呈先下降后上升的 U 形态势。

(6) 东部、中部、西部三个区域的网络零售对居民消费支出的影响存在显著差异。从直接效应来看,东部地区网络零售对居民消费支出的影响呈先下降后上升的 U 形态势,中部地区和西部地区的网络零售对居民消费支出的影响均显著为负。从间接效应来看,东部地区网络零售对居民消费支出的影响呈先下降后上升的 U 形态势,中部地区和西部地区的网络零售对居民消费支出的间接效应均不显著。从总效应来看,网络零售对居民消费支出的总效应在东部地区呈先下降后上升的 U 形态势,西部地区显著为负,中部地区则不显著。中国东部地区网络零售市场规模的均值远远超过网络零售对居民消费支出 U 形总效应的拐点值。具体来看,东部地区除了海南的网络零售市场规模处于左半段,其余的广东、浙江、江苏、上海、北京、福建、山东、河北、天津和辽宁 10 个省市的网络零售市场规模均已进入右半段,即东部地区的这些省市已进入网络零售提高居民消费支出的阶段。

8.1.3　空间溢出视角下网络零售的城乡居民消费差距效应

(1) 中国城乡居民消费差距呈现正向的空间依赖特征,在空间分布上呈东部、中部、西部依次上升态势,且具有区域集聚的特点。对 2020 年各地区的城乡居民消费差距泰尔指数取对数(lnTheilcon)并按数值大小分成四类,第一类取值范围为[-0.01,0.06],包括上海、北京和广东,这 3 个地区的城乡居民消费差距最小;第二类取值范围为(0.06,0.25],主要包括东部地区的辽宁、天津、江苏、福建、浙江、山东、黑龙江、吉林、海南以及西部地区的重庆和中部地区的内蒙古,这些地区的城乡居民消费差距较小;第三类取值范围为(0.25,0.33],主要包括湖北、宁夏、山西、陕西、江西、河北、湖南和安徽,这些地区以中部省区为主,城乡居民消费差距为中等水平;第四类取值范围为(0.33,1.16],主要包括青海、四川、河南、广西、新疆、贵州、云南、甘肃和西藏,这些地区以西部省区为主,城乡居民消费差距较大。城乡居民消费差距的"高—高"集聚区主要是西部地区的新疆和西藏;"低—低"集聚区以东部地区为主,主要包括江苏、天津、上海、北京、辽宁和浙江。从2007—2020 年城乡居民消费差距集聚区的时序变化来看,长期以来,新疆和西藏构成了城乡居民消费差距的"高—高"集聚区,城乡居民消费差距的"低—低"集聚区主要是东部地区经济发达省市。

(2) 网络零售对城乡居民消费差距的直接效应、空间溢出效应和总效应均呈先下降后上升的 U 形态势。在控制其他因素的前提下,网络零售对城乡居民消费差距的直接效应、空间溢出效应和总效应的拐点值分别为93.66 亿元、46.51 亿元、25.27 亿元。从 2020 年的数据来看,中国各地区网络零售市场规模的均值为 3 789.83 亿元,远远超过网络零售对城乡居民消费差距 U 形直接效应、空间溢出效应和总效应的拐点值。具体来看,只有青海和西藏的网络零售市场规模处于 U 形直接效应、空间溢出效应和总效应的左半段,其余 29 个省份的网络零售市场规模已经进入右半段。这意味着随着网络零售市场规模的不断扩张,中国绝大部分省份的城乡居民消费差距呈现扩大趋势。

(3) 网络零售除了能向消费者端渗透,还可以向企业端渗透。网络零售企业渗透率的提升不但会扩大本地区的城乡居民消费差距,而且会扩大周边地区的城乡居民消费差距,进而拉大总体的城乡居民消费差距。网络零售通过网络零售企业渗透率这一中介变量扩大了城乡居民消费差距。当前中国网络零售的发展模式并没有充分兼顾城乡发展的公平性,这为中国网络零售的高质量发展指明了方向,网络零售发展带来的城乡居民消费差距扩大效应亟待纠偏。

(4) 将地理距离差异因素考虑在内,网络零售对城乡居民消费差距的SDM 估计结果显示:网络零售对居民消费支出产生的 U 形空间溢出效应的有效距离边界为 1 100—1 800 公里。在 1 100 公里处,空间溢出效应达到最大值,这表明网络零售对城乡居民消费差距空间溢出效应的最强作用距离为 1 100 公里。需要注意的是,在有效距离边界范围内,网络零售对城乡居民消费差距空间溢出效应的估计系数值(绝对值)随着地理距离的加长大致呈现先下降后上升的过程,并没有随着地理距离的加长而出现空间衰减特征。

(5)东部、中部、西部三个区域的网络零售对城乡居民消费差距的影响存在显著差异。东部地区和中部地区的网络零售对城乡居民消费差距的总效应呈先下降后上升的 U 形态势,且中部地区网络零售对城乡居民消费差距的影响力度明显大于对东部地区的影响。西部地区网络零售对城乡居民消费差距产生了先上升后下降的倒 U 形空间溢出效应和总效应。

8.1.4　空间溢出视角下网络零售的居民消费跨区域流动效应

(1)从消费净流入率的时间变化来看,我国各地区的消费净流入率整体上经历了小幅震荡变化的过程,部分早期消费净流出地区变为消费净流入地区,但也有个别地区由消费净流入地区变为消费净流出地区。新疆、青海、甘肃、宁夏、广西、云南一直处于消费流失状态,西藏一直是消费净流入地区,且其消费净流入率整体上呈稳步上升态势。我国 31 个省(区、市)中,2007 年有 18 个是消费净流出地区,2012 年减至 9 个,2020 年又增至 15 个。当前我国消费净流入地区主要以经济相对发达的省份为主,包括西藏、福建、安徽、重庆、湖北、浙江、贵州、陕西、上海、北京、四川、河南、江西、江苏、广东和湖南,其他省份为消费净流出地区。

(2)中国消费净流入率呈现正向的空间依赖特征,具有区域集聚的特点。贵州、重庆、浙江、湖北和福建构成了消费净流入率的"高—高"集聚区,这些省市的消费净流入率为正且数值较大,构成了消费净流入的高水平集聚区;消费净流入率的"低—低"集聚区为黑龙江,其消费净流入率为负值,属于消费净流出省。从 2007—2020 年消费净流入率集聚区的时序变化来看,长期以来,西部地区的甘肃、青海和云南不断交替构成消费净流入率的"低—低"集聚区,而消费净流入率的"高—高"集聚区整体上呈现数量不断减少的演进态势。

(3)网络零售对消费净流入率的动态 SDM 估计结果显示:其一,本地区消费净流入率的提升会带动周边地区消费净流入率的提升;其二,消费净流入率具有明显的路径依赖特征,上期消费净流入率的提升会带动本期消费净流入率的提高;其三,网络零售对消费净流入率仅存在短期效应,网络零售对消费净流入率的直接效应、空间溢出效应和总效应均显著为正,网络零售对周边地区消费净流入率的空间溢出效应大于对本地区消费净流入率的影响。

（4）将地理距离差异因素考虑在内,网络零售对消费净流入率的SDM估计结果显示:网络零售对消费净流入率产生的空间溢出效应的有效距离边界为1 100—2 200公里。在1 700公里处,空间溢出效应达到最大值,这表明网络零售对消费净流入率空间溢出效应的最强作用距离为1 700公里。需要注意的是,在有效距离边界范围内,网络零售对消费净流入率的空间溢出效应并没有随着地理距离的加长而出现空间衰减特征,与地理学第一定律相悖。

（5）东部、中部、西部三个区域的网络零售对消费净流入率的影响存在显著差异。从直接效应来看,东部地区、中部地区和西部地区的网络零售对消费净流入率的影响均显著为正。从间接效应来看,东部地区、中部地区、西部地区的网络零售对消费净流入率的影响均不显著。从总效应来看,东部地区、中部地区、西部地区的网络零售对消费净流入率的影响均显著为正。从估计系数值来看,网络零售对消费净流入率的直接效应和总效应均为东部地区最大,中部地区次之,西部地区最小。

8.1.5　空间溢出视角下网络零售的居民消费升级效应

（1）网络零售通过降低搜寻成本对居民消费产生了价格降低效应和市场扩张效应,在网络零售的不同发展阶段,起主导作用的效应不同。网络零售发展初期主要是网络零售市场对传统市场的替代,价格降低效应起主导作用,进入市场的基本上是短头商品（普通商品）,消费结构高级化下降;随着网络零售的深入发展,市场扩张效应起主导作用,大量的长尾商品（高档商品）新市场被创造出来,消费结构高级化程度提升。也就是说,居民消费升级和网络零售市场规模的关系呈先下降后上升的U形态势。

（2）中国消费结构高级化呈现正向的空间依赖特征,在空间分布上呈现东部、中部、西部依次递减态势,且具有区域集聚的特点。消费结构高级化的"高—高"集聚区和"低—低"集聚区均形成了连片地带。消费结构高级化的"高—高"集聚区为山东、江苏、上海和浙江,消费结构高级化的"低—低"集聚区为重庆和四川。从2007—2020年消费结构高级化的时序变化来看,经济发展水平较高的江苏、浙江和上海一直是"高—高"集聚区的主要成员,福建、山东、广东和山西前期也进入过"高—高"集聚区;消费结构高级化的"低—低"集聚区成员并不稳定,新疆、西藏、四川和重庆均交替进入过"低—低"集聚区。

（3）网络零售对消费结构高级化的 SDM 估计结果显示：其一，本地区的消费结构高级化、城镇和农村消费结构高级化均会带动周边地区的消费结构高级化、城镇和农村消费结构高级化。其二，网络零售对消费结构高级化的直接效应、空间溢出效应和总效应均为先下降后上升的 U 形态势。截至 2020 年，从直接效应来看，中国目前只有西藏、青海、宁夏、海南、新疆、甘肃和内蒙古的网络零售规模没有越过拐点值，其他省份已进入网络零售提高本地消费结构高级化阶段；从空间溢出效应来看，中国所有省份的网络零售规模均没有超过拐点值，即所有省份均处于网络零售降低周边省份消费结构高级化阶段；从总效应来看，广东、浙江和江苏的网络零售市场规模处于 U 形总效应的右半段，即这三个省份已进入网络零售提高消费结构高级化阶段。其三，网络零售对城镇居民消费结构高级化的直接效应呈 U 形态势，空间溢出效应并不显著；网络零售对农村居民消费结构高级化的空间溢出效应呈 U 形态势，直接效应并不显著。

（4）东部地区和中部地区的消费结构高级化均会带动相应周边地区的消费结构高级化，而且东部地区的这种空间溢出效应大于中部地区。东部、中部、西部三个区域的网络零售对消费结构高级化的影响存在显著差异。从直接效应来看，东部地区网络零售对消费结构高级化的直接效应呈先下降后上升的 U 形态势，中部地区和西部地区则不显著。从空间溢出效应来看，网络零售在东部地区和西部地区均对消费结构高级化产生 U 形空间溢出效应，且东部地区的空间溢出效应大于西部地区。从总效应来看，网络零售对消费结构高级化的总效应在东部地区呈先下降后上升的 U 形态势，在中部地区和西部地区则不显著。

8.2　政策建议

第 4—7 章的实证研究结果表明，处于不同发展阶段的网络零售对居民消费支出、城乡居民消费差距、居民消费跨区域流动和居民消费升级均产生不同的影响。具体来看，网络零售与居民消费支出、城乡居民消费差距、居民消费升级均呈 U 形关系，与消费净流入率呈倒 U 形关系。网络零售的这种 U 形和倒 U 形居民消费效应并不仅仅局限于本地区，还具有显著的空间溢出特征，而且空间溢出效应并没有随着地理距离的加长而出现空间衰减。空间溢出效应有正向溢出和负向溢出之分，这与网络零售所处的不同发展阶段和各地区发展状况有关。在未来网络零售不断深入发展的过程中,政府应当充分利用好网络零售的居民消费效应,扬长避短,这有利于进一步提高居民的消费潜力,缩小城乡居民消费差距,优化居民消费结构,促进国内一体化消费市场的形成。根据各章研究所得结论,我们在此提出相应的政策建议。

8.2.1 优化消费环境,推动网络零售高质量发展

第 4 章和第 7 章的实证结果表明,网络零售通过降低搜寻成本产生了价格降低效应和市场扩张效应,其与居民消费支出和居民消费升级均呈 U 形关系。在网络零售发展初期,居民消费支出和消费结构高级化会因价格降低效应而下降;在网络零售成长期,网络零售市场规模发展到一定阶段并越过相应的拐点值后,网络零售的市场扩张效应对居民消费支出和居民消费升级均有明显的拉动作用。这为进一步挖掘居民消费潜力、促进居民消费升级提供了一个新的可行途径,即优化消费环境,让消费者有市场可以消费。传统市场由于搜寻成本过高而导致消费者和商家被挤出市场,进而导致局部市场失败。网络零售通过互联网实现了互联互通,将消费者和商家带入同一个市场,有效解决了市场失败的问题,使得消费者在网络零售市场得到消费需求的满足。政府的当务之急是采取措施,进一步推动网络零售的高质量发展。

首先,政府应当打造一个公平、公正的市场秩序,对于那些利用信息不对称优势欺诈消费者的不法网络零售企业要加大查处力度,对于那些市场信誉好、技术含量高的优良网络零售企业要给予一定的宣传和支持;其次,政府可以通过财税优惠等政策,鼓励小微网络零售企业发展,促进网络零售包容式、共享式发展;再次,地方政府应进一步打破“地方本位”思想的桎梏,制定具有全局视野的网络零售高质量发展政策,从而让更广大区域内的居民消费享受到网络零售发展所带来的空间溢出效应;最后,政府部门应从安全认证、数据监测、物流追踪和产权保护等多个方面,鼓励并引导企业以市场需求为导向进行网络零售技术自主创新,促进网络零售的可持续发展。

网络零售降低了跨区域信息匹配成本,可以将地理区域外的消费拉入本区域,使得消费在区域之间产生流动。网络零售发展水平高的省份,若省内居民对省外产品的购买量小于省外居民对省内产品的购买量,则发生消费净流入;网络零售发展水平低的省份,若省内居民对省外产品的购买量大于省外居民对省内产品的购买量,则发生消费净流出。这种现象增加了消费净流入地区的社会消费品零售总额,减少了消费净流出地区的社会

消费品零售总额。这意味着各省份的社会消费品零售总额不再完全与人口或 GDP 成正比,而是在一定程度上与当地的网络零售发展水平有关。网络零售重塑了零售业的地区格局,对全社会的消费体系产生了深远影响,应当引起相关部门的重视。第 6 章的实证结果表明,短期来看,网络零售提高了消费净流入率。随着网络零售的不断深入发展,线上跨区域信息匹配成本的降低冲垮了商品流通的地方保护主义壁垒,地方政府无力阻止本地居民购买外地商品,从而打破了原先按行政区划分的社会消费品零售总额的地区格局,有利于促进国内一体化消费市场的形成。

当前中国网络零售发展仍存在不平衡和不充分的问题。第 3 章的分析表明,中国网络零售市场规模在各省域的分布不均匀,发展差异较大,基本呈现"东部强,中西部弱"的发展格局。网络零售的高水平集聚区主要包括东部地区的福建、上海、山东、江苏、浙江以及中部地区的河南和湖北,低水平集聚区主要是西部地区的甘肃、青海、新疆和西藏。为了以网络零售的高质量发展促进国内一体化消费市场的形成,一方面,政府应当进行适当的政策倾斜,重点支持网络零售企业开拓中西部地区市场,将网络零售经营渠道和覆盖范围向中西部地区扩展;另一方面,网络零售欠发达的广大中西部地区应当抓住互联网经济发展的契机,转变思维,主动学习,充分利用互联网的技术外溢,结合自身的产业结构特征和人文发展环境,因地制宜地打造各具特色的网络零售经营与应用模式,将比较劣势转化为后发优势以缩小与东部地区的差距。

8.2.2　加强统筹规划,促进网络零售发展收益的城乡公平共享

第 5 章的实证结果表明,城乡居民收入差距拉大了城乡居民消费差距。改革开放以来,随着"让一部分人先富起来,先富带动后富,实现共同富裕"倡导的提出,中国的城乡居民收入差距将不断扩大,而近年来市场化经济体制的不断深入和完善又与"先富带动后富"存在一定矛盾。虽然近年来农村居民的人均可支配收入增速快于城镇居民,但从绝对值来看,2020 年城镇居民人均可支配收入为 43 833.8 元,而农村居民人均可支配收入为 17 131.5 元,前者是后者的近 3 倍。因此,未来着重提高农村居民的可支配收入,进而提高农村居民的消费水平以缩小城乡居民消费差距是一个主攻方向。第 5 章的实证结果表明,网络零售与城乡居民消费差距呈 U 形关系,中国绝大部分省份已进入网络零售扩大城乡居民消费差距的阶段。网络零售除了能向消费者端渗透,还可以向企业端渗透。网络零售企业渗透率的提升不但会扩大本地区的城乡居民消费差距,而且会扩大周边地区

的城乡居民消费差距,进而拉大总体的城乡居民消费差距。网络零售通过网络零售企业渗透率这一中介变量扩大了城乡居民消费差距。当前中国网络零售的发展模式并没有充分兼顾城乡发展的公平性,这为中国网络零售的高质量发展指明了方向,网络零售发展带来的城乡居民消费差距扩大效应亟待纠偏。网络零售的高质量发展离不开与之相配套的互联网、物流配送等基础设施建设,而农村地区的基础设施较不健全且建设缓慢,各类电商人才也比较缺乏,诸如此类的门槛条件限制了农村电商"洼地效应"的发挥。由此可见,网络零售的发展并没有脱离传统经济变迁过程中注重效率但有失公平的矛盾。很难想象,那些年龄偏大的低人力资本劳动者可以从网络零售活动中获取利益。从这个角度看,网络零售带来的公平损失可能是一种必然,但这并不意味着为了效率就可以忽视公平。当前推动中国网络零售的高质量发展,应当统筹规划,着重促进网络零售发展收益的城乡公平共享。其一,限制网络零售发展过程中形成的用户垄断和技术垄断,营造一个公平公正的竞争环境;其二,大力发展农村电商,重点支持农村电商创业和农产品电商发展,培养农村居民的网络消费意思和维权意识,加快网络零售发展的各种要素在村镇集聚,形成规模效应和集聚效应,让扶贫工作搭上网络零售发展的快车;其三,加快中西部欠发达地区和农村地区的互联网与信息基础设施建设,缩小城乡"数字鸿沟",重点完善乡村物流配送体系,缓解"最后一公里"难题;其四,加强对农村弱势群体和低收入群体的相关技能培训与再教育,培育知识型、技能型和创新型的新型职业农民,加快农村劳动力的就业转型,促进乡村人才振兴。

8.2.3　扩展溢出主体和溢出路径,增强网络零售的空间溢出效应

网络零售的居民消费效应并不仅仅局限于本地区,还具有明显的空间溢出特征。本书的实证结果表明,网络零售对居民消费支出和消费结构高级化均产生了先下降后上升的U形空间溢出效应,对消费净流入率产生了正向的空间溢出效应,且空间溢出效应在有效距离边界范围内并没有随着地理距离的加长而出现空间衰减特征。这意味着当网络零售市场规模发展到一定阶段时,网络零售会通过空间溢出效应对居民消费支出、居民消费升级和一体化消费市场的形成产生积极作用。一方面,政府部门可以通过财税优惠等政策,吸引电子商务创新创业,支持传统企业发展网络零售,拓宽网络零售的经营渠道和覆盖范围,鼓励小微网络零售企业发展,不断壮大网络零售的参与者数量,扩展空间溢出效应的溢出主体。另一方面,根据网络外部性理论,当网络零售的发展水平超出网络零售基础设施的承

载能力时,网络零售就可能产生负的网络外部性。随着网络零售的不断深入发展,网络零售的参与主体不断增多,要想避免负的网络外部性以及更好地发挥网络零售的空间溢出效应,政府有必要进一步加强网络零售的基础设施建设,从而不断扩展网络零售空间溢出效应的溢出路径。其一,与发达国家相比,中国的网络基础设施水平仍处于弱势地位,而网络零售的高质量发展离不开网络基础设施的强大支撑。因此,政府有必要继续加大对互联网基础设施建设的投入力度,进一步提高网络传输效率和网络服务水平。其二,物流配送体系的完善对提高网络零售绩效具有重要作用,而当前中国的物流成本相对较高,物流配送效率相对低下,从而在一定程度上限制了网络零售的可持续发展。因此,各级政府和物流管理部门可以通过加强网络零售规制建设,提高网络零售的供应链集成水平,科学利用大数据、云计算和区块链等新技术深入挖掘互联网与物联网的潜能,推动网络零售物流配送体系的网络化、数字化和智能化。此外,通过技术的不断创新,加强网络零售参与主体之间的关联性,提高商品、资金和信息等要素的传递速度与准确度,也有利于增强网络零售的空间溢出效应。

参 考 文 献

中文文献

阿里研究院.中国在线产业带研究报告[R].阿里研究院,2014.

白重恩,吴斌珍,金烨.中国养老保险缴费对消费和储蓄的影响[J].中国社会科学,2012(8):47-71.

边恕,张铭志.扶贫转移支付对城乡消费差异的影响研究[J].中国人口科学,2021(3):56-68.

蔡栋梁,王聪,邱黎源.信贷约束对农户消费结构优化的影响研究[J].农业技术经济,2020(3):84-96.

蔡昉,王美艳.如何解除人口老龄化对消费需求的束缚[J].财贸经济,2021(5):5-13.

晁钢令,万广圣.农民工家庭生命周期变异及对其家庭消费结构的影响[J].管理世界,2016(11):96-109.

陈斌开,李涛.利率市场化与中国城镇居民消费[J].经济科学,2019(4):31-43.

陈斌开,林毅夫.发展战略、城市化与中国城乡收入差距[J].中国社会科学,2013(4):81-102.

陈斌开,林毅夫.金融抑制、产业结构与收入分配[J].世界经济,2012(1):3-21.

陈斌开,陆铭,钟宁桦.户籍制约下的居民消费[J].经济研究,2010(S1):62-71.

陈斌开,张鹏飞,杨汝岱.政府教育投入、人力资本投资与中国城乡收入差距[J].管理世界,2010(1):36-43.

陈国亮,唐根年.基于互联网视角的二三产业空间非一体化研究:来自长三角城市群的经验证据[J].中国工业经济,2016(8):76-92.

陈太明.经济波动、预防性储蓄动机与消费过度敏感性[J].统计研究,2022(4):33-48.

陈陶然,彭越.电子商务发展与农村中小企业创新[J].西北农林科技大学学报(社会科学版),2022(1):98-105.

陈维涛,韩峰,张国峰.互联网电子商务、企业研发与全要素生产率[J].南开经济研究,2019(5):41-59.

陈卫洪,王莹,王晓伟.电商发展对农产品进出口贸易的影响分析[J].农业技术经济,2020(4):134-142.

陈享光,汤龙,唐跃桓.农村电商政策有助于缩小城乡收入差距吗? 基于要素流动和支出结构的视角[J].农业技术经济,2021(11):284-298.

陈小红.电子商务对经济增长贡献的评价与控制研究[D].东华大学,2012.

陈鑫,王文姬,张苏缘.互联网发展能否有效缩小城乡居民文化消费差距[J].农村经济,2020(12):87-93.

陈延斌,殷冠文,王少慧.山东省电子商务发展水平的地域特征及影响因素[J].经济地理,2022(1):10-19.

陈彦斌.形成双循环新发展格局关键在于提升居民消费与有效投资[J].经济评论,2020(6):11-15.

陈义涛,赵军伟,袁胜军.电商直播中心理契约到消费意愿的演化机制[J].中国流通经济,2021(11):44-55.

陈战波,黄文己,郝雄磊.移动支付对中国农村消费影响研究[J].宏观经济研究,2021(5):123-141.

程虹,王华星.互联网平台垄断与低质量陷阱[J].南方经济,2021(11):44-59.

程名望,张家平.新时代背景下互联网发展与城乡居民消费差距[J].数量经济技术经济研究,2019(7):22-41.

程欣炜,林乐芬.农产品电商对小农户有机衔接现代农业发展效率的影响研究[J].华中农业大学学报(社会科学版),2020(6):37-47.

程欣炜,岳中刚.参与农产品电商能够提升农村女性有薪劳动绩效吗? 基于10省种植户家庭跟踪数据[J].商业经济与管理,2021(10):5-19.

邸俊鹏,袁燕,张馨月.教育程度、消费倾向与消费结构:基于分位数回归的实证分析[J].上海经济研究,2019(2):58-66.

丁菲,于冷.不同地区家庭食品需求的异质性分析:基于QUAIDS模型分析[J].农业现代化研究,2016(3):527-533.

董凯,葛扬,杜修立,等.金融杠杆、房产价格与消费支出的动态关联性研究[J].上海经济研究,2021(11):100-111.

董晓松.互联网消费传染的时空扩散:基于空间计量的实证研究[J].华东经济管理,2017(3):83-89.

董晓松,刘霞,姜旭平.空间溢出与文化距离:基于数字内容产品扩散的实证研究[J].南开管理评论,2013(5):100-109.

董秀良,刘佳宁,王轶群.中国农村金融集聚对农民消费影响的空间效应研究[J].数量经济技术经济研究,2022(2):64-83.

杜丹清.大数据时代的零售市场结构变迁:基于电商企业规模扩张的思考[J].商业经济与管理,2015(2):12-17.

杜丹清.互联网助推消费升级的动力机制研究[J].经济学家,2017(3):48-54.

范红忠,黄永明,连玉君.就业生命时间、劳动者收入的持久性与我国居民消费率:基于省际职工收入占比和非职工收入占比的面板数据分析[J].经济学(季刊),2013(4):

1209-1230.

范秀荣,贺本岚.中国城乡居民消费差距指数分析与对策建议[J].西北农林科技大学学报(社会科学版),2009(3):49-53.

范玉贞,卓德保.我国电子商务对经济增长作用的实证研究[J].工业技术经济,2010(8):40-44.

方福前,孙文凯.政府支出结构、居民消费与社会总消费:基于中国2007—2012年省级面板数据分析[J].经济学家,2014(10):35-44.

方福前,邢伟.居民消费与电商市场规模的U型关系研究[J].财贸经济,2015(11):131-147.

方福前.中国居民消费潜力及增长点分析[J].经济学动态,2021(2):50-64.

方福前.中国居民消费需求不足原因研究:基于中国城乡分省数据[J].中国社会科学,2009(2):68-82.

方军雄.市场分割与资源配置效率的损害:来自企业并购的证据[J].财经研究,2009(9):36-47.

方匡南,章紫艺.社会保障对城乡家庭消费的影响研究[J].统计研究,2013(3):51-58.

方莹,袁晓玲.精准扶贫视角下农村电商提升农户收入的实现路径研究[J].西安财经学院学报,2019(4):92-99.

符淼.地理距离和技术外溢效应:对技术和经济集聚现象的空间计量学解析[J].经济学(季刊),2009(4):1549-1566.

傅崇辉,傅愈,伍丽群,等.中国家庭户规模结构变动及其对居民消费的影响[J].人口研究,2021(1):98-113.

盖晓敏,耿君.消费水平、消费选择与人口年龄结构触动[J].改革,2014(12):127-134.

甘小文,黄小勇,胡宾.城镇化对农民消费结构影响的实证研究[J].企业经济,2011(6):173-175.

高波,袁徽文.双循环格局下数字经济驱动消费升级的机制和路径[J].江苏行政学院学报,2022(2):36-44.

高帆,汪亚楠.劳动力市场扭曲与城乡消费差距:基于省际面板数据的实证研究[J].学术月刊,2016(12):75-85.

高帆.中国城乡消费差距的拐点判定及其增长效应[J].统计研究,2014(12):41-46.

葛继红,汪诗萍,唐颖梅.网络销售提高生鲜零售商的经营效率了吗?来自固城湖螃蟹的调查[J].农业经济问题,2018(11):114-122.

葛继红,王猛,汤颖梅.农村三产融合、城乡居民消费与收入差距[J].中国农村经济,2022(3):50-66.

葛晶,李翠妮,张龙.市场环境对城镇居民地区消费差距的影响:基于心理账户视角[J].当代经济科学,2019(2):77-87.

郭东杰,余冰心.计划生育、人口变迁与居民消费需求不足的实证研究[J].经济学家,2016(8):29-37.

郭广珍,刘瑞国,黄宗晔.交通基础设施影响消费的经济增长模型[J].经济研究,2019(3):166-180.

郭红东,白军飞,刘晔虹,等.电子商务助推小农发展的中国例证[J].江苏大学学报(社会科学版),2021(5):13-33.

郭美荣,李瑾,冯献.基于"互联网+"的城乡一体化发展模式探究[J].中国软科学,2017(9):10-17.

郭四维,张明昂,王庆,等.新常态下的"外贸新引擎":我国跨境电子商务发展与传统外贸转型升级[J].经济学家,2018(8):42-49.

郭燕,陈国华,陈之昶."互联网+"背景下传统零售业转型的思考[J].经济问题,2016(11):71-74.

韩彩珍,王宝义."新零售"的研究现状及趋势[J].中国流通经济,2018(12):20-30.

韩雷,张磊.电商经济是效率和公平的完美结合吗[J].当代经济科学,2016(3):80-90.

韩庆龄.电商产业与农村社区的融合发展[J].西北农林科技大学学报(社会科学版),2019(4):113-211.

杭斌,余峰.潜在流动性约束与城镇家庭消费[J].统计研究,2018(7):102-114.

浩飞龙,关皓明,王士君.中国城市电子商务发展水平空间分布特征及影响因素[J].经济地理,2016(2):1-10.

何小洲,刘丹.电子商务视角下的农产品流通效率[J].西北农林科技大学学报(社会科学版),2018(1):58-65.

何兴强,杨锐锋.房价收入比与家庭消费:基于房产财富效应的视角[J].经济研究,2019(12):102-117.

何宇鹏,武舜臣.连接就是赋能:小农户与现代农业衔接的实践与思考[J].中国农村经济,2019(6):28-37.

侯新烁,张宗益,周靖祥.中国经济结构的增长效应及作用路径研究[J].世界经济,2013(5):88-111.

胡美娟,周年兴,李在军,等.江苏省县域消费水平的空间格局及影响因素分析[J].经济地理,2014(6):48-53.

胡日东,钱明辉,郑永冰.中国城乡收入差距对城乡居民消费结构的影响[J].财经研究,2014(5):75-87.

胡歆韵,杨继瑞,郭鹏飞.夜间经济对居民消费及其结构升级的影响研究[J].当代经济科学,2021(12):1-15.

胡雅淇,林海."互联网+"赋能小农户对接大市场的作用机制及效果[J].现代经济探讨,2020(12):110-117.

黄浩.匹配能力、市场规模与电子市场的效率:长尾与搜索的均衡[J].经济研究,2014(7):165-175.

黄群慧,余泳泽,张松林.互联网发展与制造业生产率提升:内在机制与中国经验[J].中国工业经济,2019(8):5-23.

黄燕芬,张超,田盛丹.人口年龄结构和住房价格对城镇居民家庭消费的影响机理[J].人口研究,2019(4):17-35.

纪江明,张乐天,蒋青云.我国城乡社会保障差异对居民消费影响的实证研究[J].上海经济研究,2011(1):46-53.

贾立,李铮.金融素养能改善农村家庭消费结构吗[J].农业技术经济,2021(10):64-78.

贾毅.电商直播:技术推动下的媒介消费与再消费[J].河海大学学报(社会科学版),2022(1):126-132.

江小涓.高度联通社会中的资源重组与服务业增长[J].经济研究,2017(3):4-17.

姜百臣,马少华,孙明华.社会保障对农村居民消费行为的影响机制分析[J].中国农村经济,2010(11):32-39.

蒋涛,董兵兵,张远.中国城镇家庭的资产配置与消费行为:理论与证据[J].金融研究(11):133-152.

蒋玉,于海龙,丁玉莲,等.电子商务对绿色农产品消费溢价的影响分析[J].中国农村经济,2021(10):44-63.

蒋云飞,罗守贵.改革开放以来中国城镇居民消费结构变动及区域差异[J].经济地理,2008(3):415-418.

焦健,罗鸣令.民生性财政支出对城乡居民消费差距的效应检验[J].经济与管理,2018(1):31-37.

焦志伦.中国城市消费的空间分布与空间相关关系研究[J].经济地理,2013(7):41-46.

金环,于立宏,魏佳丽.国家电子商务示范城市建设对企业绿色技术创新的影响及机制研究[J].科技进步与对策,2022(1):1-9.

金赛美.我国农产品流通效率测量及其相关因素分析[J].求索,2016(9):129-132.

金祥荣,陈文轩.从"竞食"到"协同":我国电商发展模式变迁的动力分析[J].浙江社会科学,2018(3):23-34.

荆林波,王雪峰,相均泳.新常态下我国商品交易市场问题研究[J].中州学刊,2016(1):19-25.

荆林波.中国电子商务发展状况分析[J].经济管理,2010(12):177-180.

鞠雪楠,赵宣凯,孙宝文.跨境电商平台克服了哪些贸易成本[J].经济研究,2020(2):181-196.

孔祥利,王张明.我国城乡居民消费差异及对策分析[J].经济管理,2013(5):1-9.

蓝相洁,陈永成.民生性财政支出与城乡居民消费差距:理论阐释与效应检验[J].财政研究,2015(3):2-5.

雷兵.农村电子商务发展与地方经济的关系:基于中国1870个县数据[J].当代经济管理,2018(2):41-47.

雷蕾.纯实体零售、网络零售、多渠道零售企业效率比较研究[J].北京工商大学学报(社会科学版),2018(1):44-51.

雷潇雨,龚六堂.城镇化对于居民消费率的影响:理论模型与实证分析[J].经济研究,

2014(6):44-57.

李傲,杨志勇,赵元凤.精准扶贫视角下医疗保险对农牧户家庭消费的影响研究:基于内蒙古自治区 730 份农牧户的问卷调查数据[J].中国农村经济,2020(2):118-133.

李超,张超.我国人口城镇化与城乡恩格尔系数变化差异:一个 N 型曲线关系的实证解释[J].社会科学家,2015(7):59-63.

李成,于海东.经济政策不确定性对居民消费的影响效应及作用机制:基于中国家庭调查(CFPS)数据[J].广东财经大学学报,2021(6):31-50.

李飞.全渠道零售的含义、成因及对策:再论迎接中国多渠道零售革命风暴[J].北京工商大学学报(社会科学版),2013(2):1-11.

李国正,艾小青."共享"视角下城乡收入与消费的差距度量、演化趋势与影响因素[J].中国软科学,2017(11):173-183.

李海舰,田跃新,李文杰.互联网思维与传统企业再造[J].中国工业经济,2014(10):135-146.

李剑,臧旭恒.住房价格波动与中国城镇居民消费行为:基于 2004—2011 年省际动态面板数据的分析[J].南开经济研究,2015(1):89-101.

李江一,李涵.城乡收入差距与居民消费结构:基于相对收入理论的视角[J].数量经济技术经济研究,2016(8):97-112.

李洁,邢炜.电商市场发展与中国城乡消费趋同性:搜寻匹配的分析视角[J].经济理论与经济管理,2020(2):103-112.

李京文.中国电子商务的发展现状与未来趋势[J].河北学刊,2016(1):107-109.

李靖华,曾锵.商圈视角的网络购物对实体零售影响:替代抑或互补[J].商业经济与管理,2018(4):5-15.

李骏阳.当前我国零售行业发展态势和供给侧改革[J].中国流通经济,2016(11):5-11.

李骏阳.电子商务环境下的流通模式创新[J].中国流通经济,2002(5):42-45.

李骏阳.改革开放以来我国的零售革命和零售业创新[J].中国流通经济,2018(7):3-11.

李连梦,吴青,聂秀华.电子商务能缩小城乡居民消费差距吗[J].技术经济,2020(2):125-133.

李宁,周琦宇,邹丽琼.农产品网络销售会影响新型农业经营主体的农地经营规模吗[J].农业技术经济,2021(12):548-563.

李琪,唐跃桓,任小静.电子商务发展、空间溢出与农民收入增长[J].农业技术经济,2019(4):119-131.

李琪,于珊珊.网络零售业中消费者购买意愿的影响因素研究:基于 PLS-SEM 方法对交易成本的分析[J].产业经济研究,2011(5):86-94.

李树,于文超.幸福的社会网络效应:基于中国居民消费的经验研究[J].经济研究,2020(6):172-188.

李涛,陈斌开.家庭固定资产、财富效应与居民消费:来自中国城镇家庭的经验证据[J].

经济研究,2014(3):62-75.

李涛,胡菁芯,冉光和.基础设施投资与居民消费的结构效应研究[J].经济学家,2020(11):93-106.

李文星,徐长生,艾春荣.中国人口年龄结构和居民消费:1989—2004[J].经济研究,2008(7):118-129.

李晓飞,臧旭恒,姚健.我国养老保险制度并轨对家庭储蓄率及消费的影响:2015年机关事业单位养老保险改革的经验证据[J].南开经济研究,2021(6):106-126.

李晓嘉,蒋承,吴老二.地方财政支出对居民消费的空间效应研究[J].世界经济文汇,2016(1):108-120.

李晓静,陈哲,夏显力.参与电商对农户绿色生产意识的空间溢出效应:基于两区制空间杜宾模型分析[J].农业技术经济,2021(7):49-64.

李颖.我国城乡居民消费差距的成因及对策研究:基于财政基本公共服务支出视角[J].经济问题探索,2010(6):19-24.

李永友,钟晓敏.财政政策与城乡居民边际消费倾向[J].中国社会科学,2012(12):63-81.

李勇坚.电子商务与宏观经济增长的关系研究[J].学习与探索,2014(8):102-108.

梁海兵.农业补贴与城乡消费差距:一个政策模拟分析[J].西北农林科技大学学报(社会科学版),2014(3):91-99.

梁琦,钱学锋.外部性与集聚:一个文献综述[J].世界经济,2007(2):84-96.

梁任敏,巴曙松.交通通达性、资源配置与城乡消费水平差距[J].财经科学,2022(3):68-81.

林晨,陈小亮,陈伟泽,等.人工智能、经济增长与居民消费改善:资本结构优化的视角[J].中国工业经济,2020(2):61-79.

林广毅.农村电商扶贫的作用机理及脱贫促进机制研究[D].中国社会科学院研究生院,2016.

林孔团,于婧.电子商务对省域经济增长影响的实证分析[J].福建师范大学学报(哲学社会科学版),2017(3):23-31+168.

林文芳.县域城乡居民消费结构与收入关系分析[J].统计研究,2011(4):49-56.

林毅夫,陈斌开.重工业优先发展战略与城乡消费不平等:来自中国的证据[J].浙江社会科学,2009(4):10 16.

林毅夫,沈艳,孙昂.中国政府消费券政策的经济效应[J].经济研究,2020(7):4-20.

凌晨,张安全.中国城乡居民预防性储蓄研究:理论与实证[J].管理世界,2012(11):20-27.

刘长庚,张磊,韩雷.中国电商经济发展的消费效应研究[J].经济理论与经济管理,2017(11):5-18.

刘飞,王欣亮,白永秀.城乡协调分异、社会保障扭曲与居民消费差距[J].当代经济科学,2018(5):35-44.

刘根荣.电子商务对农村居民消费影响机理分析[J].中国流通经济,2017(5):96-104.

刘浩.颠覆性商业时代下跨境电商与贸易增长的相关性分析[J].商业经济研究, 2016(20):143-145.

刘宏,侯本宇方,陈斌开.城镇化进程中财产性收入冲击对家庭消费的影响:来自房屋拆迁的准自然实验[J].财贸经济,2021(9):112-128.

刘洪波,邸建亮,王冉.新冠肺炎疫情对居民消费的影响研究[J].统计研究,2022(5): 38-48.

刘湖,张家平.互联网对农村居民消费结构的影响与区域差异[J].财经科学,2016(4): 80-88.

刘靖,陈斌开.房价上涨扩大了中国消费不平等吗[J].经济学(季刊),2021(4):1253- 1274.

刘娟,王维薇,冯利.普惠贸易视角下小额跨境电子商务对国际贸易影响的实证分析[J]. 国际商务(对外经济贸易大学学报),2018(5):49-60.

刘吕吉,申经宇.福利性财政支出对城乡居民消费差距的影响[J].首都经济贸易大学学报,2017(5):13-20.

刘乃全,邓敏,曹希广.城市的电商化转型推动了绿色高质量发展吗[J].财经研究, 2021(4):49-63.

刘玮琳,何光喜,刘冬梅.贫困地区淘宝村的增收效应:基于2005—2018年四省份县域数据的实证研究[J].中国科技论坛,2021(9):116-125.

刘向东,米壮.中国居民消费处于升级状态吗[J].经济学家,2020(1):86-97.

刘向东,张舒.网络销售到家模式与实体零售:挤出或溢出[J].消费经济,2019(10): 43-52.

刘晓贺,方华,张燕飞.电子商务交易额增长与经济增长的相关性研究:基于上海市的统计数据[J].农村金融研究,2014(10):33-34.

刘晓阳,丁志伟,黄晓东,等.中国电子商务发展水平空间分布特征及其影响因素:基于1915个县(市)的电子商务发展指数[J].经济地理,2018(11):11-21+38.

刘怡,聂海峰,张凌霄,等.电子商务增值税地区间分享和清算[J].管理世界,2022(1): 62-77.

刘奕,夏杰长.平台经济助力畅通服务消费内循环:作用机理与政策设计[J].改革, 2021(11):19-29.

刘玉荣,查婷俊,刘颜,等.金融市场波动、经济不确定性与城镇居民消费[J].经济学(季刊),2019(2):551-572.

鲁钊阳,廖杉杉.农产品电商发展的增收效应研究[J].经济体制改革,2016(5):86-92.

陆铭,陈钊.城市化、城乡倾向的经济政策与城乡收入差距[J].经济研究,2004(6): 50-58.

陆铭,彭冲.再辩大城市:消费中心城市的视角[J].中山大学学报(社会科学版),2022(1): 175-181.

陆琪.中国农村消费行为影响因素的实证研究[J].宏观经济研究,2022(1):115-129.

陆远权,张德钢.民生财政、税制结构与城乡居民消费差距[J].经济问题探索,2015(7):
　　30-37.

吕承超,白春玲.中国社会保障发展空间差距及随机收敛研究[J].财政研究,2016(4):
　　47-59.

吕承超,徐仲,魏琼琼.社会保障支出对城乡居民消费差距的门槛效应:基于地区差异与
　　支出结构的分析[J].中南财经政法大学学报,2018(2):77-89.

吕丹.基于农村电商发展视角的农村剩余劳动力安置路径探析[J].农业经济问题,
　　2015(3):62-68.

罗永明,陈秋红.家庭生命周期、收入质量与农村家庭消费结构:基于子女异质视角下的
　　家庭生命周期模型[J].中国农村经济,2020(8):85-105.

罗知,郭熙保.进口商品价格波动对城镇居民消费支出的影响[J].经济研究,2010(12):
　　111-124.

马芳芳,丁志伟.中国抖音直播带货行业发展的空间分异及影响因素[J].经济地理,
　　2021(12):22-32.

马淑琴,陈红,俞春晓.电子商务发展对出口贸易规模扩张的U型调节:来自中国的经验
　　实证[J].财经论丛,2018(7):9-18.

马述忠,房超.跨境电商与中国出口新增长[J].经济研究,2021(6):159-176.

马述忠,郭继文,张洪胜.跨境电商的贸易成本降低效应:机理与实证[J].国际经贸探
　　索,2019(5):69-85.

马述忠,濮方清.电子商务平台出口影响因素及其溢出效应:基于消费者关键词搜索视
　　角的研究[J].国际贸易问题,2022(1):37-54.

马香品.数字经济时代的居民消费变革:趋势、特征、机理与模式[J].财经科学,2020(1):
　　120-132.

马骁,王斐然,陈建东,等.直接税和间接税对城乡居民消费差距的影响分析[J].税务研
　　究,2017(8):21-27.

马歇尔.经济学原理[M].西安:陕西人民出版社,2006.

麦肯锡全球研究院.中国网络零售革命:线上购物助推经济增长[R].麦肯锡全球研究
　　院,2013.

毛军,刘建民.财税政策、路径依赖与中国居民消费的区域均衡发展[J].中国经济问题,
　　2016(6):50-63.

毛园芳.电子商务提升产业集群竞争优势机制案例研究[J].经济地理,2010(10):1681-
　　1687.

毛中根,孙武福,洪涛.中国人口年龄结构与居民消费关系的比较分析[J].人口研究,
　　2013(3):82-92.

毛中根,武优勐,谢迟.长三角城市群消费水平空间格局及其影响机制[J].经济地理,
　　2020a(12):56-62.

毛中根,谢迟,叶胥.新时代中国新消费:理论内涵、发展特点与政策取向[J].经济学家,2020b(9):64-74.

毛中根,杨丽姣.经济全球化背景下供给侧改革与居民消费结构升级[J].财经科学,2017(1):72-82.

茅锐,徐建炜.人口转型、消费结构差异和产业发展[J].人口研究,2014(3):89-103.

梅燕,蒋雨清.乡村振兴背景下农村电商产业集聚与区域经济协同发展机制:基于产业集群生命周期理论的多案例研究[J].中国农村经济,2020(6):56-74.

聂召英,王伊欢.复合型排斥:农村青年女电商边缘化地位的生产[J].中国青年研究,2021a(9):96-103.

聂召英,王伊欢.链接与断裂:小农户与互联网市场衔接机制研究:以农村电商的生产经营实践为例[J].农业经济问题,2021b(1):132-143.

潘锡泉.我国网络直播电商发展现状及治理机制[J].学术交流,2021(6):100-109.

裴长洪.电子商务的兴起及其对世界经济的影响[J].中国工业经济,2000(10):45-54.

裴长洪,刘斌.中国对外贸易的动能转换与国际竞争新优势的形成[J].经济研究,2019(5):4-15.

彭定赟,陈玮仪.基于消费差距泰尔指数的收入分配研究[J].中南财经政法大学学报,2014(2):30-37.

彭红艳,丁志伟.中国淘宝村"增长-消失"的时空特征及影响因素分析[J].世界地理研究,2021(9):1-17.

齐红倩,刘岩.人口年龄结构变动与居民家庭消费升级:基于CFPS数据的实证研究[J].中国人口·资源与环境,2020(12):174-184.

齐红倩,马溇君.互联网金融对城镇家庭消费结构升级的影响[J].西安交通大学学报(社会科学版),2021(11):56-67.

祁志民,刘涌.浅谈我国电子商务的发展现状与趋势[J].学术交流,2009(7):136-138.

乔文瑄,杨小勇.平台经济下消费力的发展及其提升研究[J].消费经济,2021(3):12-19.

邱黎源,胡小平.正规信贷约束对农户家庭消费结构的影响:基于全国4141户农户的实证分析[J].农业技术经济,2018(8):16-25.

邱泽奇,乔天宇.电商技术变革与农户共同发展[J].中国社会科学,2021(10):145-166.

邱子迅,周亚虹.电子商务对农村家庭增收作用的机制分析:基于需求与供给有效对接的微观检验[J].中国农村经济,2021(4):36-52.

曲玥,都阳,贾朋.城市本地家庭和农村流动家庭的消费差异及其影响因素:对中国城市劳动力市场调查数据的分析[J].中国农村经济,2019(8):36-53.

曲振涛,周正,周方召.网络外部性下的电子商务平台竞争与规制:基于双边市场理论的研究[J].中国工业经济,2010(4):120-129.

任慧玲,刘社建.生育政策对城镇居民消费结构影响分析[J].上海经济研究,2019(5):73-83.

任鑫,葛晶.金融发展、收入结构与城镇居民消费结构[J].宏观经济研究,2019(1):30-

36+64.

茹玉骢,李燕.电子商务与中国企业出口行为:基于世界银行微观数据的分析[J].国际贸易问题,2014(12):3-13.

邵兵家,蔡志刚.电子商务活动对企业绩效影响的实证研究:以中国IT上市公司为例的研究[J].科技进步与对策,2005(11):162-164.

申洋,郭俊华,程锐.交通基础设施改善能促进居民消费吗?来自高铁开通的证据[J].商业经济与管理,2021(1):59-71.

沈颂东,亢秀秋.大数据时代快递与电子商务产业链协同度研究[J].数量经济技术经济研究,2018(7):41-58.

石贝贝.我国城乡老年人口消费的实证研究:兼论"退休—消费"之谜[J].人口研究,2017(3):53-64.

宋昆鹏,李红.西部地区政府消费、居民消费、消费结构的互动关系研究:基于面板VAR模型[J].时代金融,2015(17):74-75+77.

宋明月,臧旭恒.异质性消费者、家庭债务与消费支出[J].经济学动态,2020(6):74-90.

宋瑛,谢浩,王亚飞.农产品电子商务有助于贫困地区农户增收吗?兼论农户参与模式异质性的影响[J].农业技术经济,2022(1):65-80.

宋泽,刘子兰,邹红.空间价格差异与消费不平等[J].经济学(季刊),2020(2):591-616.

宋泽,邹红.增长中的分化:同群效应对家庭消费的影响研究[J].经济研究,2021(1):74-89.

苏郁锋,周翔."直播电商"情境下数字机会共创机制研究:基于数字可供性视角的质性研究[J].南开管理评论,2021(10):1-20.

宿玉海,孙晓芹,李成友.收入分配与异质性消费结构[J].财经科学,2021(9):80-95.

孙根紧,王丹,丁志帆.互联网使用与居民旅游消费:来自中国家庭追踪调查的经验证据[J].财经科学,2020(11):81-93.

孙豪,胡志军,陈建东.中国消费基尼系数估算及社会福利分析[J].数量经济技术经济研究,2017(12):41-57.

孙豪,王泽昊,姚健.房价对消费结构升级的影响:机制与实证[J].上海财经大学学报,2022(4):61-77.

孙浦阳,张靖佳,姜小雨.电子商务、搜寻成本与消费价格变化[J].经济研究,2017(7):139-154.

孙伟增,邓筱莹,万广华.住房租金与居民消费:效果、机制与不均等[J].经济研究,2020(12):132-146.

孙伟增,张思思.房租上涨如何影响流动人口的消费与社会融入:基于全国流动人口动态监测调查数据的实证分析[J].经济学(季刊),2022(1):153-174.

孙早,许薛璐.产业创新与消费升级:基于供给侧结构性改革视角的经验研究[J].中国工业经济,2018(7):98-116.

谭燕芝,彭千芮.金融集聚与城镇居民消费:空间溢出与门槛特征[J].上海经济研究,

2019(2):86-97.

汤英汉.中国电子商务发展水平及空间分异[J].经济地理,2015(5):9-14.

唐红涛,胡婕妤.跨境电商进口对居民消费的影响:促进或抑制[J].消费经济,2021(12):60-70.

唐红涛,李胜楠.电子商务、脱贫攻坚与乡村振兴:作用及其路径[J].广东财经大学学报,2020(6):65-77.

唐红涛,李胜楠.农村电商对传统流通的收入门槛效应:互补还是替代[J].山西财经大学学报,2020(3):47-61.

唐红涛,朱晴晴.电子商务与经济增长:一个理论框架[J].湖南社会科学,2017(5):127-133.

唐琦,夏庆杰,李实.中国城市居民家庭的消费结构分析:1995-2013[J].经济研究,2018(2):35-49.

唐升,孙皓.城乡居民消费结构转型升级:趋同特征与演化路径[J].中国软科学,2022(3):141-153.

唐跃桓,杨其静,李秋芸,等.电子商务发展与农民增收:基于电子商务进农村综合示范政策的考察[J].中国农村经济,2020(6):75-94.

田勇,殷俊.互联网进村的减贫效果评估及其机制分析:基于农村电商创业热潮的背景[J].现代经济探讨,2019(2):98-106.

汪伟,郭新强,艾春荣.融资约束、劳动收入份额下降与中国低消费[J].经济研究,2013(11):100-113.

汪伟,刘玉飞.人口老龄化与居民家庭消费结构升级:基于CFPS2012数据的实证研究[J].山东大学学报(哲学社会科学版),2017(5):84-92.

汪伟,刘志刚,龚飞飞.高房价对消费结构升级的影响:基于35个大中城市的实证研究[J].学术研究,2017(8):87-94.

汪伟,沈洁,王文鹏.房价与居民消费不平等[J].山东大学学报(哲学社会科学版),2020a(6):88-101.

汪伟,杨嘉豪,吴坤,等.二孩政策对家庭二孩生育与消费的影响研究:基于CFPS数据的考察[J].财经研究,2020b(12):79-93.

汪希成,谢冬梅.我国农村居民食物消费结构的合理性与空间差异[J].财经科学,2020(3):120-132.

王宝义,桑惠云.网络零售的演进阶段、特征及理论耦合分析[J].重庆工商大学学报(社会科学版),2019(3):1-10.

王宝义."新零售"的本质、成因及实践动向[J].中国流通经济,2017(7):3-11.

王宝义."新零售"演化和迭代的态势分析与趋势研判[J].中国流通经济,2019(10):13-21.

王宝义.中国电子商务网络零售产业演进、竞争态势及发展趋势[J].中国流通经济,2017(4):25-34.

王辉龙,高波.住房消费与消费结构升级:理论假说与实证检验[J].财经科学,2016(1):100-110.

王慧玲,孔荣.正规借贷促进农村居民家庭消费了吗[J].中国农村经济,2019(8):72-90.

王笳旭.人口老龄化对我国城乡居民消费差距的影响研究:基于省际动态面板数据的实证分析[J].当代经济科学,2015(9):109-115.

王磊,杨文毅.文化差异、消费功能与城际消费流动:基于中国银联大数据的分析[J].武汉大学学报(哲学社会科学版),2021(2):102-118.

王利荣,芮莉莉.跨境电商综合试验区对地区经济的影响及差异性分析[J].南方经济,2022(3):53-73.

王领,胡晓涛.新经济地理学视角下电子商务对人口流动的影响[J].当代经济科学,2016(3):53-59.

王猛,李勇刚,王有鑫.土地财政、房价波动与城乡消费差距:基于面板数据联立方程的研究[J].产业经济研究,2013(5):84-92.

王宁.消费流动:人才流动的又一动因[J].学术研究,2014(10):29-37.

王茜."互联网+"促进我国消费升级的效应与机制[J].财经论丛,2016(12):94-102.

王琴,张磊,马健.网店与实体店的关系机理与模式选择:基于溢出效应的分析[J].中国工业经济,2015(7):99-113.

王瑞峰.涉农电商平台对我国农业经济发展的影响效应评估:以农村淘宝为例[J].中国流通经济,2020(11):68-77.

王赛芳.电子商务在我国区域经济增长中贡献的差异研究[J].遵义师范学院学报,2016(4):56-60.

王喜荣,余稳策.跨境电商发展与传统对外贸易互动关系的实证分析[J].经济与管理研究,2018(2):79-86.

王小华,温涛.城乡居民消费行为及结构演化的差异研究[J].数量经济技术经济研究,2015(10):90-107.

王昕天.电子商务促进企业科技创新路径的实证研究[J].科技管理研究,2017(23):221-227.

王昕天,康春鹏,汪向东.电商扶贫背景下贫困主体获得感影响因素研究[J].农业经济问题,2020(3):112-124.

王雪琪,赵彦云,范超.我国城镇居民消费结构变动影响因素及趋势研究[J].统计研究,2016(2):61-67.

王钰,李伟,张维今.网络零售对传统零售商创新的影响机理研究[J].管理评论,2019(5):139-146.

王增文,何冬梅.退休冲击、消费动态支出变动及消费结构优化:基于企业、机关事业单位退休人员消费影响因素的比较[J].经济理论与经济管理,2016(3):14-30.

王子敏.基于空间溢出视角的城乡消费差距问题研究[J].农业技术经济,2012(2):88-98.

魏君英,胡润哲,陈银娥.数字经济发展如何影响城乡消费差距:扩大或缩小[J].消费经济,2022(6):40-51.

温桂荣,黄纪强,吴慧桢.中国城乡居民消费的空间结构演变及城镇化影响[J].经济地理,2021(5):85-94.

温珺,王健,尤宏兵.电子商务能否促进外贸增长:来自我国的证据[J].国际贸易问题,2015(6):43-52.

温兴祥.失业、失业风险与农民工家庭消费[J].南开经济研究,2015(6):110-128.

温忠麟,张雷,侯杰泰,等.中介效应检验程序及其应用[J].心理学报,2004(5):614-620.

文启湘,冉净斐.消费结构与产业结构的和谐:和谐性及其测度[J].中国工业经济,2005(8):14-19.

邬爱其,刘一蕙,宋迪.跨境数字平台参与、国际化增值行为与企业国际竞争优势[J].管理世界,2021(9):214-233.

吴海江,何凌霄,张忠根.中国人口年龄结构对城乡居民消费差距的影响[J].数量经济技术经济研究,2014(2):3-19.

吴锟,吴卫星,王沈南.信用卡使用提升了居民家庭消费支出吗[J].经济学动态,2020(7):28-46.

吴敏,熊鹰.年龄、时期和队列视角下中国老年消费变迁[J].人口与经济,2021(5):69-80.

吴佩勋,黄永哲.电子商务网站客户购买意愿影响因素研究:以中国电信电子商务网站为例[J].中山大学学报(社会科学版),2006(3):112-117.

吴晓婷,杨锦秀,廖开妍.传统小农户融入大市场:电子商务采纳的收入效应——基于四川省柑橘种植户微观实证[J].农村经济,2021(10):110-118.

夏传文,刘亦文.中国农村地区间消费结构差异的实证研究[J].经济地理,2009(12):2050-2054.

夏晓平,罗凤金.物价上涨对不同收入群体消费支出的影响分析:以广东省为例[J].经济与管理研究,2012(1):5-10.

肖开红,刘威.电商扶贫效果评价及可持续反贫政策建议:基于农户可持续生计能力视角的实证研究[J].河南大学学报(社会科学版),2021(9):41-49.

肖攀,李连友,苏静.农村社会保障对消费结构影响的门槛效应:基于PSTR模型的分析[J].经济经纬,2016(5):36-41.

肖挺.交通设施、居民的消费区域流向与消费结构:来自我国省际层面的经验证据[J].财贸研究,2018(9):12-27.

肖作鹏,王缉宪,孙永海.网络零售对物流供应链的重组效应及其空间影响[J].经济地理,2015(12):98-104.

徐超,吴一平,王健.电子商务、资源获取与中国民营企业绩效[J].经济社会体制比较,2016(1):67-80.

徐敏,姜勇.产业结构提升能够缩小城乡消费差距吗[J].数量经济技术经济研究,2015(5):3-21.

徐振宇,郭志超,荆林波.中国城乡消费差距的转折点:引入滚动虚拟变量的分段定量检测[J].经济学动态,2014(6):32-79.

薛晓玲,臧旭恒.房价变动影响我国居民消费的中介效应分析:基于家庭财富配置的视角[J].山东大学学报(哲学社会科学版),2020(6):102-112.

颜建晔,张超,祝伟.房价上涨是否显著增加有房家庭的消费?基于中国家庭行为的理论与实证分析[J].改革,2019(11):63-74.

杨程博,孙巍,赵奚.收入分布变迁对消费结构的影响:理论分析与实证检验[J].当代经济科学,2019(6):50-59.

杨凡,潘越,黄映娇.中国老年人消费结构及消费升级的影响因素[J].人口研究,2020(5):60-79.

杨继东.通货膨胀与消费需求:基于省级面板数据的实证研究[J].财贸经济,2012(8):129-136.

杨继生,邹建文.居民消费平滑及其结构异质性:基于生命周期模型的分析[J].经济研究,2020(11):121-137.

杨继生,邹建文.人口老龄化、老年人消费及其结构异质性:基于时变消费效用的分析[J].经济学动态,2021(11):91-110.

杨坚争,齐鹏程,王婷婷."新零售"背景下我国传统零售企业转型升级研究[J].当代经济管理,2018(9):24-31.

杨坚争,周涛,李庆子.电子商务对经济增长作用的实证研究[J].世界经济研究,2011(10):40-43.

杨婧,周发明.湖南省农村居民消费结构的实证分析:基于 ELES 模型[J].技术经济,2010(10):74-79.

杨丽,陈超.政府公共品供给对农村居民消费结构的影响:基于教育和医疗投入的分析[J].南京农业大学学报(社会科学版),2013(6):57-65.

杨汝岱,朱诗娥.公平与效率不可兼得吗?基于居民边际消费倾向的研究[J].经济研究,2007(12):46-58.

杨守德,赵德海.中国网络零售业发展的收敛性与空间溢出效应研究[J].经济体制改革,2018(5):38-45.

杨文毅,王磊,张伊娜.城际消费流的边界效应研究[J].财贸经济,2019(7):127-142.

叶德珠,连玉君,黄有光,等.消费义化、认知偏差与消费行为偏差[J].经济研究,2012(2):80-92.

叶菁菁,唐荣.房价上涨、地方政府债务与居民消费升级[J].财经科学,2021(3):83-93.

叶胥,杨荷,毛中根.消费者权益保护、企业社会责任与居民消费[J].经济管理,2021(12):150-169.

易法敏,孙煜程,蔡轶.政府促进农村电商发展的政策效应评估:来自"电子商务进农村综合示范"的经验研究[J].南开经济研究,2021(3):177-192.

易行健,周利,张浩.城镇化为何没有推动居民消费倾向的提升?基于半城镇化率视角的解释[J].经济学动态,2020(8):119-130.

尹恒,龚六堂,邹恒甫.收入分配不平等与经济增长:回到库兹涅茨假说[J].经济研究,
　　2005(4):17-23.

尹志超,仇化,潘学峰.住房财富对中国城镇家庭消费的影响[J].金融研究,2021(2):
　　114-132.

余华义,王科涵,黄燕芬.房价对居民消费的跨空间影响[J].经济理论与经济管理,
　　2020(8):45-61.

袁志刚,夏林锋,樊潇彦.中国城镇居民消费结构变迁及其成因分析[J].世界经济文汇,
　　2009(4):13-22.

苑德宇.居民消费、财政支出与区域效应差异:基于动态面板数据模型的经验分析[J].
　　统计研究,2010(2):11-14.

岳云嵩,李兵.电子商务平台应用与中国制造业企业出口绩效:基于"阿里巴巴"大数据
　　的经验研究[J].中国工业经济,2018(8):97-115.

臧旭恒,李晓飞.人口老龄化对居民消费的非线性影响:基于养老保险发展的动态面板
　　异质性门槛效应[J].经济与管理研究,2020(3):21-36.

臧旭恒,李燕桥.消费信贷、流动性约束与中国城镇居民消费行为:基于2004—2009年
　　省际面板数据的经验分析[J].经济学动态,2012(2):61-66.

臧旭恒,裴春霞.转轨时期中国城乡居民消费行为比较研究[J].数量经济技术经济研
　　究,2007(1):65-72.

臧旭恒,张欣.中国家庭资产配置与异质性消费者行为分析[J].经济研究,2018(3):
　　21-33.

臧旭恒,张治军.转轨经济中的民营企业家行为分析[J].广东商学院学报,2004(3):4-
　　8+23.

曾洁华,钟若愚.互联网推动了居民消费升级吗?基于广东省城市消费搜索指数的研
　　究[J].经济学家,2021(8):31-41.

曾妍,赵旭,段跃芳.电商价值链更新对水库农村移民增收的影响研究[J].农业经济问
　　题,2022(3):24-37.

曾亿武,郭红东,金松青.电子商务有益于农民增收吗?来自江苏沭阳的证据[J].中国
　　农村经济,2018(2):49-64.

曾亿武,郭红东.专业村电商化转型的增收效应[J].华南农业大学学报(社会科学版),
　　2016(6):104-113.

曾亿武,马长江,李丽莉,等.直播电商与农产品上行价值重构:机理与实现路径[J].农
　　业经济问题,2022(2):108-117.

曾亿武,张增辉,方湖柳,等.电商农户大数据使用:驱动因素与增收效应[J].中国农村
　　经济,2019(12):29-47.

张安全,凌晨.习惯形成下中国城乡居民预防性储蓄研究[J].统计研究,2015(2):
　　23-30.

张兵,刘丹,郑斌.农村金融发展缓解了农村居民内部收入差距吗? 基于中国省级数据的面板门槛回归模型分析[J].中国农村观察,2013(3):19-29.

张宸,周耿.淘宝村产业集聚的形成和发展机制研究[J].农业经济问题,2019(4):108-117.

张川川,王玥琴,杨汝岱.刺激消费政策的动态影响研究:来自"家电下乡"的证据[J].经济学动态,2021(12):110-123.

张栋浩,王栋,杜在超.金融普惠、收入阶层与中国家庭消费[J].财经科学,2020(6):1-15.

张海洋,韩晓.数字金融能缓和社会主要矛盾吗[J].经济科学,2022(2):96-109.

张昊.居民消费扩张与统一市场形成:"本土市场效应"的国内情形[J].财贸经济,2020(6):144-160.

张红伟,向玉冰.网购对居民总消费的影响研究:基于总消费水平的数据分析[J].上海经济研究,2016(11):36-45.

张洪胜,潘钢健.跨境电子商务与双边贸易成本:基于跨境电商政策的经验研究[J].经济研究,2021(9):141-157.

张慧芳,朱雅玲.居民收入结构与消费结构关系演化的差异研究:基于 AIDS 扩展模型[J].经济理论与经济管理,2017(12):23-35.

张建平,葛扬.土地融资影响城乡消费差距的传导机制[J].财政研究,2021(8):31-46.

张建平,葛扬.土地融资影响城乡消费差距的传导机制:基于房价与城乡交通基础设施差距的研究[J].财政研究,2021(8):31-46+76.

张建平,朱雅锡.用地管控、土地供给与城乡消费差距的传导机制[J].现代经济探讨,2022(2):12-24.

张乐,雷良海.中国人口年龄结构与消费关系的区域研究[J].人口与经济,2011(1):16-21.

张磊,韩雷.电商经济发展扩大了城乡居民收入差距吗[J].经济与管理研究,2017(5):3-13.

张磊,刘长庚.供给侧改革背景下服务业新业态与消费升级[J].经济学家,2017(11):37-46.

张明杨,章棋.农村居民食品消费结构的转变研究:一个解决支出约束和嵌入人口统计学特征的 QUAIDS 模型的应用[J].消费经济,2015(6):27-33+7.

张彤进,蔡宽宁.数字普惠金融缩小城乡居民消费差距了吗[J].经济问题,2021(9):31-39.

张喜艳,刘莹.经济政策不确定性与消费升级[J].经济学家,2020(11):82-92.

张夏恒.跨境电商促进双循环新发展格局:理论机制、发展思路与相关举措[J].当代经济管理,2021(10):59-65.

张夏恒,李毅.跨境电商促进双循环新发展格局构建逻辑与实施路径[J].河南社会科学,2021(10):30-36.

张夏恒.全球价值链视角下跨境电商与跨境物流协同的内生机理与发展路径[J].当代经济管理,2018(8):14-18.

张小宇,刘永富.货币政策的权衡:推高房价还是刺激消费[J].财经科学,2019(5):13-25.

张雅淋,孙聪,姚玲珍.越负债,越消费?住房债务与一般债务对家庭消费的影响[J].经济管理,2019(12):41-56.

张雅淋,吴义东,姚玲珍.住房财富"寡"而消费"不均"?青年群体住房财富对消费相对剥夺的影响研究[J].财贸经济,2022(3):98-113.

张颖熙,徐紫嫣.新经济下中国服务消费升级:特征与机制研究[J].财经问题研究,2021(6):30-38.

张永丽,徐腊梅.互联网使用对西部贫困地区农户家庭生活消费的影响:基于甘肃省1735个农户的调查[J].中国农村经济,2019(2):42-59.

张远,胡文馨,李俊峰.数字普惠金融对城乡居民消费差距的影响研究[J].宏观经济研究,2022(4):51-63.

张忠根,何凌霄,南永清.年龄结构变迁、消费结构优化与产业结构升级:基于中国省级面板数据的经验证据[J].浙江大学学报(人文社会科学版),2016(5):81-94.

赵达,王贞.个人所得税减免有助于中国城镇家庭提高消费吗[J].统计研究,2020(5):27-39.

赵冬梅,王明.电商市场长尾现象的形成机理与实证研究[J].西安交通大学学报(社会科学版),2019(3):32-40.

赵树梅,徐晓红."新零售"的含义、模式及发展路径[J].中国流通经济,2017(5):12-20.

赵卫亚.双效应面板ELES模型的构建与实证研究[J].统计研究,2015(5):76-83.

赵霞,徐永锋.网络零售能撬动城乡居民消费吗[J].商业经济与管理,2021(10):20-33.

赵崤含,张夏恒,潘勇.跨境电商促进"双循环"的作用机制与发展路径[J].中国流通经济,2022(1):13-24.

赵昕东,汪勇.食品价格上涨对不同收入等级城镇居民消费行为与福利的影响:基于QUAIDS模型的研究[J].中国软科学,2013(8):154-162.

郑得坤,李凌.城镇化、工业化与居民消费:内在机理与实证研究——来自世界162个国家(地区)的经验证据[J].上海经济研究,2020(2):78-88.

郑思齐,罗茜,张晓楠,等.电子商务对城市外向功能的促进效应研究:以京津冀区域为例[J].经济体制改革,2017(1):62-66.

郑筱婷,蒋奕,林暾.公共财政补贴特定消费品促进消费了吗[J].经济学(季刊),2012(4):1323-1344.

郑妍妍,李磊,刘斌."少子化""老龄化"对中国城镇家庭消费与产出的影响[J].人口与经济,2013(6):19-29.

中国人民银行石家庄中心支行课题组.居民杠杆率对消费的影响效应:促进还是抑制[J].经济学家,2020(8):100-109.

钟成林,胡雪萍.大数据驱动消费结构转型升级的作用机理及政策支持体系研究[J].经济问题探索,2019(1):183-190.

周波,肖承睿.财政补贴真能促进消费吗?来自家电下乡微观数据的证据[J].中国经济问题,2021(5):118-132.

周广肃,杨旭宇.退休与城镇居民家庭消费:结构差异与机制[J].中山大学学报(社会科学版),2022(3):193-206.

周广肃,张玄逸,贾珅,等.新型农村社会养老保险对消费不平等的影响[J].经济学(季刊),2020(4):1467-1489.

周浪.另一种"资本下乡":电商资本嵌入乡村社会的过程与机制[J].中国农村经济,2020(12):35-55.

周玲玲,张恪渝.新冠肺炎疫情对中国贸易增加值的影响效应[J].产业经济评论,2020(6):5-15.

周少甫,孟雪珂.金融周期、收入差距与居民消费[J].中国人口科学,2022(2):46-127.

周应恒,杨宗之.互联网使用促进了农村居民消费吗?基于江西省739个农户的调查[J].经济地理,2021(10):224-232.

周永生,唐世华,肖静.电商直播平台消费者购买意愿研究[J].当代经济管理,2021(1):40-47.

周云波.城市化、城乡收入差距以及全国居民总体收入差距的变动:收入差距倒U形假说的实证检验[J].经济学(季刊),2009(8):1239-1256.

朱琛.中国城乡居民财产性收入差距与消费差距相关性的实证研究:基于1992—2009年经验数据的考察[J].经济理论与政策研究,2012(5):125-145.

朱菲菲,陈靖,李惠璇.外生冲击、金融参与度与居民消费[J].国际金融研究,2022(3):13-22.

朱红根,宋成校.家庭农场采纳电商行为及其绩效分析[J].华南农业大学学报(社会科学版),2020(6):56-69.

朱诗娥,杨汝岱.城乡居民消费差距与地区经济发展水平[J].经济评论,2012(1):76-84+107.

朱姝.电子商务对经济增长作用的实证分析[J].市场研究,2014(4):47-51.

朱雅玲.晋升锦标赛下地方政府竞争对消费结构的影响[J].中国经济问题,2019(5):76-93.

朱媛媛,甘依霖,李星明,等.中国文化消费水平的地域分异及影响因素[J].经济地理,2020(3):110-118.

祝仲坤,冷晨昕.互联网与农村消费:来自中国社会状况综合调查的证据[J].经济科学,2017(6):115-128.

邹红,李奥蕾,喻开志.消费不平等的度量、出生组分解和形成机制[J].经济学(季刊),2013(4):1231-1254.

英文文献

Agarwal S, Qian W. Consumption and debt response to unanticipated income shocks: evidence from a natural experiment in Singapore[J]. American Economic Review, 2014, 104(12): 4205-4230.

Aguiar M, Bils M. Has consumption inequality mirrored income inequality[J]. American Economic Review, 2015, 105(9): 2725-2756.

Ahmed S, Wirjanto T. The impact of sales taxation on internet commerce: an empirical analysis[J]. Economics Letters, 2008, 99(3): 557-560.

Ahn T, Ryu S, Han I. The impact of the online and offline features on the user acceptance of internet shopping malls[J]. Electronic Commerce Research and Applications, 2005, 3(4): 405-420.

Ali M M, Dwyer D S. Social network effects in alcohol consumption among adolescents[J]. Addictive Behaviors, 2010, 35(4): 337-342.

Allen D S, Ndikumana L. Income inequality and minimum consumption: implications for growth[R]. The Federal Bank of St. Louis Working Paper, 1999, No. 013A.

Amirtha R, Sivakumar V J. Does family life cycle stage influence e-shopping acceptance by Indian women? An examination using the technology acceptance model[J]. Behavior and Information Technology, 2018, 37(3): 267-294.

Anderson J E, Wincoop E V. Trade costs[J]. Journal of Economic Literature, 2004, 42(3): 691-751.

Anderson P. The new e-commerce intermediaries[J]. MIT Sloan Management Review, 2005, 43(4): 53-62.

Anselin L. Local indicators of spatial association: LISA[J]. Geographical Analysis, 1995, 27(2): 93-115.

Anselin L. Thirty years of spatial econometrics[J]. Papers in Regional Science, 2010, 89(89): 3-25.

Arrow K. The economic implications of learning by doing[J]. Review of Economic Studies, 1962, 29(3): 157-173.

Attanasio O, Hurst E, Pistaferri L. The evolution of income, consumption, and leisure inequality in the US 1980-2010[R]. NBER Working Paper, 2012, No. 17982.

Avery J, Steenburgh T J, Deighton J. Adding bricks to clicks: predicting the patterns of cross-channel elasticities over time[J]. Journal of Marketing, 2012, 76(3): 96-111.

Bakos J Y. Reducing buyer search costs: implications for electronic marketplaces[J]. Management Science, 1997, 43(12): 1676-1692.

Bakos J Y. The emerging landscape for retail e-commerce[J]. Journal of Economic Perspectives, 2001, 15(1): 69-80.

Baldwin R E, Forslid R, Martin P, et al. Economic Geography and Public Policy[M]. Princeton: Princeton University Press, 2003.

Blanciforti L, Green R. An almost ideal demand system incorporating habits: An analysis of expenditures on food and aggregate commodity groups[J]. The Review of Economics and Statistics, 1983, 65(3): 511-515.

Bleaney M, Nishiyama A. Income inequality and growth: does the relationship vary with the income level[J]. Economics Letters, 2004, 84 (3): 349-355.

Blonigen B A, Davies R B, Waddell G R, et al. FDI in space: spatial autoregressive relationships in foreign direct investment[J]. European Economic Review, 2007, 51(5): 1303-1325.

Bonfadelli H. The internet and knowledge gaps: a theoretical and empirical investigation[J]. European Journal of Communication, 2002, 17(1): 65-84.

Borenstein S, Saloner G. Economics and electronic commerce[J]. Journal of Economic Perspectives, 2001, 15(1): 3-12.

Brand E. The retailing cycle[J]. Management Perspectives in Retailing, 1963, 32 (1): 19-21.

Britz J J, Blignaut J N. Information poverty and social justice[J]. South African Journal of Library and Information Science, 2001, 67(2): 63-92.

Brookes M, Wahhaj Z. The Shocking Economic Effect of B2B[M]. Goldman: Global Economics, 2000.

Brooks M, Wahhaj Z. The new global economy-part II: B2B and the internet[J]. National Institute Economic Review, 2000, 25(2): 3-13.

Brown P H, Bulte E, Zhang X. Positional spending and status seeking in rural China[J]. Journal of Development Economics, 2011, 96(1): 139-149.

Brynjolfsson E, Jeffrey H U, Mohammad R S. Battle of the retail channels: how product selection and geography drive cross-channel competition[J]. Management Science, 2009, 55(11): 1755-1765.

Caballero R. Consumption puzzles and precautionary savings[J]. Journal of Monetary Economics, 1990, 25(1): 113-136.

Cagetti M. Wealth accumulation over the life cycle and precautionary savings[J]. Journal of Business and Economic Statistics, 2003, 21(3): 339-353.

Camacho J A. Family life cycle and consumption of services: the Spanish case[J]. The Service Industries Journal, 2009, 29(9): 1293-1310.

Campbell J Y, Mankiw N G. Consumption, income and interest rates: Reinterpreting the time series evidence[R]. NBER Macroeconomics Annual, 1989: 185-216.

Cao L, Li L. The impact of cross-channel integration on retailers' sales growth[J]. Journal of Retailing, 2015, 91(2): 198-216.

Carroll C D. How does future income affect current consumption[J]. Quarterly Journal of Economics, 1994, 109(1): 111-147.

Carroll C D, Hall R E, Zeldes S P. The buffer-stock theory of saving: some macroeconomic evidence[J]. Brookings Papers on Economic Activity, 1992, 192(2): 61-156.

Carroll C D, Kimball M S. Precautionary saving and precautionary wealth[R]. Economics Working Paper Archive, 2008, No. 315.

Carroll C D, Slacalek J, Tokuoka K, et al. The distribution of wealth and the marginal propensity to consume[J]. Quantitative Economics, 2017, 8(3): 977-1020.

Chamon M D, Prasad E S. Why are saving rates of urban households in China rising [R]. NBER Working Paper, 2008, No. 14546.

Chen P Y, Hitt L M. Measuring switching costs and the determinants of customer retention in internet-enabled businesses: a study of the online brokerage industry[J]. Information Systems Research, 2002, 13(3): 255-274.

Choi H, Lugauer S, Mark N C. Precautionary saving of Chinese and U. S. households[J]. Journal of Money, Credit and Banking, 2017, 49(4): 635-661.

Choi J, Hui S K, Bell D R. Spatiotemporal analysis of imitation behavior across new buyers at an online grocery retailer[J]. Journal of Marketing Research, 2010, 47(1): 75-89.

Clarke G R G. Has theinternet increased exports for firms from low and middle-income countries[J]. Information Economics and Policy, 2008, 20(1): 16-37.

Clarke G R G, Wallsten S J. Has the internet increased trade? Developed and developing country evidence[J]. Economic Inquiry, 2006, 44(3): 465-484.

Clark T N, Lloyd R, Wong K K. Amenities drive urban growth[J]. Journal of Urban Affairs, 2002, 24(5): 493-515.

Cliff A, Ord J. Spatial Autocorrelation: Monographs in Spatial and Environmental Systems Analysis[M]. London: Pion Limited, 1973.

Cook C J. Savings rates and income distribution: further evidence from LDCs[J]. Applied Economics, 1995, 27 (1): 71-82.

Corneo G, Jeanne O. Status, the distribution of wealth, and growth[J]. Scandinavian Journal of Economics, 2001, 103(2): 283-293.

Cuadrado F A, Montirio G, Turnovsky S J. Habit formation, catching-up with the joneses, and economic growth[J]. Journal of Economic Growth, 2009, 9(1): 47-80.

Davidson W R, Bates D, Bass S J. The retail life cycle[J]. Harvard Business Review, 1976, 54(11): 89-96.

Deaton A, Muellbauer J. An almost ideal demand system [J]. The American economic review, 1980, 70(3): 312-326.

Dillon S, Buchanan J, Otaibi K. Perceived risk and online shopping intention: a study across gender and product type[J]. International Journal of E-Business Research, 2014, 10(4):

17-38.

Dimaggio P, Hargittai E, Celeste C, et al. From unequal access to differentiated use: a literature review and agenda for research on digital inequality[R]. Princeton University, Center for Arts and Cultural Policy Studies Working Report, 2004, No. 29.

Dixit A, Stigliz J E. Monopolistic competition and optimum product diversity: reply[J]. American Economic Review, 1993, 83(1): 302-314.

Dixon T, Marston A. U. K. Retail real estate and the effects of online shopping[J]. Journal of Urban Technology, 2002, 9(3): 19-47.

Donnelly J H, Bucklin L P. Competition and evolution in the distributive trades[J]. Journal of Marketing, 1973, 37(2): 112-122.

Duarte M, Restuccia D. The role of the structural transformation in aggregate productivity[J]. The Quarterly Journal of Economics, 2010, 125(1): 129-173.

Duesenberry J S. Income, Saving and the Theory of Consumer Behavior[M]. Cambridge: Harvard University Press, 1949.

Duesenberry J S. Income, Saving and the Theory of Consumer Behavior[M]. London: Oxford University Press, 1967.

Dupor B, Liu W F. Jealousy and equilibrium over consumption[J]. American Economic Review, 2003, 93(1): 423-428.

Dynan K E. How much is enough? Evidence on the elasticity of consumption[J]. Journal of Political Economy, 1993, 101(2): 406-436.

Eanne O, Corneo G. Status, the distribution of wealth and growth[J]. Scandinavian Journal of Economics, 2001, 103(2): 283-293.

eBay. 跨境电商企业首年存活率 60-80%[EB/OL]. (2015-05-27)[2023-05-27]. https://www.sohu.com/a/16615713_115469.

Edwards S. Why are Latin America's savings rates so low? An international comparative analysis[J]. Journal of development economics, 1996, 51(1): 5-44.

Elhorst J P. Applied spatial econometrics: raising the bar[J]. Spatial Economic Analysis, 2010, 5(1): 9-28.

Elhorst J P. Matlab software for spatial panels[J]. International Regional Science Review, 2014, 37(3): 389-405.

Elhorst J P. Unconditional maximum likelihood estimation of linear and log-linear dynamic models for spatial panels[J]. Geographical Analysis, 2005, 37(1): 85-106.

Elinder M, Erixson O, Waldenström D. Inheritance and wealth inequality: evidence from population registers[J]. Journal of Public Economics, 2018, 165(9): 17-30.

Englmann F C, Walz U. Industrial centers and regional growth in the presence of local inputs[J]. Journal of Regional Science, 1995, 35(5): 3-27.

Ertur C, Koch W. Growth, technological interdependence and spatial externalities: theory and evidence[J]. Journal of Applied Econometrics, 2007, 22(6): 1033-1062.

Evans P, Wurster T S. Getting real about virtual commerce[J]. Harvard Business Review, 1999, 77(6): 84-98.

Feldstein M. Social security, induced retirement and aggregate capital accumulation[J]. Journal of Political Economy, 1974, 82(5): 905-926.

Fischer M M, Scherngell T, Reismann M. Knowledge spillovers and total factor productivity: evidence using a spatial panel data model[J]. Geographical Analysis, 2009, 41(2): 204-220.

Fisher I. The Theory of Interest[M]. New York: Macmillan, 1930.

Flavian C, Guinaliu U, Torres E. The influence of corporate image on consumer trust: a comparative analysis in traditional versus internet banking[J]. Internet Research, 2005, 15(4): 447-470.

Flavin M A. The adjustment of consumption to changing expectations about future income[J]. Journal of Political Economy, 1981, 89(5): 974-1009.

Fougere M, Mercenier M, Merette M A. Sectional and occupational analysis of population aging in Canada using a dynamic CGE overlapping generations model[J]. Economic Modelling, 2007, 24(4): 690-711.

Frank R H. The demand for unobservable and other non-positional goods[J]. American Economic Review, 1985, 75(1): 101-116.

Freeman L C. The development of social network analysis: a study in the sociology of science[M]. Vancouver, BC: Vancouver Empirical Press, 2004.

Freund C L, Weinhold D. The effect of the internet on international trade[J]. Journal of International Economics, 2004, 62(1): 171-189.

Friedman M A. A Theory of the Consumption Function[M]. Princeton: Princeton University Press, 1957.

Gale W G. The effects of pension on household wealth: a reevaluation of theory and evidence [J]. The Journal of Political Economy, 1998, 106(8): 706-723.

Ganelli G, Tervala J. Can government spending increase private consumption? The role of complementarity[J]. Economics Letters, 2009, 103(1): 5-7.

George L, Waldfogel J. Who affects whom in daily newspaper markets[J]. Journal of Political Economy, 2003, 111(4): 765-784.

Georg N, Samuelson L. Information-based relative consumption effects: correction[J]. Econometrica, 2005 (4): 1383-1387.

Gibbons R. Transaction-cost economics: past, present and future[J]. Scandinavian Journal of Economics, 2010, 12(2): 263-288.

Gilletr P L. A profile of urban in-home shopper[J]. Journal of Marketing, 1970, 34(3): 40-45.

Gilly M C, Wolfinbarger M. A comparison of consumer experiences with online and offline shopping[J]. Consumption, Markets and Culture, 2000, 4(2): 187-205.

Glaeser E, Johnson S, Shleifer A. Coase versus the coasians[J]. The Quarterly Journal of Economics, 2001, 116(3): 853-899.

Glaeser E L, Kolko J, Saiz A. Consumer city[J]. Journal of Economics Geography, 2001, 1(1): 27-50.

Goldin C. Katz L F. Transitions: career and family life cycles of the educational elite[J]. American Economics Review, 2008, 98(2): 363-369.

Gomez R, Foot D K. Age structure, income distribution and economic growth[J]. Canadian Public Policy, 2003, 36(1): 141-161.

Goolsbee A. In a world without borders: the impact of taxes on internet commerce[J]. Quarterly Journal of Economics, 2000, 115(2): 561-576.

Gourinchas P O, Parker J A. Consumption over the life cycle[J]. Econometrica, 2002, 70(1): 47-89.

Grandos N, Gupta A, Kauffman R J. Designing on line selling mechanisms: transparency levels and prices[J]. Decision Support Systems, 2008, 45(4): 729-745.

Grimes S. How well are Europe's rural businesses connected to the digital economy[J]. European Planning Studies, 2005, 13(7): 1063-1081.

Grossman G M, Helpman E. Quality ladders in the theory of growth[J]. Review of Economic Studies, 1991, 58(1): 43-61.

Guvenen F, Smith A A. Inferring labor income risk and partial insurance from economic choices[J]. Econometrica, 2014, 82(6): 2085-2129.

Hall R E. Stochastic implications of life cycle-permanent income hypothesis: Theory and Evidence[J]. Journal of Political Economy, 1978, 86(2): 971-987.

Heil D, Prieger J E. The microeconomic impacts of E-business on the economy[J]. Social Science Electronic Publishing. 2009, 19(5): 12-22.

Hollander S C. Notes on the retail accordion[J]. Journal of Retailing, 1966, 29(6): 20-40.

Hopkins E, Kornienko T. Running to keep the same place: consumer choice as a game of status[J]. American Economic Review, 2004, 94(4): 1085-1107.

Horioka C Y, Wan J. The determinants of household saving in China: a dynamic panel analysis of provincial data[J]. Journal of Money, Credit and Banking, 2007, 39(8): 2077-2096.

Hsieh C T, Shimizutani S, Hori M. Did Japan's shopping coupon program increase spending [J]. Journal of Public Economics, 2010, 94(7): 523-529.

Huang R, Kim H, Kim J. Social capital in QQ China: impacts on virtual engagement of information seeking, interaction sharing, knowledge creating, and purchasing intention[J]. Journal of Marketing Management, 2013, 3(1): 292-316.

Hungerford L. The social security surplus and saving[J]. Public Finance Review, 2009, 37(3): 79-91.

Hungpin S. An empirical study on predicting user acceptance of e-shopping on the web[J]. Information and Management, 2004, 3(41): 351-368.

Irina G. On the axioms of revealed preference in fuzzy consumer theory[J]. Journal of Systems Science and Systems Engineering, 2009, 13(3): 279-296.

Jacobs J. Cities and the Wealth of Nations: The Principles of Economic Life [M]. London: Viking, 1985.

Jacobs J. The Economy of Cities [M]. New York: Vintage, 1969.

Jensen R. The digital provide: information (technology), market performance, and welfare in the South Indian fisheries sector[J]. Quarterly Journal of Economics, 2007, 122(3): 879-924.

Jin Y, Li H, Wu B. Income inequality, consumption and social status seeking[J]. Journal of Comparative Economics, 2011, 39(2): 191-204.

Jonathan L, Willis. What impact will e-commerce have on the US economy[J]. Economic Review-Federal Reserve Bank of Kansas City, 2004, 89(1): 53-68.

Juan R A, Carlos U. Security reform with uninsurable income risk and endogenous borrowing constrains[J]. Review of Economic Dynamics, 2008, 11(1): 83-103.

Kanbur R, Zhang X. Fifty years of regional inequality in China: a journey through central planning, reform and openness[J]. Review of Development Economics, 2005, 9(1): 87-106.

Kantor S E, Fishback P V. Precautionary saving, insurance and the origins of work's compensation[J]. The Journal of Political Economy, 1996, 104(4): 419-442.

Kaplan G, Violante G L. A model of the consumption response to fiscal stimulus payments[J]. Econometrica, 2014, 82(4): 1199-1239.

Katona G. Psychological economics[J]. Journal of Marketing Research, 1976, 13(3): 229-239.

Katz M L, Shapiro C. Network externalities, competition, and compatibility [J]. The American Economic Review, 1985, 75(3): 424-440.

Kawar T I. Cross-cultural differences in management[J]. International Journal of Business and Social Science, 2012, 3(6): 105-111.

Keller W. Geographic localization of international technology diffusion [J]. American Economic Review, 2002, 92(1): 120-142.

Keynes J M. General Theory of Employment, Interest and Money[M]. London: MacMillan & Co Ltd., 1936.

Koufaris M, Hampton-Sosa W, The development of initial trust in an online company by new customers[J]. Information and Management, 2004, 41(3): 377-397.

Krugman P. Increasing returns and economic geography[J]. Journal of Political Economy, 1991, 99(3): 483-499.

Kuhn P, Kooreman P, Soetevent A, et al. The effects of lottery prizes on winners and their neighbors: evidence from the dutch postcode lottery[J]. American Economic Review, 2011, 101(5): 2226-2247.

Kuperman M, Abramson G. Small world effect in an epidemiological model[J]. Physical Review Letters, 2001, 86(13): 2909-2912.

Kuznets S. National Income: A Summary of Findings[M]. New York: National Bureau of Economic Research, 1942.

Lee L F. GMM and 2SLS estimation of mixed regressive, spatial autoregressive models[J]. Journal of Econometrics, 2007, 137(2): 489-514.

Leff N H. Dependency rates and savings rates[J]. The American Economic Review, 1969, 59 (5): 886-896.

Leigh A. How much did the 2009 Australian fiscal stimulus boost demand? Evidence from household reported spending effects [J]. Journal of Macroeconomics, 2012, 12(1): 4-14.

Leland H E. Saving and uncertainty: The precautionary demand for saving[J]. Quarterly Journal of Economics, 1968, 82(1): 465-473.

Li H, Shi X, Wu B. The retirement consumption puzzle in China[J]. American Economic Review, 2015, 105(5): 437-441.

Liobikien G, Mandravickait J. Convergence of new members of the EU: changes in household consumption expenditure structure regarding environmental impact during the prosperous period[J]. Environment Development and Sustainability, 2013, 15(2): 407-427.

Liu X L. An empirical review on transaction cost approach in make-or-buy decision[J]. Advances in Business Intelligence and Financial Engineering, 2008, 45(5): 943-950.

Lluch C. The extended linear expenditure system[J]. European Economic Review, 1973, 4(1): 21-32.

Luhrmann M. Population aging and the demand for goods and services[R]. MEA Discussion Paper, 2005, No. 5095.

Mackinnon D P, Warsi G, Dwyer J H. A simulation study of mediated effect measures[J]. Multivariate Behavioral Research, 1995, 30 (1): 41-62.

Mahroeian H. A study on the effect of different factors on e-Commerce adoption among SMEs of Malaysia[J]. Management Science Letters, 2012, 22(8): 2679-2688.

Marshall A. Principles of Economics[M]. London: Macmillan, 1890.

Matthew R. Psychology and economics[J]. American Economic Association, 1998, 36(1): 11-46.

McNair M P. Significant trends and developments in the postwar period[R]. Competitive Distribution in a Free, High-Level Economy and Its Implications for the University, 1958.

Modigliani F, Cao S L. The Chinese saving puzzle and the life-cycle hypothesis[J]. Journal of Economic Literature, 2004, 42(1): 145-170.

Modigliani F. Life-cycle, individual thrift and the wealth of nations[J]. American Economic Review, 1986, 76(3): 297-313.

Modigliani F, Tarantelli E. The consumption function in a developing economy and the Italian experience[J]. American Economic Review, 1975, 65(5): 825-842.

Modigliani F. The theory of the life cycle hypothesis of saving: Aggregate implications and tests[J]. Journal of Political Economy, 1954, 62(2): 135-147.

Mokhtarian P L. A conceptual analysis of the transportation impacts of B2C e-commerce[J]. Transportation, 2004, 31(3): 257-284.

Moran P A P. Notes on continuous stochastic phenomena[J]. Biometrika, 1950, 37(1): 17-23.

Mustaffa S, Beaumont N. The effect of electronic commerce on small Australian enterprises[J]. Technovation, 2004, 24(2): 85-95.

Nakanisi. Is the retail wheel really turning[J]. Business Studies, 1996, 25(1): 2-4.

Nielsen O. Development inretailing[R]. Readings in Danish Theory of Marketing, 1996.

Nunn N, Qian N. US food aid and civil conflict[J]. American Economic Review, 2014, 104(6): 1630-1666.

Orazio P, Brugiavini A. Social security and households' saving[J]. The Quarterly Journal of Economics, 2003, 118(6): 1075-1119.

Pace R K, Lesage J P. A sampling approach to estimate the log determinant used in spatial likelihood problems[J]. Journal of Geographical Systems, 2009, 11(3): 209-225.

Papagergiou G J. Spatial externalities: theory[J]. Annals of the Association of American Geographers, 1978, 68 (4): 465-476.

Parker J A, Souleles N S, Johnson D S, et al. Consumer spending and the economic stimulus payments of 2008[J]. American Economic Review, 2013, 103(6): 2530-2553.

Pauwels K, Leeflang P S H, Teerling M L. Does online information drive offline revenues: only for specific products and consumer segments[J]. Journal of Retailing, 2011, 87(1): 1-17.

Pauwels K, Neslin S A. Building with bricks and mortar: the revenue impact of opening physical stores in a multichannel environment[J]. Journal of Retailing, 2015, 91(2): 182-197.

Porter M E. The Competitive Advantage of Nations[M]. New York: New York Free Press, 1990.

Qu X, Lee L F. Estimating a spatial autoregressive model with an endogenous spatial weight matrix[J]. Journal of Econometrics, 2015, 184(8): 209-232.

Qu X, Lee L F, Yu J H. QML estimation of spatial dynamic panel data models with endogenous time varying spatial weights matrices[J]. Journal of Econometrics, 2017, 197(2): 173-201.

Ricci L A, Trionfetti F. Productivity, networks and export performance: evidence from a cross country firm dataset[J]. Review of International Economics, 2012, 20(3): 552-562.

Rohlfs J. A theory of interdependent demand for a communications service[J]. Bell Journal of Economics, 1974, 5(1): 16-37.

Rohm A J, Swaminathan V. A typology of online shoppers based on shopping motivation[J]. Journal of Business Research, 2004, 57(7): 748-757.

Rojas J A, Urrutia C. Social security reform with uninsurable income risk and endogenous borrowing constraints[J]. Review of Economic Dynamics, 2008, 11(1): 83-103.

Romero P M. Increasing returns and long-run growth[J]. Journal of political economy, 1986, 94(5): 1002-1037.

Salop S C. Monopolistic competition with outside goods[J]. The Bell Journal of Economics, 1979, 10(1): 141-156.

Samuelson P A. An exact consumption-loan model of interest with or without the social contrivance of money[J]. Journal of Political Economy, 1958, 66(6): 298-304.

Samwick A A. Is pension reform conductive to higher saving[J]. The Review of Economics and Statistics, 2000, 82(5): 264-272.

Schlueter C, Shaw M. A strategic framework for developing electronic commerce[J]. IEEE Internet Computing, 1997, 1(6): 20-28.

Schonberger J R. Time-relevant metrics in an era of continuous process improvement: The balanced scorecard revisited[J]. Quality Management Journal, 2013, 20(3): 10-18.

Shih H P. Extended technology acceptance model of internet utilization behavior[J]. Information and Management, 2004, 41(6): 719-729.

Shimamoto D, Yamada H, Gummert M. Mobile phones and market information: evidence from rural cambodia[J]. Food Policy, 2015, 57(11): 135-141.

Sim L L, Koi S M. Singapore's internet shoppers and their impact on traditional shopping patterns[J]. Journal of Retailing and Consumer Services, 2002, 9(2): 115-124.

Soh C, Markus M L, Goh K H. Electronic marketplaces and price transparency: strategy, information technology and success[J]. MIS Quarterly, 2006, 30(3): 705-723.

Somal S A. Electronic commerce adoption: a study of business-to-business practice in Saudi Arabia[D]. Aston University, 2004.

Souleles N S. Consumer response to the Reagan tax cuts[J]. Journal of Public Economics, 2002, 85(1): 99-120.

Stark O. Status aspirations, wealth inequality and economic growth [J]. Review of Development Economics, 2006, 10(1): 171-176.

Stock J H, Wright J H, Yogo M. A survey of weak instruments and weak identification in generalized method of moments[J]. Journal of Business and Economic Statistics, 2002, 20(4): 518-529.

Stone R. Linear expenditure systems and demand analysis: an application to the pattern of British demand[J]. The Economic Journal, 1954, 64(5): 511-527.

Su B C. Characteristics of consumer search on-line: how much do we search[J]. International Journal of Electronic Commerce, 2008, 13(1): 109-129.

Subramani M, Walden E. The impact of e-commerce announcements on the market value of firms[J]. Information Systems Research, 2001, 12(2): 135-154.

Tagkalakis A. The effects of fiscal policy on consumption in recessions and expansions[J]. Journal of Public Economics, 2008, 92(5): 1486-1508.

Tang Z, Smith M D, Montgomery A. The impact of shop bot use on prices and price dispersion: evidence from online book retailing[J]. International Journal of Industrial Organization, 2010, 28(6): 579-590.

Teo T S H, Yu Y. Online buying behavior: a transaction cost economics perspective[J]. International Journal of Management Science, 2005, 33(5): 451-465.

Thaler R H. Quasi Rational Economics[M]. New York: Russell Sage Foundation, 1994.

Thompson S H. Online buying behavior: A transaction cost economics perspective[J]. The International Journal Management Science, 2005, 33(5): 451-465.

Tobler W. A computer movie simulating urban growth in the Detroit region[J]. Economic Geography, 1970, 46(2): 234-240.

Vega S H, Elhorst J P. The SLX model[J]. Journal of Regional Science, 2015, 55(30): 339-363.

Walder B A, Dring T. The effects of population ageing on private consumption—A simulation for Austria based on household data up to 2050[J]. Eurasian Economic Review, 2012, 2(1): 63-80.

Wang E, Seidmann A. Electronic data interchange: competitive externalities and strategic implementation policies[J]. Management Science, 1995, 41(3): 401-418.

Wendner R. Will the consumption externalities' effects in the Ramsey model please stand up[J]. Economics Letters, 2011, 111(3): 210-221.

White K, Simpson B, Argo J J. The motivating role of dissociative out-groups in encouraging positive consumer behaviors[J]. Journal of Marketing Research, 2014, 514(4): 433-447.

Wilson J S, Mann C L, Otsuki T A. The benefits of trade facilitation: a global perspective[J]. The World Economy, 2005, 28(6): 841-871.

Wilson J. The impact of income and demographics on household saving rates: A cross-country analysis[J]. Journal of Economic Studies, 1998, 25(2): 86-102.

Wolfinbarger M, Gilly M C. Shopping online for freedom, control and fun [J]. California Management Review, 2001, 43(2): 34−55.

Yadav N. The role of internet use on international trade: evidence from Asian and Sub-Saharan African enterprises[J]. Global Economy Journal, 2014, 14(2): 189−214.

Yakita A. Uncertain lifetime, fertility and social security[J]. Journal of Population Economics, 2001, 14(4): 635−640.

Yuan B, Ren S, Chen X. The effects of urbanization, consumption ratio and consumption structure on residential indirect CO_2 emissions in China: a regional comparative analysis[J]. Applied Energy, 2015, 1(40): 94−106.

Zeldes S P. Optimal consumption with stochastic income: Deviations from certainty equivalence[J]. The Quarterly Journal of Economics, 1989, 104(2): 275−298.

Zheng Z, Henneberry S R. The impact of changes in income distribution on current and future food demand in urban China [J]. Journal of Agricultural and Resource Economics, 2010, 35(1): 51−71.